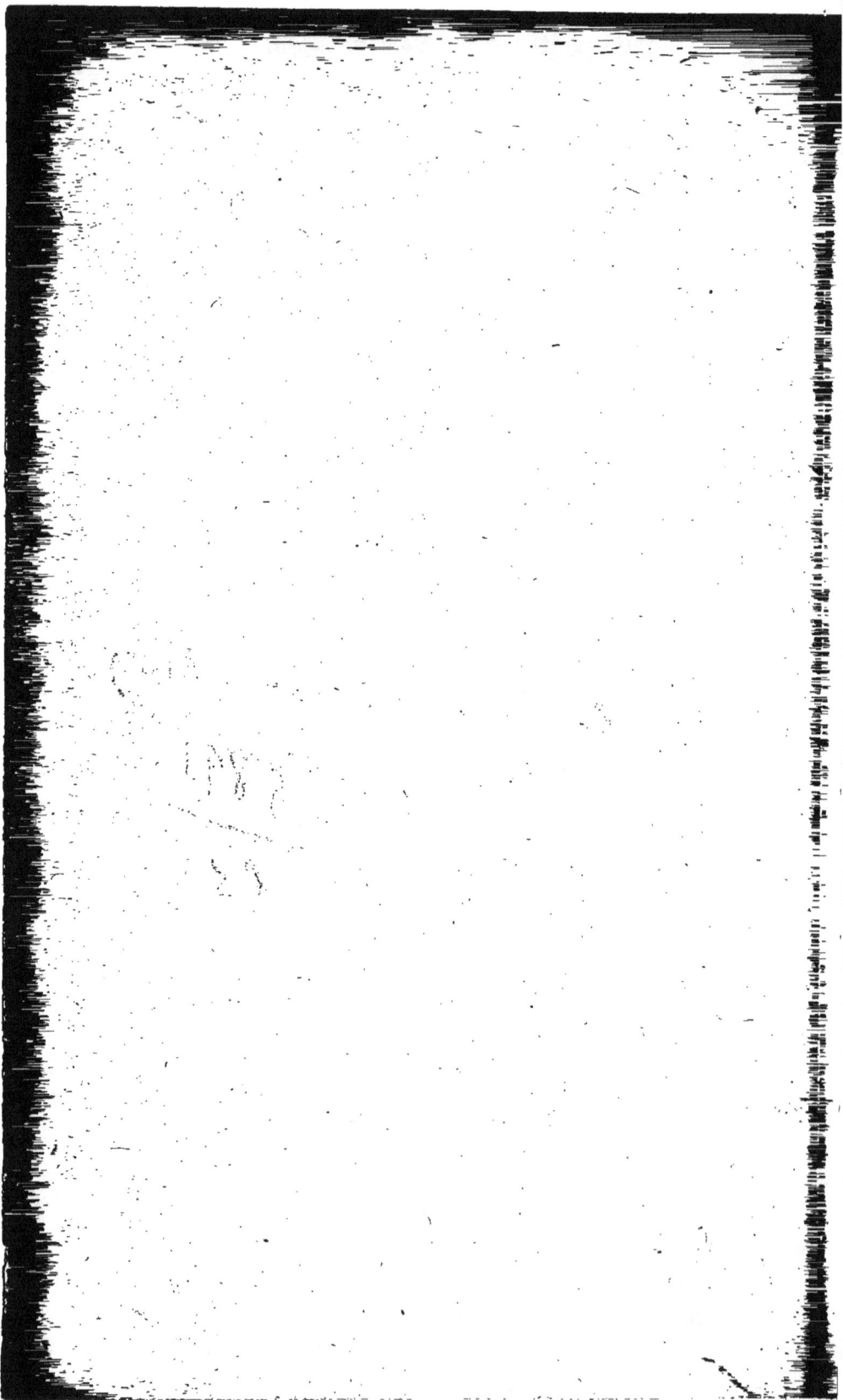

HENRI MARTIN

SA VIE — SES ŒUVRES — SON TEMPS

1810-1883

PAR

GABRIEL HANOTAUX

de l'Académie Française

PARIS
LIBRAIRIE LÉOPOLD CERF
12, RUE SAINE-ANNE, 12

—

HENRI MARTIN

VERSAILLES

CERF ET FILS, IMPRIMEURS

59, RUE DUPLESSIS, 59

HENRI MARTIN

Imp Ch Chardon

HENRI MARTIN

SA VIE — SES ŒUVRES — SON TEMPS

1810-1883

PAR

GABRIEL HANOTAUX

DEUXIÈME ÉDITION

PARIS

LIBRAIRIE LÉOPOLD CERF

13, RUE DE MÉDICIS, 13

1887

AVERTISSEMENT

La vie de Henri Martin, pleine de jours et pleine d'œuvres, m'a paru mériter d'être écrite. Il y a, dans le long travail, dans les solides convictions, dans la foi en l'humanité de l'auteur de l'*Histoire de France*, un exemple qui ne doit pas disparaître en même temps que l'existence de celui qui l'a donné.

On s'étonnera peut-être de constater à combien de points intéressants de l'histoire contemporaine cette existence a touché. Henri Martin est connu surtout comme écrivain, comme homme de cabinet. En réalité, il ne s'éloigna jamais volontairement des affaires publiques. L'étude de l'histoire était, pour lui, un refuge et une consolation, au moins autant que l'accomplissement d'un devoir patriotique.

Par contre, les déjà rares personnes de la génération de Henri Martin, qui lui ont survécu, pourront s'étonner de l'insuffisance des renseignements qu'ils trouveront ici sur la plupart des événements dont la présente biographie a dû faire mention.

C'est que rien n'est plus difficile à saisir que l'histoire contemporaine. Non seulement le recul manque, pour que les masses se groupent. Mais les faits eux-mêmes échappent. Les renseignements font défaut. Les souvenirs de ceux qui vivent sont confus; et les indiscrétions des morts ne sont pas encore publiées.

La famille de Henri Martin a bien voulu mettre à ma disposition nombre de documents précieux qui me permettent pourtant d'espérer qu'on ne trouvera pas dans ce livre de trop grossières erreurs.

J'ai grandi au milieu de la tradition dans laquelle il avait vécu lui-même. J'ai eu l'honneur de l'approcher beaucoup dans les quinze dernières années de sa vie. La trace de nombreux entretiens que j'ai eus avec lui apparaîtra peut-être par endroits.

J'ai vu aussi la plupart de ceux qui l'ont connu; j'ai recueilli bien des détails curieux de la bouche, maintenant fermée, de Paul Lacroix. Ses compatriotes se sont empressés de me fournir des renseignements sur une partie peu connue de sa vie publique, celle qui se rattache à ce qu'il appelait volontiers *sa petite patrie*, au département de l'Aisne. J'ai fait de mon mieux pour grouper, avec ces détails particuliers, les faits de la vie publique auxquels il a été mêlé.

Le même mois a vu disparaître deux des plus illustres représentants de ce qu'on a appelé la *génération de 1830 :* Mignet et Henri Martin. Bientôt les derniers survivants seront morts, et l'histoire s'emparera de cette époque qui a tant aimé l'histoire.

Il est bon, tandis que les souvenirs que ces hommes ont laissés derrière eux ne sont pas tout à fait dispersés, que des mains pieuses les recueillent et les livrent au public; la postérité y trouvera un témoignage, et leur mémoire un hommage que leurs services ont mérité.

LIVRE IER

LA JEUNESSE

CHAPITRE IER

LA PICARDIE — SAINT-QUENTIN — LA FAMILLE

Henri Martin est né à Saint-Quentin, le 20 février 1810. C'est un Picard, du pur sang picard.

S'il est des traits qu'on peut considérer comme fixés, ce sont précisément ceux de cette province de Picardie qui a été, en somme, le berceau de notre France. On s'entend à reconnaître chez les Picards, l'esprit d'initiative, le sens droit, le courage et la gaieté. Michelet les appelle très justement les *Gascons du Nord*. Ils ont en effet quelque chose de communicatif et d'ouvert qui les distingue de leurs plus proches voisins, les lourds et pesants Flamands, les sages Normands.

Les hommes d'Etat de la Picardie ont été, par excellence, des hommes d'action, des novateurs, des révolutionnaires; tels Calvin, Camille Desmoulins, Condorcet, et, pour indiquer la tendance par l'excès même, Babœuf; tous gens d'entreprise, à l'esprit clair, à la main prompte, à la décision énergique, à l'autorité parfois brutale.

La littérature n'est pas précisément leur fait. Ils ont l'imagination claire, mais courte; dès qu'ils sortent du domaine de l'observation immédiate et pratique, ils perdent pied ou atteignent l'effort. La poésie populaire picarde est de peu d'haleine, rarement lyrique et plus heureuse dans l'épigramme ou la satire. Les proverbes abondent chez eux, et font, plus que nulle part ailleurs, partie de la langue courante.

Dans un ordre plus élevé, les littérateurs picards ne sont ni des orateurs, ni des poètes, mais ce sont des analystes consciencieux, des psychologues sagaces, des érudits appliqués, des logiciens redoutables.

Pour que leur esprit s'envole, que leur imagination s'ouvre et se déploie, il faut qu'un autre sang se mêle au leur : le sang de leurs voisins, de leurs cousins, les *Français* de Soissons, de Laon, de Reims. La Picardie boit du cidre, la Champagne boit du vin. Quand les deux liquides se rencontrent dans une même tête, le mélange devient exquis; ce sont les

La Fontaine, les Racine, les Alexandre Dumas, les Michelet.

Ces derniers noms me fournissent une transition pour observer un dernier trait de l'esprit des Picards. Ils ont éminemment le sens historique : le département de l'Aisne peut se glorifier d'avoir donné à la France les trois hommes qui ont le plus fait peut-être, dans ce siècle, pour répandre et rendre populaire notre histoire : Alexandre Dumas, né à Villers-Cotterets ; Michelet, — né à Paris, c'est vrai, — mais de père et mère laonnois, descendant de vieille souche picarde ; enfin Henri Martin.

S'il est, en effet, une terre féconde en souvenirs du passé, une terre dont chaque motte rappelle quelque événement célèbre, une terre qui, si je puis ainsi parler, *sue l'histoire*, c'est cette région du Vermandois, de la Thiérache et du Soissonnais : cette marche de la Picardie.

Un de mes amis me parlait récemment de la région de Vermand qu'il habite ; il disait que dans cette contrée, ce n'est pas la peine de fouiller la terre pour trouver des antiquités. Aux lendemains de pluie, les paysans regardant attentivement la terre retournée, ravinée, voient luire de place en place le cuivre des médailles et des monnaies antiques.

Moi-même, suivant aux champs, derrière les laboureurs, le sillon de la charrue, j'ai plus d'une fois ramassé, déterré à la pointe du couteau, des os, des fragments d'armures. Il n'est pas rare de les trouver enfouis en tas, et les paysans ne s'étonnent pas de rencontrer ces restes des « soldats des anciennes guerres » : ce sont des *Romains*, ou des *Espagnols*, ou des *uhlans*.

Pas une invasion, en effet, qui n'ait laissé là ses traces. Dans mon enfance, la terreur des derniers venus, des « uhlans » de 1814, planait encore sur le pays.

C'est dans le château de Beaurevoir, village des environs de Saint-Quentin, que Jeanne d'Arc a été enfermée au lendemain de sa captivité. Le château, dont les restes subsistent encore, appartenait à Jean de Luxembourg. La Pucelle quitta Beaurevoir pour aller à Rouen.

La bataille et le siège de Saint-Quentin, en 1557, figurent parmi les grands événements de notre histoire. Ce souvenir est l'orgueil de la patriotique cité. Pas une fête dans laquelle on n'en rappelle l'exemple et le beau vers de Santeuil :

> *Civis murus erat. . . . . . .*

Les guerres de la Ligue couvrirent toute la contrée de deuil et de misère : Saint-Quentin, presque seule parmi les villes picardes, resta fidèle à la royauté. Son vieux loyalisme, éveillé une fois pour toutes, par la haine de l'étranger, ne manqua jamais au service des Rois, défenseurs de la cause nationale. Elle résista aux promesses et aux menaces, ferma plus d'une fois ses portes aux coureurs ennemis ; bien des lettres de Henri IV sont datées de cette ville. Les noms de Guise, de Bohain, de Noyon, de La Fère, de Landrecies sont cités à chaque page du récit de la guerre civile ou de la guerre étrangère.

En 1636, dans cette « année de Corbie » qui vit chanceler la fortune de Richelieu, ce fut encore à Saint-Quentin que se prépara la résistance ; un bourg des environs, le Câtelet soutint l'effort des envahisseurs et fut un instant le boulevard de la patrie.

Des guerres de la Révolution, de celles qui précédèrent la chute de Napoléon, mêmes souvenirs glorieux ou déplorables. Ce n'est pas des femmes de ce pays qu'on peut dire qu'elles n'ont jamais vu le feu des bivouacs ennemis. Elles ont dû plus d'une fois mettre elles-mêmes la main à l'épée, à la hache.

Je les ai vues, elles aussi, aider à la défense, envoyer les hommes au combat, dans la dernière guerre, lorsque deux fois Saint-Quentin fut le théâtre de la lutte, soit que la ville résistât elle-même à l'ennemi, soit qu'elle assistât, spectatrice attristée et désarmée, à l'une des plus grandes batailles de la Défense Nationale.

S'il est donc deux sentiments qu'on respire dans ces contrées avec l'air du pays, c'est le souci de l'histoire et le patriotisme.

Ces deux sentiments durent pénétrer plus profondément encore dans l'âme de Henri Martin par les premiers spectacles qu'il eut sous les yeux. Il avait cinq ans en 1815, lors de cette invasion qui, ainsi que je le disais tout à l'heure, a laissé une si profonde trace dans le souvenir de ceux qui en ont souffert. Des contemporains de Henri Martin, des gens qui vivaient là même où il passa ses années d'enfance, m'ont plus d'une fois raconté avec des paroles poignantes, la grande douleur, la grande honte qui pesa sur toute la contrée quand les cosaques *mangeurs de chandelles*, vinrent prendre chez nous la revanche de Zurich, de Friedland et de Moscou.

En dehors de ces souvenirs tragiques, Saint-Quentin n'a rien qui soit fait pour séduire l'imagination. La ville, jetée d'une façon assez pittoresque sur le penchant d'une colline que couronne la masse épaisse et inachevée de la cathédrale, n'a d'autre monument que l'hôtel de ville construit par les Espagnols. Les rues sont droites, assez larges, le plus souvent désertes. Peu d'anciennes maisons, peu de curiosités, nulle perspective. Resserrée encore dans des murailles dont la démolition était décidée, Saint-Quentin avait, dès 1815, l'aspect éminemment industriel qui la caractérise aujourd'hui.

Le voyageur qui laisse Laon, la ville épiscopale et militaire debout sur son rocher, et qui arrive à Saint-Quentin, sent qu'il approche des Flandres. Les hautes cheminées des fabriques fument de toutes parts et enveloppent les faubourgs d'une atmosphère noire. Sauf aux heures du soir, la vie est toute intérieure, l'ouvrier restant à son métier et le bourgeois à son comptoir. Autrefois c'était la même existence, plus silencieuse encore, troublée seulement par le tic-tac des moulins et des foulons, le cri strident du jacquart.

Tout autour la campagne est triste. Aucun accident de terrain n'en coupe le monotone horizon, que des champs de betteraves et de blé prolongent infiniment au nord, vers les plaines de la Flandre, et qui s'écrase au midi sur les marais de la Somme.

C'est dans cette ville rectiligne et bourgeoise, au milieu de cette population de commerçants et d'ouvriers, que Henri Martin commença à vivre, précisément vers l'époque où les prisonniers espagnols, amenés par Napoléon, terminaient le grand travail du canal souterrain et allaient donner, par la communication directe avec le nord, un nouvel élan au génie industriel de Saint-Quentin.

La famille des Martin était de vieille souche picarde ; originaire de La Fère, mais depuis longtemps transplantée, et par de nombreuses alliances, acclimatée à Saint-Quentin.

Le père de Henri Martin était juge d'instruction au tribunal civil ; la mère était de la famille des Desains, à laquelle appartient le savant professeur de physique à la Sorbonne, cousin et camarade d'enfance d'Henri Martin. Les Martin et les Desains étaient alliés avec l'aristocratie bourgeoise de la ville.

Nulle part, plus qu'à Saint-Quentin, la vieille coutume des libertés communales n'avait invétéré le respect de la caste des bourgeois. On la respectait, mais surtout elle se respectait elle-même profondément : marchands ou hommes de judicature (et les justices étaient nombreuses à Saint-Quentin avant 1789), dès qu'ils avaient passé par l'échevinage, ils

se considéraient comme de sang bleu, se targuaient
de noblesse et à force de l'affirmer, finissaient par
le faire croire et par le croire.

Il y avait là les Colbert (branche des Colbert de
Reims), les Cambronne, les Joli, les Dufour, les
Colliette, les Desjardins.

Les Condorcet de Ribemont, les de Bry de Vervins,
les Quinette de Laon étaient alliés à cette pseudo-
aristocratie. La famille au milieu de laquelle Henri
Martin fit ses premiers pas lui appartenait également. Elle en avait l'esprit, les habitudes, la dévotion
mesquine, la vertu toujours austère et quelquefois
étroite. Telle que cette famille m'a été dépeinte, elle
réalisait le type parfait de la classe bourgeoise, sur-
vivant à l'effondrement de l'ancien régime.

Le père était un excellent homme, mais qu'une
piété implacable possédait. Tous les matins ponc-
tuellement il allait entendre la messe au couvent des
dames de la Croix, peu éloigné de sa maison. La
moindre liberté de langage ou de pensée, se mani-
festant autour de lui, le sortait de sa quiétude. Toute
l'autorité des vieilles races bourgeoises se dressait
en lui, si quelque membre de sa famille paraissait
vouloir échapper à la ponctualité de ses devoirs religieux. Dans ces moments, sa bonhomie coutumière
faisait quelque place à quelque rudesse, et le doux
juge d'instruction s'enveloppait d'un manteau de sé-
vérité.

La mère d'Henri Martin, dont il tenait beaucoup,
était une mystique : sainte et bonne femme, toujours répandue en consolations, en aumônes, bour-

rant de bonbons les poches des enfants et de bons
conseils l'esprit des grandes personnes. Fine, distinguée, intelligente, ayant, elle aussi, son grain de
jansénisme, mais de l'école de la mère Agnès et non
de la mère Angélique.

Je ne donnerai pas un tableau complet de la
famille si j'oubliais le commensal habituel de la
maison, le frère de la mère d'Henri Martin, « l'oncle
Desains » ; celui-là, notaire, était un grand lecteur,
un grand conteur, le voltairien de la maison ; on
me l'a dépeint bien des fois, tel qu'on l'a vu dans sa
vieillesse, l'abat-jour vert sur les yeux, la figure sereine des aveugles, ou des presqu'aveugles, très
entiché de son jeune neveu et reposant sur cette
tête des espérances — des espérances notariales, —
que l'avenir devait heureusement tromper.

Henri Martin avait une sœur qui vit encore, qui a
continué les traditions de la famille et pour laquelle
il a conservé, toute sa vie, malgré les dissidences de
pensée, une affection tendre et une vénération profonde.

Il me semble que ces traits suffisent pour évoquer
la curieuse image de cet intérieur, où tout était silence, respect, vertu, où les domestiques vieillis-
saient, fermant les yeux aux pères, élevant et
tutoyant les enfants, où les coutumes anciennes s'é-
taient conservées et donnaient une importance singulière et des apparences de rite, aux moindres
cérémonies de la famille ; dont la douceur un peu
triste n'était égayée de temps à autre que par la
pointe mouchetée des plaisanteries du vieil oncle ou

les éclats, n'osant se faire bruyants, de la gaieté des enfants.

Les Martin demeuraient dans l'étroite et sombre rue des Canonniers, — des canonniers qui avaient pour refrain de corps les braves vers suivants :

> Enfants d'une ville frontière,
> Nous sentons la poudre à canon.

CHAPITRE II

LE COLLÈGE — PREMIERS GOUTS LITTÉRAIRES
— L'ÉVASION

Henri Martin fit ses études comme externe au collège de Saint-Quentin, sur la porte duquel était écrite l'aimable devise : *Collegium Bonorum Puerorum* : Collège des Bons enfants. L'enseignement devait y être paternel, mais médiocre. Trois professeurs seulement se partageaient le cours complet d'humanités jusques et y compris la rhétorique. Le principal du collège se nommait Maupérin. Je n'ai, sur cette période de la vie d'Henri Martin, que peu de renseignements. Un souvenir seulement : mais un souvenir curieux. Le voici tel qu'il a été raconté par un témoin oculaire :

A l'une des distributions de prix, Henri Martin, qui avait alors quatorze ou quinze ans, obtint le premier prix d'histoire. Après avoir proclamé ce succès, le principal, M. Maupérin s'exprima en ces termes :

« Je ne crains pas de déroger aux usages universitaires en donnant lecture de la composition d'Henri Martin, qui n'est pas le devoir d'un élève, mais le début d'un grand historien. »

Il y a dans cette appréciation une heureuse sûreté de jugement qui fait honneur à la clairvoyance de M. Maupérin.

Au reste, les succès déjà si remarquables du jeune collégien n'étaient pas dus uniquement au mérite des leçons de ses maîtres. Henri Martin trouva dans la maison paternelle une très curieuse et très riche bibliothèque, provenant en partie du chanoine Colbert, allié de la famille. Il y avait là notamment un magnifique exemplaire du *Recueil des Historiens de la France*, par Dom Bouquet, et, de bonne heure, Henri Martin, qui devait être toute sa vie un grand lecteur, se plongea dans l'étude de ces terribles in-folio.

L'histoire n'attirait pas seule son attention. Il arrivait à l'âge où, pour parler le langage du temps, la muse taquine les jeunes imaginations. Peut-être l'oncle notaire avait-il, lui aussi, ses moments de récréations poétiques. Quoi qu'il en soit, de bonne heure, Henri Martin fit des vers.

En 1827-1828, la Société académique de Saint-Quentin mit au concours le grand sujet patriotique qui domine l'histoire de la contrée, le siège de 1557. Henri Martin, encore sur les bancs du collège, concourut.

Cet essai nous a été conservé. En voici les premiers vers :

> Levant son front au bord des cieux
> Sur le faîte obscurci du temple solitaire,
> Brille du soir l'astre silencieux
> Comme au sommet des monts un fanal tutélaire...

Ce sont des vers de collégien. Mais il n'est pas sans intérêt de voir le premier effort littéraire du futur historien, s'appliquer à la célébration des fastes domestiques et du noble exemple patriotique donné par sa ville natale.

Ce poème fut-il soumis au jugement de la Société académique ? — Je ne puis l'affirmer. Le prix fut remporté par un compatriote de Henri Martin, qui devait avoir sur la période de sa vie que nous allons aborder, la plus grande influence : il s'agit de Félix Davin.

J'ai sous les yeux le poème de Félix Davin ; si ceux de H. Martin sont des vers de collégien, ceux de F. Davin sont des vers de province. Et, je l'ai remarqué déjà, la province dont il est question ne portait pas à la poésie. Le poème de Davin a été publié, en 1828, dans un volume intitulé *Poésies San Quintinoises*. C'est un curieux spécimen du genre d'écho que le romantisme naissant avait trouvé hors de Paris.

Félix Davin, né en 1807, était de trois ans l'aîné de Henri Martin. Fils de commerçant, employé lui-même dans une maison de commerce, un goût très vif l'avait, malgré une préparation insuffisante porté vers les études littéraires. Sa vocation avait été entravée par la prudence paternelle. Des strophes qu'il adresse à son père, nous mettent au cou-

rant de ces premières difficultés et nous donnent
en même temps, un échantillon de son talent ; les
voici :

> Le commerce n'est pas ennemi de la Muse,
> Mon père, laisse-moi sur ce luth qui m'amuse,
> De poétiques jeux égayer mes loisirs ;
> Laisse-moi me livrer à d'innocents plaisirs.
>
> Mes vers, débiles fleurs que Zéphire disperse,
> Sèment leurs doux éclats dans nos sombres bureaux ;
> Mercure, fatigué des travaux du commerce,
> Fit résonner parfois la lyre de Claros.
>
> Reçois donc les premiers de mes vers héroïques ;
> Naguère, chaste amant des jeux du tendre Eros,
> J'ai longtemps soupiré des vers mélancoliques,
> Je chantais les amours, je chante les héros.

On le voit, le talent de F. Davin était médiocre.
Son inspiration puisait à des sources diverses : il les
réunit dans un seul vers que je citerai encore comme
un autre signe du temps :

> Lavigne, Béranger, Lamartine et Parny.

Mais si le talent était médiocre, la vocation était
tenace et la volonté énergique.

Les deux concurrents du prix de poésie, Martin et
Davin, liés déjà d'amitié, échangeaient, dans les
lentes promenades (traditionnelles à Saint-Quentin)
de la rue d'Isle, la confidence de leurs projets, de
leurs ambitions, et des difficultés qu'ils rencontraient
l'un et l'autre au sein de leurs familles. Saint-Quentin, même à l'époque des diligences, n'était qu'à une
journée de Paris. Leur distraction quotidienne les

portait invinciblement sur ce chemin, au bout duquel les appelait leur rêve.

La vie de famille devait, dès lors, être pénible pour Henri Martin. Que ce fût réaction naturelle de son jeune esprit contre l'étroit esclavage de la dévotion paternelle ; que ce fût l'éducation classique reçue au collège ; ou enfin les conversations habituelles d'une jeunesse toute libérale, dans un département où l'amour de la liberté coule avec le sang, et qui avait alors pour député le général Foy, Henri Martin voyait dès lors se fixer en lui les convictions indépendantes qui devaient être celles de toute sa vie.

On l'avait élevé dans l'espérance de faire de lui un successeur de son oncle, un notaire, — un notaire pieux, exact à son devoir, père à son tour de notaires ou de juges d'instruction, — et voilà que les prophéties de M. Maupérin menaçaient de se réaliser. On voyait poindre l'homme de lettres, le poète, l'historien.

A ces inquiétudes, des tourments de nature plus intime se joignaient et déchiraient l'âme du jeune homme. Pour d'autres motifs le séjour de Saint-Quentin lui causait une cruelle souffrance.

Evidemment un complot fut tramé par Félix Davin et Henri Martin. Ils réunirent leurs talents pour la création d'une *œuvre* et leurs volontés pour l'exécution d'un grand dessein. Ensemble, ils écrivirent un roman : *Wolfthurm ;* ensemble, ils résolurent de quitter la famille et le pays natal ; ensemble, le roman une fois terminé, ils s'enfuirent et arrivèrent à Paris. Henri Martin n'avait pas vingt ans.

Au moment où il quittait Saint-Quentin et la famille dans laquelle il ne devait reprendre sa place qu'après s'être fait une place dans le monde, Henri Martin était déjà formé. Il avait de son pays le bon sens sûr et ferme, l'âpre attache au labeur, le goût du passé et la passion du patriotisme. Il tenait de sa famille l'habitude de la règle, le culte de la justice, la conception d'une haute nécessité morale, une tendance invincible vers l'idéal, même une certaine inclination mystique, en un mot, tous les caractères d'une âme honnête, ardente, religieuse. Son esprit était suffisamment cultivé ; il unissait enfin, dans un même amour, les lettres et la liberté.

Ses ambitions étaient hautes, mais elles étaient pures. Il se ceignait, avec toute la vaillance picarde, pour le rude combat de la vie, n'ayant désormais de secours à attendre que de lui-même.

CHAPITRE III

PARIS EN 1830 — LE ROMANTISME — *WOLFTHURM*

Les deux amis arrivèrent à Paris dans les premiers jours de 1830. Quel spectacle pour ces passionnés des choses de l'esprit, pour ces néophytes enthousiastes de toutes les grandes causes! Paris bouillait dans l'attente du grand orage qui allait éclater.

Un roi, léger et inexpérimenté à soixante-treize ans, des ministres incapables ou imprudents prétendaient arrêter, par un coup d'autorité, l'élan d'un peuple qui n'avait rien oublié des griefs et des espérances de la Révolution. L'essai du régime parlementaire, auquel Louis XVIII s'était prêté avec une bonne foi, sœur assurément d'un vif amour de la tranquillité, avait allumé tous les désirs et jeté dans la vie politique une jeunesse passionnée, éloquente, ambitieuse. L'influence des hommes de l'opposition était d'autant plus profonde que le terrain de la lutte était plus restreint. Tous ceux qui avaient le droit au vote pouvaient prétendre à la capacité du vote.

De là, dans le corps électoral, une finesse, un tact, un sens des nuances qui ne se sont rencontrés à aucune autre époque.

Le moindre éclair était gros de tempêtes. On commentait avec passion un mot des *Débats,* une apostrophe de Cauchois-Lemaire ou de Saint-Marc Girardin. La jeune gloire des Thiers, des Mignet, des Carrel, des Villemain, était dans sa fleur. La plupart d'entre eux paraissaient vouloir mener de front, comme les grands hommes de l'antiquité, l'action politique et l'étude des lettres. Quels exemples ! quels sujets d'émulation pour ceux qui entraient dans la vie ! N'étaient-ils pas tout prêts à se plier au mystère romantique des conspirations ou à descendre dans la rue, comme au beau temps héroïque des Danton et des Camille Desmoulins, pour la destruction d'un régime dont le renversement leur promettait une ample moisson de succès et de gloire.

Il y avait certainement beaucoup de littérature dans cette politique. La littérature elle-même ne chômait pas. L'école romantique battait son plein. Si Davin avait reçu dans sa province le reflet de la gloire de Casimir Delavigne, de Béranger, de Lamartine, et je puis ajouter d'André Chénier, il devait se trouver ébloui, en arrivant à Paris, de l'éclat du soleil de Victor Hugo, alors dans la splendeur des *Orientales.*

Un autre grand succès du jour était les représentations du drame d'Alexandre Dumas, *Henri III et sa cour.* Il y avait là une application retentissante du procédé de reconstitution historique, cher au romantisme.

Ce n'était déjà plus le moyen-âge seulement qui paraissait poétique. L'engouement se portait sur tout le passé, notamment sur le passé national que l'on commençait à étudier et à connaître. Les générations postérieures devaient voir cet esprit de recherche s'étendre aux âges plus reculés et aux pays plus excentriques. Le goût, la manie devaient gagner de proche en proche l'Espagne, l'Italie, la Turquie, la vieille Egypte, l'Inde antique, la Chine et le Japon.

Mais, à cette époque, on en était encore, du moins dans le drame et dans le roman, aux personnages et aux événements de notre histoire. Le souffle de Walter Scott avait évoqué tout ce passé « enseveli jusque-là dans la poussière des chroniques ». Alfred de Vigny avait publié, en 1826, son roman de *Cinq-Mars*. La même année, M. Vitet avait obtenu un grand succès par la publication des *Barricades ;* ces scènes dialoguées tirées des épisodes de la Ligue, paraissaient ouvrir une voie nouvelle à la littérature : le même auteur exploitant cette même veine avait donné, en 1827, les *Etats de Blois ;* en 1829, la *Mort de Henri III*. En cette année 1829, Rœderer avait publié un recueil de *Drames historiques* dont les sujets étaient également empruntés aux diverses phases de l'histoire de France.

Enfin, pour ne citer qu'un nom encore, parce que celui qui le portait a eu l'influence la plus directe sur l'esprit d'Henri Martin, le bibliophile Jacob (Paul Lacroix) faisait connaître son pseudonyme piquant par l'abondante publication de romans, de drames, de récits de toutes sortes, tirés de l'histoire ou des mœurs du moyen-âge. Il avait publié déjà l'*Assassinat d'un roi*, le *Couvent de Baïano*, les *Soirées de Walter Scott à Paris*, le *Roi des Ribauds*. C'est justement à la porte de Paul Lacroix qu'Henri Martin alla frapper en arrivant à Paris.

Je ne suis pas sûr cependant qu'il se soit jeté immédiatement à corps perdu dans la littérature. Il eut un moment d'hésitation. Sa famille, comme pour le retenir sur le bord, lui assurait une pension de 100 francs par mois. Il suivait, disait-on, les cours de l'Ecole de Droit. Même on l'avait poussé dans une étude de notaire — toujours le notariat ! Le vieil oncle lui-même, effrayé de son œuvre, et très vieilli, n'en voulait pas démordre. Il admettait bien que son neveu eût du littéraire, mais du notaire littéraire. C'était à cette condition qu'il mettait le maintien de ses bonnes grâces.

Henri Martin fit un effort. L'effort ne dura pas. Il racontait lui-même qu'au lieu de s'employer aux courses de l'étude, il allait s'enfermer dans les bibliothèques et se plonger dans d'immenses lectures. Il disparaissait des journées entières et les dossiers attendaient. Son patron le remercia.

D'ailleurs un horizon nouveau s'ouvrait devant nos deux amis : Henri Martin et Davin avaient, on s'en souvient, un roman en poche. Une fois à Paris, leur grande affaire fut de trouver un éditeur.

Ce ne dut pas être chose facile, et je pense que Paul Lacroix y contribua pour quelque chose. Le roman avait été conçu et écrit en province. Il se ressentait de cette origine. Les auteurs s'aperçurent eux-mêmes de ses défauts. Le titre certainement fut changé, le livre fut remanié de fond en comble. C'est ce qu'expliquent assez bien ou plutôt assez mal des *Notes préliminaires* (il eût été du goût le plus déplorable de dire tout bonnement *préface*) écrites dans un style cabalistique, et certainement ajoutées après coup. Quoi qu'il en soit, le roman parut dès 1830, en deux volumes in-12, chez Corréard jeune, passage Saulnier, n° 13.

Le titre exact était *Wolfthurm ou la Tour du loup, histoire tyrolienne*, par Félix et Irner. Sous ces noms sonores il faut reconnaître Félix Davin et Henri Martin. Force épigraphes en tête des chapitres. On me permettra de citer du moins celles par lesquelles débute le livre. Le classique s'y marie élégamment au romantisme ; l'une se distingue par sa brièveté :

Horreur !

VICTOR HUGO.

L'autre par sa nouveauté :

Il n'est point de serpent ni de monstre odieux
Qui, par l'art imité, ne puisse plaire aux yeux.

BOILEAU (*Art poétique*).

Voici maintenant les trois premiers mots de la préface : « *L'horrible... nous aimons l'horrible !...* » Cela suffit.

Au fond ce petit livre n'est pas aussi méchant qu'il en a l'air. Il figurerait assez honorablement, sinon dans la collection des œuvres de Berquin, du moins

parmi celles de Mme Cottin, à côté de *Malvina* ou
d'*Amélie de Mansfield*.

C'est le récit peu dramatique des amours et de la
rivalité d'un marquis tyrolien et d'un colonel français. Le tout se passe en 1809. Il est vrai que le
drame se termine par un double suicide, celui du
colonel et de sa belle maîtresse qui s'empoisonnent
avec des pilules d'opium qu'une noble périphrase
appelle : « Ces graines blanchâtres qui donnent aux
Orientaux l'oubli des maux de la vie. » Il est vrai
encore qu'on voit passer dans les premiers chapitres
du roman un certain goîtreux qui semble jouer les
Quasimodo. Mais son goître manque des dimensions
épiques. Il est vrai enfin que le colonel est en proie
à certains sortilèges, qui, si je le comprends bien, le
transforment parfois en loup. Mais ces lambeaux
d'*horrible*, empruntés à Smarra ou à Han d'Islande,
et cousus de fil blanc, ne paraissent faits pour émou-
voir personne, et certes un enfant s'y laisserait
moins prendre qu'à Monsieur de Barbe-Bleue ou à
l'ogre du petit Poucet.

Le roman n'ayant pas suffi à remplir les deux volumes, mis gracieusement par le libraire Corréard à
la disposition des jeunes auteurs, Félix et Irner le
complétèrent par un choix de leurs poésies. Aucun
signe particulier ne désigne celles qui sont de Henri
Martin ; il est pourtant facile de les distinguer.

Les poésies de Davin sont toujours dans la note
personnelle et mélancolique. Il était destiné à mourir
jeune. Sa pensée le portait naturellement vers les
inspirations funèbres; ici, comme dans son premier

volume, il y a un long poème consacré au souvenir d'un mort. D'abord il s'agissait d'un ami, maintenant, c'est une jeune fille. Il mêle à ces notes tristes des préoccupations amoureuses ; il parle de ses douleurs, de ses larmes, et parfois de ses joies et de ses sourires.

Selon la nouvelle méthode, c'est presque toujours de lui, des incidents heureux ou malheureux de son existence qu'il est question. Davin est un lamartinien.

Henri Martin, au contraire, fait de la poésie impersonnelle ; c'est un hugolâtre. Les seules pièces qui lui appartiennent dans ce recueil sont des *Orientales*. Oh ! des Orientales moins l'éclat, moins le soleil, moins la bruyante fanfare des rimes, des rythmes et de la langue, des *Orientales* de Saint-Quentin. Je dois constater pourtant que ce sont des vers honnêtes, clairs; naïfs, sans prétention aucune, et qu'ils témoignent d'une certaine application à l'étude de l'Orient.

On lira peut-être avec plaisir les trois premières strophes d'une pièce intitulée l'*Arc-en-ciel :*

Le poète imagine un rendez-vous donné à tous les génies de l'air.

C'est le soir : et pareils à de flottants feuillages,
Sur le fond bleu du ciel, des millions de nuages
Balancent leurs grands caps et leurs palais trompeurs ;
C'est l'heure où traversant de lumineux méandres,
Sylphes, Lutins, Péris, Ondines, Salamandres,
Accourent pour le bal, dans leurs chars de vapeurs.

O palais nuageux ! voilà que sur vos dômes
Tourbillonnent parmi des peuplades d'atômes,

Des Foilets, ondulant dans un rayon du soir ;
Ils viennent, du plaisir errantes caravanes,
Et du bal pénétrant les voûtes diaphanes,
Sur des sièges dorés en foule vont s'asseoir.

Dans une goutte d'eau par la brise apportée
Accourt de bleus Ondins une troupe enchantée ;
Du soir dans leur globule attaquant les reflets,
Ils bravent dans leurs jeux le soleil qui les dore ;
Mais leur liquide char s'attiédit, s'évapore,
Et la troupe en riant descend dans le palais.

Il ne faut pas oublier que l'auteur de ces vers avait à peine vingt ans. Ils sont certainement supérieurs à ceux de son aîné, F. Davin.

Avant de quitter F. Davin que nous n'aurons plus l'occasion de rencontrer dans la suite et qui doit poursuivre à part le cours de ses publications romanesques et romantiques, je voudrais rappeler, d'un mot, la situation particulièrement difficile dans laquelle se trouvaient les jeunes esprits qui abordaient la littérature aux environs de l'année 1830.

Une grande révolution s'était faite quelque cinq ou six ans auparavant, dont les esprits les plus fermes et les plus maîtres d'eux-mêmes ne pouvaient que ressentir le contre-coup et subir l'impulsion.

A comparer les derniers tenants du classicisme et les nouveaux champions du romantisme, qui pouvait douter que la victoire dût rester à ces derniers, qui pouvait nier que leur cause fût la bonne?

L'école n'était pas encore tombée dans cet excès où se précipite rapidement, à la suite des chefs, le troupeau des imitateurs.

L'année qui vit éclore *Henri III* et *Hernani*, en

même temps qu'elle marquait à l'apogée du romantisme, exerçait une action funeste sur les débutants.
D'une part, il leur était difficile d'échapper à l'influence des astres qui étaient alors à leur zénith et
qui, dans le ciel poétique, faisaient pléiade ; d'autre
part, l'heure de la réaction n'était pas sonnée. A
moins qu'il y eût dans les nouveaux venus la vigoureuse originalité d'un génie absolument personnel, ils
étaient voués au triste métier d'imitateur ; ou bien
s'ils prétendaient conserver leur indépendance, ils en
étaient réduits à s'écarter du champ de la littérature
pure, à se rejeter dans les voies accessoires et à employer à d'autres travaux une force qu'ils eussent
gaspillée en pure perte dans l'exagération ou dans la
contradiction de la méthode dominante.

Davin resta dans la catégorie des disciples ; H. Martin s'arracha de bonne heure à la littérature, et
chercha dans l'étude de l'histoire, la satisfaction de
son esprit droit, de son instinct de patriote, de son
amour du vrai, du juste ; en un mot, de ce qui avait
toujours été sa véritable vocation.

CHAPITRE IV

1830 — RUDES ANNÉES — JOURNALISME — THÉATRE

Cependant un événement important s'était accompli. La Révolution de 1830, chassant définitivement les Bourbons, avait ouvert un champ nouveau aux passions enthousiastes de la jeunesse. On put croire un instant que la République allait prendre la place de la vieille monarchie écroulée.

C'était comme une aurore qui se levait pour ces hommes illuminés encore par le crépuscule de la Révolution. Ces lueurs s'éteignirent vite, mais elles laissèrent un reflet sur tant de nobles esprits. Ils n'en perdirent jamais la mémoire, et dix-huit ans d'un nouveau règne ne firent qu'affermir et enfoncer dans leur âme les convictions qui avaient fait d'eux, en 1830, les ouvriers de la première heure.

Henri Martin n'était pas à Paris quand la Révolution éclata. Ses parents exerçant une dernière fois leur influence, l'avaient rappelé en toute hâte. Il avait obéi; mais sans dissimuler son mécontentement, et sans craindre d'affirmer, à Saint-Quentin même, son adhésion aux idées nouvelles, et les liens déjà puissants qui l'attachaient aux défenseurs de la liberté.

Un document contemporain, une lettre adressée à Henri Martin par un de ses amis resté à Paris, nous dévoile l'état d'esprit où se trouvait la jeunesse libérale à cette époque. L'on ne peut rien de plus instructif :

Paris, mardi soir (11 août 1830).

... Quant à ta pièce de vers, je suis allé chez M. Lacroix ; je pense que c'étoit le lendemain de ton départ, afin de prendre ses directions sur la manière de l'afficher ; je pensais la faire copier par un écrivain ; mais il m'a dit qu'il faudroit, dans ce cas, rester auprès de l'écrivain pour éviter les grosses fautes d'orthographe auxquelles ces messieurs sont sujets ; alors j'ai pris le parti de la copier moi-même, en grosse écriture sur deux colonnes dans le champ d'une grande feuille de papier à dessin. Enfin, emportant ma feuille je me suis rendu sur les lieux pour les examiner : il y avoit déjà un tas d'écriteaux et même une pièce de vers que je n'ai pas lue. Ayant vu mon fait, j'ai fait aussitôt coller ma pancarte sur un morceau de carton par un vieux cartonneur de ma connaissance, sur la place de l'Ecole. Ensuite il a été, sous mes yeux, la suspendre à une des petites croix par un bout de ficelle. Après cela j'ai reporté, sur-le-champ, ton manuscrit chez Lacroix où l'on m'a dit qu'il seroit dans le *Mercure*, le samedi. M. Lacroix et sa femme sont très aimables ; ils ont été charmés, dans ma première visite, d'une petite drôlerie que nous avions faite la veille au soir. Notre Société musicale avoit été convoquée pour chanter un cœur (*sic*) de notre M. Richer, sur les paroles du *Vieux Drapeau*, de Béranger. Après l'avoir répété, nous l'avions chanté sur la place de l'Odéon, sur le carrefour, dans les environs, puis dans un café, en proclamant que c'étoit

au profit des veuves et des blessés ; un jeune homme
alloit quêtant alentour. Enfin, au bout d'une couple
d'heures, nous nous sommes trouvés avoir 92 fr. 10,
qui ont été portés au *National* (Voir le numéro de vendredi, article *souscriptions*). Nous n'avons pu recom-
mencer que vendredi. Nous y avons joint la *Marseillaise*
qui n'étoit plus séditieuse : nous avons chanté dans la
cour et le jardin du Palais-Royal, toujours le soir, puis
au passage Colbert, dans la tribune des musiciens ; tout
le monde qui étoit en bas dans la rotonde, se joignoit à
nous pour le refrain de la *Marseillaise*. C'étoit magnifique. Nous avons ramassé soixante francs.

J'ai été avec Henri à la réouverture de l'Opéra ;
Masaniello sur la demande du public a chanté la *Marseillaise* dans la conspiration ; toute la salle chantoit le
refrain. Au dernier couplet, les Napolitains se sont mis
à genoux et tout le parterre s'est levé. Il y avoit des
dames qui portoient les couleurs en nœuds de rubans
en ceintures. Le chant de la *Parisienne*, assez pauvre
en lui-même, étoit accompagné d'un coup d'œil curieux : la scène montroit dans le jardin des Tuileries
une foule de Parisiens de toutes classes représentés par
les acteurs, Nourrit coryphée, en garde national.

... J'ai vu le cortège de Louis-Philippe au sortir de
la Chambre : c'étoit intéressant : La voiturée de la reine
avec ses filles, ses petits garçons, espèce de char-à-
bancs à trois rangs ; ils étaient charmants.

Henri et moi nous avons fait chacun l'acquisition
d'un fusil de munition ; nous ne voyons plus de risque
pour le salut de la patrie. Nous sommes dans les chasseurs 10e léger, 1er bataillon, 4e compagnie. J'ai pris
part samedi à l'élection des officiers, opération fort intéressante. Nous tâcherons d'être équipés pour la prochaine revue. Les chasseurs auront des chacots (*sic*).

On le voit, il y avait dans tout cela bien de la mise
en scène, bien des pompons, bien des festons, bien

de la musique ; et brochant sur le tout la « voiturée » qu'on voulait rendre poétique des enfants du roi-citoyen. Mais aussi il y avait un généreux élan, de l'enthousiasme, une sorte de candeur..... En somme, c'est avec tout cet attirail que nous autres Français, nous faisons nos révolutions.

Henri Martin ne resta que quelques semaines à Saint-Quentin. Il rompit bientôt le dernier lien et revint à Paris. Cette fois il y était pour longtemps.

Les premières années de la vie de Paris furent rudes. Car d'abord il fallait vivre, et un homme qui était résolu à tirer tous ses moyens d'existence de sa plume, devait apprendre à ne pas la poser un seul instant.

Le secours de P. Lacroix fut des plus utiles en ce temps à Henri Martin. Le bibliophile était lancé en librairie. Il était en pleine possession de cet esprit fécond qu'hier encore nous admirions dans sa robuste vieillesse. Il était toujours sur la brèche et de taille à fatiguer plusieurs éditeurs.

Il mit bienveillamment les diverses ressources de ce genre qu'il s'était créées à la disposition de son jeune ami. Ils travaillèrent ensemble dans les journaux, dans les revues, pour le théâtre, pour les éditeurs : *L'Artiste, Le Mercure du* XIXᵉ *siècle, Le Gastronome, La Silhouette, Le Voleur, Le Musée des Familles* reçurent de nombreux articles dus à la plume d'Henri Martin [1].

---

[1] Sur les publications romantiques de la jeunesse de H. Martin, on trouvera un excellent article, écrit en collaboration avec P. Lacroix, par M. de Saint-Heraye, dans *le Livre* du 10 février 1884.

Dans les derniers mois de 1830, il donnait une bonne partie de son temps à la rédaction d'un journal politique dont le nom seul suffit pour évoquer toute une époque : *LE GARDE NATIONAL, moniteur constitutionnel des 44,000 communes de France.* Le premier numéro est du 15 octobre 1830. C'était Emile de Girardin, paraît-il, qui faisait les fonds du journal. Paul Lacroix en était le rédacteur en chef. Si j'ai bien compris le sens de la ligne politique qu'on suivait, il s'agissait d'attaquer le gouvernement en ménageant le roi qu'on proclamait « le premier garde national du royaume ».

On prétendait renouveler la tactique de l'opposition dynastique sous le précédent gouvernement, en ramenant le ministère au respect de la Charte. Le tout s'entremêlait de variétés historiques dues, le plus souvent, à la plume d'Henri Martin, de conseils aux abonnés « sur la manière de blanchir la buffleterie », enfin, pour ne pas sortir du goût du temps, de dithyrambes en l'honneur des trois Glorieuses. Le baron Mortemart-Boisse (qui, si nous en croyons les *Mémoires* de Vieil-Castel n'était ni Mortemart ni Boisse), commence en ces termes, un article intitulé *Souvenir de la revue du Champ de Mars :* « Je l'ai vue cette fête de famille..... Quatre cent mille têtes ondulées comme de molles vagues s'agitaient et saluaient cette belle journée ! »

Il est à croire que les 44,000 (?) communes de France ne fournirent pas chacune un abonné; car le *Garde National* eut la vie courte. Il disparut au bout de trois mois, le 21 décembre 1830.

Cependant Henri Martin travaillait sans relâche. Des recueils comme l'*Album de la Mode,* le *Livre des Cent et un,* les *Cent et une Nouvelles* publièrent de lui des contes et des fantaisies qui, réunis, feraient au moins la matière d'un volume. Il aborda aussi la satire politique, à la manière de Barthélemy et Méry, et publia le *Dix-neuvième siècle,* satire hebdomadaire en vers qui n'eut que deux numéros (décembre 1832). Il essaya même du théâtre avec la collaboration de Guilbert de Pixérécourt, et mit à la scène l'*Abbaye-aux-Bois ou la femme de chambre, histoire contemporaine* (1832).

J'insisterai quelque peu sur cette pièce parce qu'elle nous révèle, chez Henri Martin, des velléités et des aptitudes scéniques peu connues, mais qui ne s'en sont pas moins manifestées jusqu'à une époque avancée de sa carrière. L'*Abbaye-aux-Bois,* les scènes de la *Vieille Fronde, Vercingétorix,* et un drame non publié, les *Wahabites,* telles sont les principales œuvres qu'Henri Martin écrivit pour le théâtre.

De ces trois pièces, l'*Abbaye-aux-Bois* est la seule qui emprunte son sujet aux scènes de la vie contemporaine. A ce titre déjà, elle est intéressante. Il ne faut voir d'ailleurs dans ce nom de l'*Abbaye-aux-Bois* aucune allusion aux fameuses réunions de Mme Récamier. Peut-être n'était-on pas fâché de l'espèce de réclame qu'un tel titre inscrit sur une affiche, pouvait faire à la pièce. Mais il n'est question d'une abbaye-aux-bois dans cette pièce qu'incidemment. C'est dans un monastère de ce nom que se réfugie une des héroïnes du drame ; voilà tout.

Le drame lui-même est simple, trop simple peut-
être. Une femme de chambre, amoureuse de son
maître nouvellement marié, trouve moyen, par un
subterfuge, de brouiller le jeune ménage. Ses intrigues
sont éventées ; trop tard, malheureusement, et un
duel est inévitable entre le mari et celui de ses amis
qu'il croit être l'amant de sa femme. Au dernier moment, la femme de chambre, prise de remords, se
jette entre les deux combattants et meurt d'une balle
partie du pistolet de son maître.

C'est, comme on le voit, un dénouement analogue
à celui du *Maître de Forges,* avec la mort en plus.
Il se trouve encore, dans l'*Abbaye-aux-Bois,* une
situation qui rappelle une scène du théâtre contemporain. C'est une conversation de tous les domestiques, concierges, porteurs d'eau, etc., dans la cour
d'une maison parisienne. Le sujet de la conversation,
d'ailleurs assez lestement enlevée, n'est, bien entendu,
rien autre chose que la conduite des maîtres. Les
cancans vont leur train. On daube sur le bourgeois.
C'est une scène de *Pot-Bouille*.

Si le sujet, tiré d'un roman de P. Lacroix intitulé
le *Divorce,* est peu dramatique ; si la situation elle-
même est pénible : car de faire tourner toute une pièce
autour du personnage d'une femme de chambre qu'on
veut rendre sympathique, malgré les erreurs que
l'amour lui fait commettre, c'est une tentative que
de plus expérimentés qu'Henri Martin n'auraient pas
essayée ; si enfin les personnages manquent de relief (j'excepterai toutefois la figure très aimable et
gracieusement dessinée de Mme Dumoulin); si tous

ces défauts font que l'*Abbaye-aux-Bois* ne mérite
guère d'être tirée de l'oubli dans lequel elle est tombée, on n'en doit pas moins signaler quelques qualités. Je noterai surtout la bonne allure, l'excellente
marque du dialogue. Le style est pur, ne se ressen-
tant guère des modes fâcheuses du temps. Quelques
scènes sont bien traitées, notamment la scène de la
cour que je signalais plus haut, et au troisième acte
la scène de la brouille, la *scène du divorce,* comme
dit un compte rendu contemporain.

Cette situation dramatique empruntait aux préoccupations du temps un intérêt d'actualité. La question du divorce était à l'ordre du jour, comme elle
l'est encore actuellement. C'est un troisième rapprochement avec le théâtre contemporain qu'éveille
la lecture de l'*Abbaye-aux-Bois*. En réalité, c'est un
Divorçons; mais un *Divorçons* triste et qui n'a pas
réussi [1].

---

[1] On sera peut-être curieux de lire ici le compte rendu de l'*Abbaye-
aux-Bois,* publié dans le *Figaro.* Les compliments à l'adresse de
P. Lacroix et de H. Martin n'y sont pas ménagés. Évidemment cette
critique part d'une plume amie :

« L'auteur ingénieux et divers qui fit les *Soirées de Walter Scott*
et le *Roi des Ribauds,* le bibliophile Jacob, en l'âme duquel sommeil-
lait quelquefois le drame étouffé sous la science, un jour cessant de
regratter des palimpsestes, s'éveilla homme de notre siècle, et il le
comprit comme il avait fait des siècles éteints. Dès lors, la littérature des romans de mœurs modernes compta M. P. Lacroix parmi
ses peintres les plus dramatiques et les plus vrais. Le jeune anti-
quaire se rencontra spirituel observateur et profond moraliste. Qui
n'a pas lu le roman du *Divorce*?

» C'est à cette source que M. Henri Martin a puisé le sujet de sa
pièce. C'était déjà faire preuve de goût. Toutefois l'auteur du mélo-
drame s'est bien gardé de suivre pas à pas le romancier. Imiter ser-
vilement n'appartenait pas à l'auteur qui vient de recréer la *Vieille
Fronde.* M. Martin a fait mieux que de copier un excellent roman ; il

H. M.   3

Henri Martin avait déposé une bonne partie de ses jeunes espérances dans le succès de cette pièce. Elle fut représentée au théâtre de la Gaieté, le 14 février 1832. On comptait sur un triomphe. On l'escomptait déjà. Henri Martin était à la veille de son mariage. La famille ayant tout à fait coupé les vivres, l'*Abbaye-aux-Bois* devait contribuer pour la grosse part à l'entrée en ménage. Malgré les heureux pronostics du *Figaro*, la pièce tomba. Elle n'eut que deux représentations et rapporta en tout 160 francs. On se maria cependant. Les jeunes époux n'étaient pas riches. Mais ils avaient au cœur tout ce qui donne du courage.

H. Martin se remit de nouveau à l'œuvre. Cette année 1832 fut la plus rude de sa vie. Il fallait se faire connaître et il fallait vivre. La collaboration aux revues, aux journaux, aux magasins, aux encyclopédies, tout ce travail forcé du métier littéraire s'empara de sa vie. L'écrivain n'y perdait pas tout,

a imaginé un bon drame. Nous n'indiquerons pas même les légers emprunts qu'il s'est permis. Quand on est riche soi-même, on n'encourt aucun blâme à voler les riches. C'est en littérature seulement que l'indigence ne saurait être une excuse. Je dirai plus, en matière d'esprit, l'indigence fait le crime. Ici le larcin est une bonne œuvre ; le voleur est en fond de rendre, il a jeté du drame à pleines mains.

› Deux jeunes époux voient leur bonheur crouler au souffle de la jalousie : le mari, victime d'une intrigue adroitement menée par une femme de chambre qui l'aime à son insu ; la femme, victime d'un amour qu'elle combat parce qu'il menace d'être adultère ; tous deux aimant, tous deux se soupçonnant infidèles. Les demi-preuves ne manquent pas. De là naissent des scènes fort belles. La scène du divorce, entre autres, celle qui commence le troisième acte est d'une large et puissante facture. Il y avait dans toute la salle un silence de stupeur et de larmes. Le dénouement a produit un grand effet.

› Le théâtre de la Gaieté, qui semblait avoir épuisé le succès, vient d'en retrouver un, digne de ses plus beaux jours. ›

d'ailleurs. A tant produire il prenait de l'aisance, de la facilité, de l'abondance, qualités qui semblent lui avoir manqué un peu tout d'abord et qu'il retrouvera plus tard, au jour du travail énorme de la grande *Histoire*.

Il n'abandonnait pas non plus ses visées littéraires. Avec tout l'entrain de ses vingt-un ans, il trouvait moyen de suffire à tant de besognes diverses. Elles ne lui suffisaient pas à lui-même.

Dès cette époque, il s'arrachait, chaque fois qu'il le pouvait, à ses occupations serviles pour poursuivre l'idéal qui, de tout temps, l'avait préoccupé. Trois œuvres importantes, publiées au cours des années 1832-1833, attirèrent sur lui l'attention et méritent que nous insistions davantage : ce sont, un recueil de scènes dialoguées : La *Vieille Fronde* et deux romans : *Midi et Minuit,* et le *Libelliste*.

CHAPITRE V

La *Vieille Fronde,* écrite dans les premiers mois
de 1830, « au bruit des menaces de coups d'Etat et aux
premières rumeurs sourdes de l'orage qui devait ba-
layer du sol français les descendants de Louis XIV »,
fut achevée en décembre 1831, et publiée chez la
veuve Charles Béchet, sous la date de 1832.

Déjà H. Martin en était à la période de désillusion
sur les résultats de l'établissement de la branche ca-
dette. Il était de cette jeunesse républicaine qui considérait que la besogne n'était qu'à moitié faite, tant
que la démocratie n'était pas maîtresse absolue du
pouvoir ; il cherchait dans les exemples du passé et
dans l'histoire d'une période de troubles, les traditions
de la liberté et les signes précurseurs de la révolution. Son œuvre était autant philosophique et politique que littéraire.

Des deux parties que devaient embrasser le grand
drame de la Fronde, la première seule était publiée

ici. La seconde était annoncée pour paraître plus tard. La *Vieille Fronde* s'arrête au départ du roi et de la reine pour Saint-Germain.

Ce qui frappe d'abord, dans ce livre vraiment curieux, c'est la connaissance des faits ainsi que de la langue et des mœurs du xvii⁰ siècle. Une introduction très longue, et qui a uniquement le caractère d'un morceau historique, est une page écrite d'un excellent style, bref, net et qui se réclame des meilleurs exemples du xviii⁰ siècle.

Dans ces pages, plus que dans les autres parties du livre, le jeune auteur s'efforce d'échapper à l'influence de son temps. L'historien est déjà plus maître de lui que le littérateur et le romancier. Je dois reconnaître d'ailleurs qu'au cours du drame, la plupart des *ficelles* romantiques sont écartées, quoique, dans son ensemble, l'œuvre se rattache à l'école.

Je n'oserai dire ni que les caractères soient fortement dessinés, ni qu'aucune des scènes, d'ailleurs assez mouvementées, marchent avec une très grande unité vers le dénouement. Ce n'est point là d'ailleurs ce que se propose l'auteur. Il ne prétend à rien autre chose qu'à une vulgarisation agréable de l'histoire, et à la mise en œuvre des idées politiques des frondeurs. Cette tâche, Henri Martin l'a remplie d'une manière satisfaisante. Aujourd'hui, le livre reste encore intéressant, et ce n'est pas uniquement comme *romantique* rare, qu'il mérite d'être placé sur les rayons de nos bibliothèques, près des scènes historiques de Vitet et non pas beaucoup au-dessous.

La même année 1832, paraissait chez le libraire Renduel, un roman intitulé *Minuit et Midi*. Ce livre fut réimprimé plus tard dans la Bibliothèque des chemins de fer, sous un titre moins énigmatique *Tancrède de Rohan* (1855, in-12). Le sujet était, comme on le voit, tiré d'une période de l'histoire de France, voisine de celle à laquelle avait été emprunté le sujet de la *Vieille Fronde*. Un savant livre de l'auteur de l'*Histoire de Louis XIII,* le père Griffet, avait fourni à Henri Martin la trame véritablement romanesque de son récit.

Peu d'événements de la vie réelle se prêtent plus au cadre particulier du roman historique que la mystérieuse et foudroyante histoire de Tancrède de Rohan. On le dit fils du grand homme d'action, dernier et héroïque défenseur des droits du protestantisme politique et de la haute féodalité. Mais le secret dont est entourée sa naissance et la conduite du moins légère de sa mère laissent toujours planer un doute sur sa légitimité. Il est nourri dans l'obscurité ; son enfance est en butte aux persécutions de ceux qui ont intérêt à le faire disparaître. D'une retraite étroite, dans un château de Normandie, il est emporté en Hollande, élevé comme le fils d'un bourgeois. On l'oublie, il oublie. Un caprice ou une vengeance de sa mère le ramènent à Paris, le déclarent hautement Tancrède, fils de Henri duc de Rohan, réclament pour lui tous les droits, titres et prérogatives dus au représentant de l'illustre mort et de la noble famille.

Mais sa sœur, Marguerite de Rohan, par une aventure non moins romanesque, s'est mésalliée; elle a épousé un maigre gentilhomme de Bretagne, un Chabot. C'est peut-être le dépit de cette mésalliance qui a éveillé, dans l'esprit de la mère, l'idée de la réclamation des droits de Tancrède. Les Rohan-Chabot ont juré de faire disparaître celui qu'on prétend leur substituer.

Le voilà donc à Paris, portant fièrement la ressemblance des traits du grand Henri, acclamé par les uns, honni par les autres, rejeté de la cour, menacé par le Parlement, mais jeune, beau, populaire, amoureux. Sa cause est en instance auprès de la justice, tandis qu'elle est gagnée auprès du peuple et auprès des femmes; et tout à coup il meurt... il meurt à dix-neuf ans, d'une balle obscure, mais dans un combat livré pour la défense des Parisiens mutinés, alors que son nom, sa bravoure, sa bonne mine l'avaient désigné déjà pour marcher au premier rang des Frondeurs. Le silence se fait peu à peu sur son nom. Son nom même est effacé de l'épitaphe sur laquelle la piété ou l'entêtement de celle qui se disait sa mère l'avait fait graver.

On l'oublie de nouveau. Et son histoire n'est remise en lumière que longtemps après, alors que l'insolence des Rohan-Chabot a éveillé l'attention de ceux qui sont heureux de retrouver à l'origine de leur fortune, la tache sanglante de cette haine atroce et de cette aventure tragique.

C'était là un de ces sujets à la Stendhal qui découvrent par eux-mêmes, et sans le secours de la moindre invention, les ressorts les plus mystérieux des rivalités humaines, et les plus singulières rencontres de nos destinées. Le roman était tout fait. Il suffisait de le transporter, palpitant, de l'in-4° un peu épais du père Griffet sur les pages plus fraîches d'un in-8° romantique. Le danger était que l'imagination de l'auteur, en introduisant dans ce récit des superfétations inutiles, n'entravât sa marche foudroyante et n'en altérât la magistrale simplicité.

Le futur historien montra précisément, dans la façon dont il traita le sujet, son respect de l'histoire. Il se tint le plus près possible de la donnée première, n'ajouta que peu de choses, du moins aucun incident important, employa tout son talent à exposer dans un récit simple, rapide, peu personnel et le plus près possible de la langue du xvii° siècle, les faits qui lui étaient livrés. Il écrivit ainsi une œuvre vivante, distinguée, intéressante d'un bout à l'autre, se précipitant rapidement à la catastrophe, et qui reste certainement un des types les plus curieux de ce genre littéraire démodé du roman historique.

Ce volume méritait la seconde édition qui en a été faite en 1855. Je sais des personnes qui l'ont lu récemment avec un vif intérêt. On ne peut guère lui reprocher que l'insuffisante étude des caractères, et une certaine façon superficielle qui s'explique trop de la part d'un auteur à peine sorti de l'enfance. Je ne pense pas m'exagérer la valeur de ce livre en le plaçant sinon près du *Cinq-Mars* de Vigny, du moins à côté de quelques romans d'Alexandre Dumas. Il est certainement, par le véritable sens de l'histoire,

supérieur à la *Chronique du temps de Charles IX*
de Mérimée et par l'ensemble des qualités, aux romans de jeunesse de Balzac.

A peine *Minuit et Midi* était-il paru qu'un troisième ouvrage plus important encore, du moins par
les dimensions, le *Libelliste* [1] semblait affirmer la
résolution prise par Henri Martin de se consacrer
tout entier à la littérature et en particulier au roman.

H. Martin ne s'écartait pas d'ailleurs d'une époque
qui désormais lui était familière.

Le *Libelliste*, dont le premier chapitre s'ouvre sur
la fin de mars 1651, forme un tout avec la *Vieille
Fronde*. Les deux ouvrages présentent le tableau
complet des événements qui ont accompagné la révolte parisienne. D'une part dans le dialogue dramatique, d'autre part dans l'exposition romanesque,
nous rencontrons sous la plume de Henri Martin un
grand effort de reconstitution historique. Je met-
trais volontiers pour épigraphe en tête de l'un ou
l'autre de ces livres, la phrase d'Alexandre Dumas :
« Nous écrivons surtout pour ceux qui, dans un roman, aiment à rencontrer parfois autre chose que du
roman. »

Cette idée est en effet exposée dans la note pré-
liminaire du *Libelliste*. H. Martin y développe sa
théorie de roman historique, il affirme que son but
est d'instruire. Il indique les sources auxquelles il a

---

[1] Le *Libelliste*, 1651-1652, par Henri Martin, auteur de *Minuit
et Midi*. — Paris, Renduel, 1833, 2 vol. in-8°.

puisé et signale notamment « la volumineuse collection des pamphlets de la Fronde appartenant à la Bibliothèque nationale ». Partout se manifeste en lui l'esprit de l'historien, jusque dans le détail avec lequel il expose les événements réels au milieu desquels se déroule le récit imaginaire qui est le sujet du roman.

Mais l'historien *en herbe,* si je puis employer cette expression, qui apparaît dans le *Libelliste,* ne se désintéresse pas de la leçon qu'on peut tirer de l'histoire. Pas plus que l'auteur de l'*Histoire de France* ne se piquera plus tard de cette sorte d'impartialité qui ne laisse aucune place au jugement, au blâme ou à l'éloge, le romancier de 1833 ne cache pas la satisfaction qu'il éprouve à dégager des faits qu'il combine un enseignement. Peu s'en faut que son roman parfois ne tourne au pamphlet : « Permis à qui voudra, dit-il, de comparer la monarchie doctrinaire au gouvernement de Mazarin, les parlementaires à l'opposition ou de retrouver dans l'union très réelle de quelques démocrates de 1652 avec les princes, la fable burlesque de l'alliance carlo-républicaine ! Mais nous protestons d'avance contre l'*abus* des rapprochements d'autant plus nuisibles *qu'il semble autorisé par plus de ressemblances réelles.* »

Ces velléités d'*application* n'ont même pas été sans nuire au mérite du roman. Henri Martin, trop jeune encore pour s'élever au-dessus de ses propres sentiments, au-dessus des idées de son temps, nous expose les événements et nous décrit les personnages de la Fronde, comme si le tout s'était passé, comme si ses héros vivaient vers 1830. Le fond seul du tableau et les costumes sont changés. Et même à y regarder de près, la manière dont le tout est présenté, la recherche du pittoresque et de la couleur truculente, l'étalage de toute la défroque romantique, nous rappellent trop que ce n'est pas en 1650, mais bien aux environs de 1830 que la toile a été composée et que toute sa réalité est dans l'imagination du jeune écrivain, frais émoulu de ses admirations et de ses lectures.

C'est précisément la conception du *Libelliste* qui me paraît le côté faible de l'ouvrage. Dans *Minuit et Midi*, l'auteur avait été soutenu par un sujet réellement romanesque; il n'avait eu qu'à se laisser porter par le cours naturel des événements; il avait eu même le bon esprit de s'y abandonner.

Le sujet du *Libelliste* au contraire est tout imaginaire, et il me paraît que l'imagination en cette circonstance a fait défaut à Henri Martin.

Voici le sujet en deux mots :

Le personnage principal est un pamphlétaire frondeur, esprit profond, novateur, contempteur hardi de la société de son temps, élève des révolutionnaires anglais, et prêt à transporter sur le continent les leçons que les années d'exil passées en Angleterre lui ont trop facilement permis de recueillir. Il se nomme Geoffroy de Saint-André. Autrefois dans une première partie de sa vie, sur laquelle nous avons très peu de détails, il a aimé une femme. Un enfant est né de leur amour. Puis, l'on ne sait trop pourquoi, cette femme a dû se marier avec un bon

bourgeois de Paris, M. Martineau ; et M. Martineau
a pu croire que le fils de sa femme était le sien.

La Fronde éclate ; Saint-André revient à Paris. Il
prend la plus grande part au mouvement politique,
aux émeutes, aux conspirations ; il écrit d'une plume
à la Tacite des pamphlets dans lesquels non seulement les personnages du temps sont pris à partie,
mais où les principes de la politique la plus redoutable et la plus audacieusement révolutionnaire sont
défendus.

Cependant, entre deux barricades, il rencontre le
jeune Paul Martineau qui a grandi et qui, lui, fait de
la révolution par passe-temps d'écolier. Saint-André
joue, auprès du jeune homme que trop de bravoure
expose, le rôle d'un mentor, et un jour, d'un sauveur.

La mère de Paul entend son fils parler de son
noble ami. Elle devine qui il est. Elle tremble de le
voir. Subitement un heureux anévrisme tue M. Martineau père, et met une espérance au cœur de la
femme restée fidèle à son premier amour. Tout va
s'arranger. Elle écrit à Saint-André une lettre qu'elle
lui fait porter par Paul, et lui dit : « Voilà votre fils ;
venez je suis libre. » Mais, enfer et damnation !
Saint-André ne peut répondre à cette prière. Il aime
toujours ; il embrasse Paul avec une fureur toute paternelle. Mais de l'appeler son fils, de revoir la mère,
il ne le peut. Il y a un *mystère* dans sa vie.

Toute la suite du roman se déroule à la recherche
de ce mystère. On voit très bien que si Saint-André
en veut tant à sa société de son temps, il a ses

raisons pour cela. On remarque qu'il professe une
haine toute particulière pour M. le Prince, pour
le grand Condé. Il le poursuit au milieu des divers
événements de la *Fronde des Princes*. Un moment
il l'atteint, veut le frapper d'un coup de poignard. Le
prince échappe. Saint-André est fait prisonnier. Il
meurt en prison ; mais après avoir trouvé l'occasion
de nous apprendre que le mystère de sa vie, le motif
de tant de haines, la raison qui l'a empêché de revoir sa maîtresse, de reconnaître son fils, c'est que
le Prince de Condé, mécontent de certaines critiques
dirigées contre lui dans un des pamphlets de Saint-
André, lui a fait *couper les oreilles*. Un homme qui
n'a plus d'oreilles ne peut plus entendre parler de
bonheur dans ce monde. Il est voué à toutes les fu-
ries du désespoir. La mélancolie de la vie doit peser
tout entière sur sa tête. Antony n'était qu'un bâtard ; Saint-André est bien autrement à plaindre :
c'est un essorillé.

On voit ce qu'il y a de puéril dans cette conception,
qui s'efforce de réunir dans un seul cadre les plus
mauvais effets de la rubrique romantique. Rien n'y
manque, ni la dame châtelaine pensive à sa fenêtre,
dévorant un remords affreux que tous ignorent et
qui la tue ; ni l'homme fatal, dégoûté de la vie, ca-
chant sous un masque impassible de folles ardeurs,
vomissant sa bile sur la société qui l'écrase, et pro-
nonçant en mourant ces paroles qui méritent d'être
citées textuellement : « Oui, je pardonne aux choses ;
à la société jamais ! Malédiction et ruine, voilà mon
legs suprême ! »

Que dis-je, cet Antony en chapeau à plumes et en pourpoint, singulièrement dépaysé dans le voisinage du Cardinal de Retz, n'a pas oublié d'avoir, lui aussi, sa scène du poignard : Voici une autre des phrases qu'il prononce. Elle découvre à elle seule toute une époque :

Il s'arrêta et sa voix éclatante vibra dans l'étroit espace :

— Bon, dit-il.

C'était le poignard d'un ban de Croatie, tombé jadis sous ses coups dans les plaines de la Bohême.

Pauwan le Mordlake, ton kandjar n'aura jamais reçu du vivant de son premier maître un honneur pareil à celui que je lui destine; car ce n'est pas lui qui a frappé Vallenstein ni le roi Gustave.

Heureusement, ces deux volumes dont le dessein un peu trop vaste a passé les forces du jeune écrivain, se sauvent, je le répète, par l'intérêt du cadre historique, par l'agrément de certains détails. Le style me paraît en progrès sur celui des ouvrages précédents ; le dialogue y est toujours animé et les scènes parlées figurent certainement parmi les meilleures. On pourrait citer quelques pages descriptives, tracées d'une plume élégante et déjà maîtresse d'elle-même. Je donnerai, à titre d'échantillons, le morceau suivant. C'est la fin d'un orage sur le vallon du Plessis, près de Sceaux :

..... Cependant les eaux de ce déluge de quelques heures ont commencé leur retraite : leurs vagues amoncelées s'atténuent, s'amincissent, laissent pénétrer les *rais* multipliés du jour dans leurs ténébreuses opacités : des masses aux formes un moment indécises, s'ébauchent de toutes parts, sous les voiles humides et transparents qui les baignent encore, tout imprégnés eux-mêmes de la lumière victorieuse. Bientôt, Sceaux apparaît, riante oasis, aux maisons blanches et rouges parmi les ombrages verts ; puis le bras de mer qui sépare les deux côtes boisées, s'évapore en fumée, s'envole en flocons errants et le frais vallon du Plessis a réuni de nouveau les collines-sœurs.

La lecture de ces lignes permet de reconnaître les qualités d'un style qui n'est déjà plus seulement celui d'un enfant, et qui commence à se former.

C'est d'ailleurs un grand effort et dont il faut tenir compte à H. Martin, que celui qu'il avait produit au cours de cette année 1832. Trois œuvres de l'importance de celles que nous venons de mentionner et parmi lesquelles une au moins est une œuvre distinguée, suffisent pour manifester chez le jeune auteur, le vif amour des lettres, une ardeur infatigable, une aptitude historique déjà très marquée, enfin des qualités d'écrivain qui ne demandent qu'à s'épurer et à se débarrasser de l'imitation inévitable à cet âge, des maîtres à la mode.

Déjà H. Martin, imprimé chez Renduel, figurant sur le catalogue de l'illustre libraire romantique, près de Victor Hugo et Nodier, de Lamartine et de P. Lacroix, peut se sentir plus assuré de lui-même, de son talent, de son avenir. Au moment où il touche à une virilité que les nécessités de la vie ont faite prématurée, H. Martin a déjà entre les mains les moyens de poursuivre le noble idéal qu'il s'est assigné.

CHAPITRE VI

L'ANNÉE 1833 — LA PREMIÈRE ÉDITION DE L'*HISTOIRE DE FRANCE*

J'arrive à l'année 1833.

Cette année a été capitale dans la vie de Henri Martin. C'est l'année de son mariage. C'est l'année où il s'est mis à la rédaction de l'*Histoire de France*. C'est l'année où il a fait la connaissance de J. Reynaud.

Deux mots d'abord sur la première conception de l'histoire. Je me réserve d'ailleurs de réunir dans un seul chapitre tout ce qui concerne l'œuvre la plus importante de Henri Martin. Je n'en parlerai ici qu'incidemment et pour suivre l'ordre chronologique des faits.

Allez à la Bibliothèque nationale, demandez la première édition de l'*Histoire de France*. On vous l'apporte. « Qu'est-ce que cela ? — Mais c'est le livre que vous avez demandé. — Pas du tout, il y a erreur. — Mais non, voyez. » Vous n'en pourrez croire vos yeux. La première édition de la compacte histoire que l'on connaît vous apparaît sous la forme d'un minuscule volume in-16, pouvant contenir tout au plus deux chapitres de la rédaction définitive.

Il est vrai qu'en ouvrant le livre la surprise change. L'on n'a, en réalité, entre les mains qu'un premier tome, un premier tome qui n'eut jamais de suite : si l'édition eût été complète, elle n'eût pas eu moins que quarante-huit volumes.

La première conception de l'histoire qu'il allait entreprendre n'appartient pas à Henri Martin. Elle n'appartient pas à P. Lacroix, qui a été l'intermédiaire entre le libraire et l'auteur. Elle n'appartient même pas au libraire. Elle était dans l'air à cette époque. Cette conception d'ailleurs, telle qu'elle se trouve réalisée en partie dans le petit volume de 1833, est tout à fait modeste. Il ne s'agit pas encore de ce grand travail auquel Aug. Thierry avait invité les jeunes écrivains de l'histoire ; il ne s'agit pas de cette immense lecture, de cet immense effort de rédaction dont le résultat sera l'*Histoire de France*. Non, le but, qui reste noble et curieux, est beaucoup moins élevé. Il s'agit d'écrire un livre pour le peuple.

Il n'est pas sans intérêt de voir Henri Martin débuter, sur ce terrain de l'histoire nationale, de la même façon qu'il a fini. Le principe et le couronnement de son œuvre s'adressent aux masses. Ses premières pages sur les Gaulois et ses dernières pages sur la défense nationale et l'établissement de la République, ont pour objet la pénétration dans les foules des faits et des exemples de nos annales.

C'est que, dès le début, son âme tendre avait été

H. M.   4

émue de la grande misère intellectuelle des classes inférieures. Ce républicain et ce démocrate ne pouvait supporter le long poids d'abrutissement que, dans son pays natal, il avait vu s'alourdir sur les ouvriers des fabriques et des champs. Il pensait que, s'il y avait quelque espoir de porter plus haut le niveau de l'humanité, c'était en agissant sur les masses, si retardées, mais qui paraissaient prêtes alors à prendre leur élan. Lui et ses amis s'inspiraient dès lors de la maxime que le saint-simonisme avait empruntée à Condorcet : « Amélioration matérielle, intellectuelle et morale de la classe la plus nombreuse et la plus pauvre. »

C'est à la réalisation de ce projet que fut consacrée l'entreprise de la première histoire de France.

Elle se rattachait d'ailleurs, il ne faut pas le dissimuler, à une spéculation de librairie. Le libraire Mame, très intelligent, très à l'affût des idées nouvelles, avait compris que, dans ce sens, il y avait quelque chose à faire. L'histoire d'Anquetil, seule alors dans les mains de tous, avait épuisé son succès. Elle était tombée sous les coups d'Augustin Thierry. Le ridicule l'avait tuée. Mame s'adressa à Paul Lacroix et lui demanda l'histoire nouvelle, l'histoire dans le goût du jour. Paul Lacroix n'osa l'entreprendre seul. Il alla trouver son jeune ami et lui offrit « cette bonne affaire » : on promettait à l'auteur 200 francs par volume.

Henri Martin accepta cette proposition comme un moyen de poursuivre sa vie laborieuse dans le sens qui convenait le mieux à son inclination. Mais aussi

il attira à lui, à ses idées, à son programme le
sujet qui lui était si heureusement indiqué. La préface du petit volume consacré aux Gaulois nous
prouve que les grandes lignes et la méthode de la
future histoire étaient déjà presqu'arrêtées dans son
esprit.

Henri Martin se mit immédiatement à l'œuvre. Le
premier volume parut, comme je l'ai dit, en 1833. Il
était intitulé « *Histoire de France depuis les temps
les plus reculés jusqu'en juillet 1830, par les principaux historiens.* — Paris, Mame, in-16 avec illustrations. »

Ces derniers mots *avec illustrations* attirent déjà
l'attention sur une idée intéressante, mise ici pour la
première fois à exécution. Une phrase de la préface
développe cette idée : « Notre but, y lisons-nous,
étant surtout de parler aux yeux, d'habiles artistes
sont chargés de compléter nos descriptions d'après
les monuments les plus authentiques. Cette suite
de gravures formerait à elle seule une histoire pittoresque. »

On voit que c'est ici le programme d'une œuvre
qui a été exécutée depuis : l'histoire de France
par les monuments. L'auteur même de ce livre
l'homme qui a le plus fait en France pour le développement et le progrès de l'illustration par les *bois*,
M. Charton, m'écrivait récemment : « Henri Martin,
un des amis de ma jeunesse, s'est associé, dès 1833,
à nos efforts pour créer en France l'instruction populaire au moyen de publications, où des gravures
sincères se mêlent aux textes pour les éclairer. »

C'est précisément cette première tentative que nous surprenons ici sur le fait.

Ah! l'exécution en est bien faible! Non seulement c'est l'enfance de l'art, mais l'authenticité des monuments est admise à peu de frais. L'archéologie sévère des temps modernes se satisferait peu probablement du spectacle douteux que présente la première page du petit volume : « les druides coupant le gui du chêne ». Mais, en somme, il y avait là un commencement, un premier germe qui devait porter ses fruits, et c'est un honneur pour la féconde activité de Henri Martin et de P. Lacroix d'avoir été des premiers à en concevoir le dessein et à en tenter l'entreprise.

Cette petite histoire se recommande par d'autres mérites. Elle répond admirablement, par ses qualités d'exposition, au but que s'étaient proposé les auteurs. Et ce but lui-même avait été remarquablement exposé dans l'avant-propos. Ils disaient :

C'est d'après la méthode adoptée avec succès par MM. de Sismondi et de Barante que nous avons conçu et exécuté cette nouvelle histoire qui ne restera point en arrière des connaissances actuelles, sans avoir la présomption de leur faire faire un pas. Il s'agissait de mettre *à la portée de toutes les intelligences* une méthode qui n'est pas encore sortie des hautes régions de la science. Il fallait en finir avec cette pitoyable compilation d'Anquetil placée comme un épouvantail sur le seuil de l'instruction historique... Nous sommes à une époque où le besoin d'instruction se fait sentir chez les artisans comme dans les hautes classes de la société... L'ouvrier se repose de ses pénibles journées de travail avec un livre : il lit d'abord notre histoire...

C'est justement cette histoire qu'il s'agissait d'écrire. Pour la première fois certainement on essayait de mettre chez nous à la portée de tous le véritable et sain récit de notre vie nationale. Tel est le point de départ si honorable des travaux de Henri Martin. Les générations qui se sont instruites à son école l'ont récompensé, par un large tribut de popularité, de l'œuvre si réellement populaire, à laquelle il songea à peine sorti de l'adolescence et qui ne fut suspendue que par sa mort.

Le premier volume de l'histoire de France, tel qu'il sortit des mains de Henri Martin, n'est déjà plus une œuvre quelconque. Certes, il est loin de manifester les qualités éminentes que nous aurons à signaler chez le futur historien. On remarque cependant, dans ce premier essai, une information consciencieuse, puisée aux bonnes sources, et ne laissant plus désormais aucune place à l'attirail légendaire qui avait de tout temps encombré ces origines de notre histoire ; un style excellent, ferme, sûr de lui-même, tout débarrassé du bagage romantique, en un mot un talent d'exposition qui n'est certes pas encore d'un maître, mais dont on ne peut plus dire qu'il soit du premier venu.

Cette publication n'eut pas de suite. Les auteurs promettaient, dans leur avant-propos, de fournir un volume tous les quinze jours. De pareils engagements sont de ceux qui ne se tiennent pas. Il est à croire que la conscience même de l'écrivain refusa de s'astreindre à une rédaction hâtive qui l'eût immanquablement amené à trop rabattre de la haute idée qu'il s'était faite de sa tâche. On m'a dit aussi que le premier stock de cette édition de l'Histoire de France périt dans un incendie. Quoi qu'il en soit, l'œuvre, pour le moment, en resta là.

On peut dire qu'avec cette publication du premier volume de la petite histoire de France se clot la jeunesse de Henri Martin. Son avenir se trace déjà devant lui. A vingt-trois ans il s'est imposé une de ces lourdes tâches qui dominent la vie d'un homme, qui la soutiennent et la remplissent. Il sera désormais l'esclave de cette noble entreprise. Mais le dur labeur dont cinquante ans de vie qui lui restent à parcourir ne verront pas la fin, lui rendra en tranquillité d'âme, en sérénité, en gloire, le centuple des efforts qu'il aura dépensés.

Il ne fallait pas moins que la forte et saine jeunesse dont nous venons de rappeler les principaux traits, la bonne foi solide, la robuste énergie qu'il tenait de son pays et de sa famille, pour qu'Henri Martin put se tracer à lui-même un plan de conduite si vaste.

Et quel patient courage ne lui fallut-il pas pour l'accomplir !

LIVRE II

LES IDÉES PHILOSOPHIQUES ET POLITIQUES

————

CHAPITRE IER

LES SAINT-SIMONIENS — JEAN REYNAUD — PHILOSOPHIE ET RELIGION

Sans m'éloigner de l'année 1833, si considérable dans la vie de H. Martin, j'aborde un côté plus inconnu et, à un certain point de vue, supérieur du développement de sa personnalité littéraire : je veux dire ses relations avec les derniers saint-simoniens et avec Jean Reynaud. C'est ici que nous allons essayer de prendre sur le fait les origines et les premiers progrès des idées philosophiques et, l'on peut dire même, religieuses auxquelles il resta fidèle jusqu'à la fin.

On croira sans peine qu'avec la nature d'esprit investigatrice, la bonne foi curieuse que j'ai signalée en lui, H. Martin, à peine installé à Paris, se préoccupa des idées alors si nouvelles et si discutées des saint-simoniens. Il alla vers eux, s'instruisit de leurs doctrines, et put, de bonne heure, prendre part, en spectateur plutôt qu'en acteur, aux grandes discussions qui amenèrent la chute définitive de l'école.

Je ne saurai dire d'ailleurs qu'Henri Martin ait jamais juré dans les paroles des « pères ». Il avait gardé de son origine et de son éducation première un ferme bon sens et une haute conception morale, qui l'écartaient des exagérations où allait se précipiter la secte.

Cette heureuse modération, cette mesure dans l'acceptation de théories si fécondes, mais parfois si dangereuses, H. Martin les rencontra, non plus passives, mais agissantes, dans la pensée d'un adepte qui devint rapidement son ami et son maître, J. Reynaud.

Rien n'est plus difficile que de parler aujourd'hui de ces générations qui semblent pourtant si près de nous. Un abîme s'est déjà creusé entre les pères et les enfants, un abîme qui paraît infranchissable. Il faut un effort pour essayer de comprendre l'état des esprits et l'état des cœurs aux environs de l'année 1830.

Je dis l'état des cœurs; car ce qui menait le monde alors, c'était le sentiment.

Dans les années qui avaient précédé la Révolution, dans le cours de la Révolution elle-même, on s'était beaucoup servi du sentiment, on l'avait même, si je puis dire, perfectionné, attendri, efféminé : on en avait fait la sensibilité. Rousseau fut la première âme sensible, Marie-Antoinette la seconde et Robespierre la troisième.

Malgré la réaction personnelle que l'esprit du mathématicien avait provoquée de la part de Napoléon, la sensibilité était encore de quelque usage dans les salons, sous l'Empire, alors qu'on promenait les massacres à travers l'Europe et que le sang coulait non plus à flots, mais à torrents.

Eh bien ! la sensibilité ne me paraît avoir jamais rencontré un champ plus vaste, exercé une plus grande influence que dans ces années, où, moins prônée déjà, elle s'était répandue et comme insinuée dans les masses populaires, je veux dire dans les années de la Restauration et du gouvernement de Juillet.

Et ce n'était plus seulement pour des individus que l'on éprouvait de la pitié, de la tendresse, une émotion fraternelle, c'était pour des classes entières de la société, pour des groupes de malheureux, pour des nations détruites, pour des nations jeunes ou aspirant à naître.

Au point de vue social, cette inclination donna naissance aux écoles, nées de l'attendrissement : du socialisme, du communisme, du phalanstérisme, du fouriérisme, etc.

Au point de vue religieux, ce même sentiment eut pour résultat les idées si troublantes et si décevantes d'union des religions entre elles ou avec les sciences, de religion nouvelle, de néo-catholicisme, de saint-simonisme, etc.

Au point de vue purement politique, ce même mouvement produisit la foi dans le progrès indéfini de l'humanité par l'avènement de la démocratie, la revendication de l'indépendance des peuples faibles ou opprimés et, d'une façon plus générale, la politique des nationalités.

Il y eut dans tout cela une forte part d'illusion. Pour quelques idées fécondes qui germèrent, combien d'essais infructueux, combien d'utopies funestes et parfois sanglantes !

Ces erreurs ont même été jusqu'à compromettre et l'avenir de la liberté, et le sort de la patrie. En combinant habilement les différents éléments de ce sentimentalisme banal, de ce socialisme obscur, de cette religiosité sans tradition et sans frein, on en arriva à offrir comme un progrès et à faire accepter par la masse, la réalité d'un despotisme brutal et d'une politique aventureuse.

On vit des hommes qui passaient pour des positivistes républicains solliciter et espérer la conversion de l'autocrate des autocrates, l'empereur Nicolas. On vit ces mêmes hommes se ruer dans les bras des Napoléon, dans les bras mêmes des jésuites [1]. Aveu-

---

[1] La lettre d'Auguste Comte à Nicolas Ier a été publiée dans le « Système de politique positive », t. III, p. xxix. (Edition de la Société positive.) Son authenticité ne peut être mise en doute, mais on a discuté son caractère. — Ce que j'avance au sujet des relations d'Aug. Comte avec les jésuites, s'appuie sur une note très circonstanciée qui m'a été communiquée par un homme tout-à-fait au courant de l'histoire si intéressante des églises et des philosophies de

glé par toutes ces chimères, on tomba enfin dans bien des égarements dont nous ne savons pas encore si nous sommes aujourd'hui tout à fait revenus.

Et cependant, on doit le reconnaître, il y avait là aussi un grand, un noble élan, une fortifiante conception de la personnalité et de la solidarité humaine, et comme l'a dit H. Martin lui-même : « Rien de médiocre ».

S'il s'est rencontré dans notre siècle une forte école de moralité, c'est celle qui produisit les Bazard, les Reynaud, les Martin, les Michelet, les Quinet, les Aug. Thierry, les Dufour. Ce fut l'école des penseurs, des martyrs, des exilés, des dédaignés.

Je sais bien que tous les disciples ne suivirent pas les maîtres ; je sais bien que la haute leçon morale qui se dégageait de l'exemple et des discours de ces chefs illustres ne fut pas acceptée par tous ceux qui s'étaient enrôlés sous le même drapeau. Je suis même prêt à reconnaître que les excès du matérialisme

notre temps ; le fait est trop curieux pour que je n'insère pas ici cette note en son entier :

« Vers la même époque où il écrivait sa lettre à l'empereur Nicolas, le fondateur du Positivisme, Auguste Comte, fit faire des démarches auprès de la Société de Jésus. Un de ses disciples, Alfred Sabatier, que Comte avait eu pour élève à l'Ecole Polytechnique, fut envoyé par lui à Rome avec la mission de voir le général des jésuites, de lui exposer les doctrines positivistes, de lui expliquer que le but du maître était de faire sortir la société occidentale et plus tard l'humanité de la période critique où elles se trouvent et de les faire entrer dans une nouvelle période organique. Sabatier fut reçu au Jesù où le général l'écouta attentivement et l'éconduisit poliment.

« Cette singulière démarche du fondateur du Positivisme n'eut donc aucune suite, mais elle n'en reste pas moins un symptôme curieux de l'état d'esprit où se trouvait ce philosophe dans la période qui suivit la révolution de 1848, et qui précéda le coup d'Etat de 1851. »

pratique découlèrent assez rapidement des impru-
dences d'un mysticisme trompeur, un peu de la
même façon que les grotesques miracles de la tombe
du diacre Paris se rattachent aux saintes douleurs
des Saint-Cyran, des Singlin et des Pascal. Mais il
n'en est pas moins exact que l'école, ou pour mieux
dire que la génération tout entière était hautement
morale et que les illusions dans lesquelles elle versa
sont de ces illusions qui font honneur à l'humanité.

Comparons les temps, et voyons ce qui se passe aujourd'hui. Ah! notre science est plus précise, nos
spécialités plus approfondies, nos affirmations plus
tranchantes. Nous ne nous abandonnons pas au rêve;
nous ne faisons plus un pas sans savoir où nous
allons; on ne nous surprend plus à mi-chemin de
Terre et Ciel.

Le plus grand effort de nos philosophes se borne à
rattacher adroitement notre filiation, dans le passé, à
l'ensemble de l'univers qui nous environne et qui
nous écrase; dans l'avenir à rêver une sorte de man-
darinat sensuel dont la plus vive jouissance serait la
certitude de pouvoir détruire le monde par la simple
pression d'un bouton électrique. Le plus grand effort
de notre art consiste à représenter nos horreurs et
nos misères, nos déclassés et nos loqueteux, nos faubourgs et nos fumiers. Le plus grand effort de notre
littérature ramène l'histoire à la photographie du
document, réduit le roman à la même recherche,
coupe les ailes à la fantaisie et à l'imagination dans
les œuvres d'imagination et de fantaisie, nous en-
ferme enfin dans le perpétuel spectacle de l'étroite

réalité où se débat notre orgueil médiocre et notre égoïsme plat.

Cette méthode, pour précise qu'elle soit, a sa sécheresse ; cet art, pour exact qu'il se proclame, a ses dégoûts ; cette doctrine, pour scientifique qu'on la dise, peut s'être trompée dans ses calculs. Il nous est facile d'incriminer nos pères : mais le désir du nouveau, en nous entraînant hors des sentiers battus, menace de négliger la voie droite. L'enthousiasme emporte, mais le scepticisme affaisse ; le lyrisme leurre, mais la critique tue ; et l'on ne peut nier, quoi qu'on en ait, que le temps des Lamartine et des George Sand, des Ary Scheffer et des Lamennais, que ce temps, dis-je, avait du bon.

Or, de l'avis de tous ceux qui ont survécu à cette génération, parmi ce qu'elle avait de meilleur, il faut compter Jean Reynaud.

Jean Reynaud naquit à Lyon, d'une famille lorraine, en 1806. Il eut pour tuteur Merlin de Thionville. Vers 1825, il entra à l'École Polytechnique. A peine sorti de l'école, il embrassa les doctrines du saint-simonisme. On ne saurait croire combien de jeunes gens distingués quittèrent ainsi l'étude des mathématiques pour se ranger sous la bannière de Bazard et d'Enfantin. Jean Reynaud rencontra là Enfantin lui-même, Olinde Rodrigues, Michel et Aug. Chevalier, Henri Fournel, Michel Bruneau, P.-D. Hoart, Ch. Lambert, F. Tourneux, tous hommes de science, tous adeptes déclarés et apôtres de la secte.

La précision de la méthode mathématique n'a rien

d'incompatible avec les plus grandes hardiesses de l'imagination. Les esprits accoutumés à suivre la ligne non infléchie de la démonstration géométrique, s'ils la quittent, tout à coup s'égarent et se perdent dans l'infini. De même qu'ils ont reconnu que trois points donnés suffisent à la détermination d'un cercle, ils prétendent à l'aide de quelques vérités incontestables, reconstituer tout un système philosophique ou social. Peut-être aussi conviendrait-il d'attribuer à l'ignorance relative de l'histoire, à une culture intellectuelle incomplète, à la négligence habituelle des cas particuliers, à l'usage fréquent de l'hypothèse conventionnelle, cette tendance à la chimère, à l'utopie qui fait généralement des hommes de science, des sociologues et des politiques de valeur médiocre.

Quoi qu'il en soit, que ce fut entraînement juvénile, que ce fut direction naturelle de son esprit, J. Reynaud, jeune ingénieur des mines, se jeta dans le courant qui emportait tant de ses camarades. Après un court séjour en Corse, où la solitude et de longues méditations l'enfoncèrent davantage dans la voie philosophique qu'il avait choisie, J. Reynaud revint à Paris et se consacra uniquement à ces études. En 1830, il était des premiers parmi les apôtres. En novembre 1831, il assistait aux grands combats intérieurs qui ébranlèrent l'école et furent la véritable cause de sa ruine.

Si la portée de l'esprit de Jean Reynaud était grande, la qualité de son âme était pure. Du moment où, à travers les divagations du Père Enfantin et de

ses adeptes étroits, sur la question des relations de
l'homme et de la femme, il put voir percer je ne sais
quelle aberration morale, il se rejeta en arrière.
Avec Bazard il se sépara de ceux qui avaient été
ses frères. Il s'épargna ainsi le scandale et le ridicule du procès de 1832. Ces *fameuses* querelles, ce
fameux procès, sont bien loin maintenant ; c'est tout
au plus si le scandale — ou plutôt le ridicule a survécu. On ne croirait guère que c'est à ces événements si oubliés que J. Reynaud appliquait cette
phrase que je retrouve dans les papiers de Henri
Martin : « On eût dit deux mondes aux prises [1]. »

[1] On trouvera un exposé quelque peu partial de ces événements
dans le *Recueil de Prédications* publié par les disciples du P. Enfantin. Paris, Johanneau, 1832, in-8° (t. II, p. 249). Je lis là même
une note intéressante sur les relations de J. Reynaud avec la secte :
« Lorsque notre Père Enfantin a pris possession de l'autorité
suprême, le père Bazard, qui jusque-là avait partagé la suprématie avec lui, a *protesté* et s'est retiré. Peu après, plusieurs membres
de la hiérarchie saint-simonienne ont *protesté* de même et se sont
écartés du sein de la famille. Jean Reynaud n'a pas tardé à se manifester aussi comme *protestant*. Toutefois il était resté parmi nous ; et
notre Père Enfantin, qui avait pour lui une affection toute particulière, qui l'avait initié à notre foi, qui, au commencement de 1831,
l'avait appelé près de lui du fond de la Corse, où il exerçait les fonctions d'ingénieur des mines, lui avait dit avec bonté, dans la réunion
de la famille qui eut lieu le samedi, 19 novembre : « Je t'exhorte à
remplir à l'égard de nos actes, soit dans nos réunions de famille, soit
en public, la mission de haut protestantisme que j'avais confiée à
Bazard. »
Cette concession ne suffit pas ; dans la séance du 27 novembre,
J. Reynaud s'éleva fortement contre les doctrines du Père. Même au
cours du procès, on n'a rien dit de plus violent contre la doctrine dé-
générée que la diatribe de J. Reynaud : Elle se terminait ainsi :
« Avant peu vous paraîtrez tout entier ; la responsabilité de vos
audacieuses doctrines se posera sur votre tête, ne vous quittera pas.
Alors on fera justice de vos droits à moraliser les prolétaires ; on fera
justice de vos catégories et de vos lois d'amour, de votre humanité en
orgie et de vos dieux vivants ; on verra quel et quel secours il con-

Pourtant tout n'était pas vain dans les efforts de tant d'esprits hardis et désintéressés. La formule même sur laquelle ils s'appuyaient, pour n'être pas nouvelle (ils l'avaient empruntée à Condorcet, et la Révolution pouvait bien prétendre à l'honneur de l'avoir pour la première fois fait entrer dans la préoccupation des hommes d'état), cette formule, toute généreuse, était une vaillante affirmation des principes que le régime du sabre et la restauration de l'ancienne monarchie avaient trop fait négliger. Il y avait aussi quelque chose de nouveau et de vraiment fécond dans leur doctrine de la réhabilitation de la chair par le développement industriel de l'humanité. Ils rejetaient ainsi toute idée de conciliation avec l'Église catholique. Ils traçaient au siècle qui commençait la voie qu'il devait parcourir. Surtout ils brisaient définitivement avec le vieux monde en rejetant tout le fondement de sa morale et en cherchant le nouvel idéal humain dans le développement et le perfectionnement équilibré de toutes les forces naturelles.

Ce qu'il pouvait y avoir de chimérique dans la façon dont les plus imprudents d'entre eux concevaient l'édification de la future société tenait autant à l'impatience de la jeunesse qu'à la tournure d'esprit particulière d'un homme dont l'autorité personnelle était presque divine, du P. Enfantin.

vient de donner à ce vaisseau, marchant à un avenir monstrueux à travers un océan de délires et de rêves » (p. 221).

Un pareil jugement prononcé en pleine réunion publique par l'un des plus ardents disciples, devait être pour *l'Église* le coup de la mort. Elle ne s'en releva pas.

Le rêve de la vie commune tel que le *Père* et quelques adeptes l'avaient conçu se brisa aux premiers obstacles de la réalité. Mais, dans la chute de cette secte qui ne put être une église, il survécut pourtant quelque chose de durable : une certaine application aux choses de l'économie politique et du mouvement industriel où se reconnaît l'aptitude naturelle des anciens Polytechniciens ; une conception toute particulière et vraiment nouvelle du système des associations et de la puissance coopérative ; enfin, par dessus tout, une large et touchante préoccupation des intérêts de la classe *la plus nombreuse et la plus pauvre*.

Henri Martin se rencontra avec Jean Reynaud dans le groupe des dissidents qui avait à sa tête Bazard. Bazard ne survécut guère à la *grande lutte*. Jean Reynaud occupa immédiatement parmi les dissidents la place que lui avait assignée, dès l'origine, la part active qu'il avait prise lui-même aux démêlés de l'école. Ils formèrent groupe à leur tour, mais non chapelle, avec Pierre Leroux, avec H. Carnot, avec Charton, avec Legouvé, avec Fortoul, qui depuis... Dans ce groupe se rencontraient, comme on le voit, les talents les plus divers, mais aussi les convictions les plus honorables et les aspirations les plus ardentes.

Sur eux tous, J. Reynaud exerçait une influence, une autorité dont il serait difficile de donner une juste idée. Aujourd'hui même, vingt ans après sa mort et cinquante ans après ces événements, ceux qui ont connu J. Reynaud ne se sont pas arrachés à

la vénération, à l'admiration despotique dans laquelle
il les avait comme enfermés.

Un de ceux dont j'ai cité les noms tout à l'heure
me disait, il y a quelques jours encore : « J'ai connu
tout ce qu'il y a eu d'éminent dans notre siècle, le
seul *grand homme*, c'est Jean Reynaud ». Henri
Martin ne parlait de lui qu'avec la plus profonde
émotion. Il lui a consacré plus d'une page pleine
d'une louange à laquelle l'expérience et la conscience
de l'historien ajoutent un bien haut prix. C'est sous
l'inspiration, je dirai presque sous l'invocation de
J. Reynaud, qu'il s'est placé en écrivant son testament religieux. La pensée de cet homme ne l'a jamais quitté.

Un profil de David nous a conservé les traits de
Jean Reynaud. La tête est admirable, large, épaisse,
dominatrice : un nez fier et fin, des lèvres largement
dessinées, charnues, avec un pli, une moue de l'infé-
rieure où se repose toute la puissance philosophique
d'un homme destiné à aller seul ou à régner. Le
plâtre ne nous apprend rien sur l'œil ; mais l'arcade
sourcilière est belle. La carrure de la tête s'achève
par une mâchoire vaste et par un menton rond et
délicat qui complète admirablement, en l'affinant, tout
à coup ce profil à la romaine.

C'était un cœur pur, une volonté énergique, un
esprit élevé : abondant, avec des paroles nombreuses
et faciles qui enveloppaient les âmes et qui, parfois,
les emportaient comme dans un tourbillon. Il aimait
le silence pourtant, la solitude et les longues promenades sur la montagne, dans les endroits les plus

affreux, portant légèrement les longues fatigues et le poids de ses méditations.

Une tête encyclopédique : il n'y avait rien qu'il ne comprît vite et qu'il ne retînt. C'est pourquoi sa pensée, parcourant sans effort le champ des connaissances et des raisonnements humains, s'enlevait du premier vol jusqu'aux régions les plus ardues de la métaphysique et du rêve.

Et son esprit n'était peut-être pas ce qu'il y avait de supérieur en lui. L'ascendant que son caractère exerçait sur eux, les amis de J. Reynaud ne doutaient pas que, si les circonstances l'eussent favorisé, il l'eût pris sur les choses de la politique et qu'il les eût pliées. Ils lui appliquaient le mot de Manin sur lui-même : « Je ne suis bon qu'à commander aux hommes. » Mais, ajoute-t-on, les circonstances lui manquèrent. Un moment elles parurent s'ouvrir. En 1849, il fut question de l'élever à la présidence de l'assemblée. Là, il eût montré quel homme il était en présence de l'émeute ; il eût montré quel homme il était en présence du coup d'Etat. Il céda la place à un autre. Lui-même désigna Buchez. L'occasion était passée. Elle ne se rencontra plus. J. Reynaud n'en reste pas moins un des grands penseurs, un des créateurs d'idées de notre temps.

Tel fut Jean Reynaud. Tel du moins il apparaît dans les récits de ceux qui l'ont connu, qui l'ont approché, qui ont respiré l'haleine de sa grande âme.

Il faut reconnaître d'ailleurs que l'admiration qu'ils professaient pour leur maître n'a pas été partagée par tous les contemporains. Beaucoup l'ont mé-

connu ; quelques-uns l'ont critiqué. A la suite de ces
hérétiques, la génération présente a négligé les leçons de J. Reynaud, a désappris son nom. Ce *grand
homme*, mort il y a vingt ans, repose pour l'éternité
sous le poids de l'*Encyclopédie nouvelle,* des *Lectures variées,* de *Terre et Ciel.* Ces épaisses pierres
de son tombeau ne se soulèveront pas. Que dis-je,
quelque chose de plus léger... de plus lourd pèse
sur lui : une pointe de ridicule.

Dans certaines circonstances capitales de sa vie,
J. Reynaud manqua d'à-propos, même de tact. Ses
qualités politiques peuvent être mises en doute. Pour
quelques fois qu'il eut l'occasion de les appliquer, il
ne réussit pas.

Car peut-on dire vraiment que les occasions lui
ont manqué? L'homme qui, à vingt-cinq ans, avait
su prendre, dans une école qui faisait beaucoup de
bruit, une situation aussi considérable que celle
que nous venons d'indiquer, l'homme qui, avant
trente ans, plaidait à côté des avocats les plus
illustres et des chefs du parti libéral, dans la cause
des Accusés d'avril, ce même homme qui, en 1848,
après une révolution inattendue qui amenait ses
plus chers amis au pouvoir, entrait lui-même à la
Chambre des Députés et dans le gouvernement, cet
homme ne peut s'en prendre aux circonstances.

Il fut le conseil de son ami H. Carnot au ministère de l'Instruction publique. Là, il fut absolument
libre. Il put, dans un temps de révolution, tailler,
comme on dit, en plein drap. C'est à lui qu'appartient l'idée de la création d'une école d'adminis-

tration. Il tenta de réaliser un grand système d'enseignement secondaire, accessible à tous par une série d'examens et de bourses gagnées aux concours. Enfin, il donna comme but aux réformes relatives à l'enseignement primaire, l'établissement définitif de l'instruction gratuite et obligatoire. Ce sont là d'honorables intentions, conformes à la partie pratique de la doctrine des Saint-Simoniens. Mais dans l'exécution même, J. Reynaud ne réussit pas. On reconnaît généralement que c'est à lui qu'il faut attribuer la fameuse circulaire avec ces mots malheureux de « l'éducation et de la fortune », dont l'effet le plus clair fut le renversement du ministre qui l'avait signée. Quand le jour fut venu de défendre devant l'assemblée les principes développés dans le projet de loi, J. Reynaud fut inférieur à sa tâche. Son éloquence tant vantée s'éteignit tout à coup.

On le représente d'ailleurs comme déjà dégoûté, découragé. Il passa au Conseil d'État. Dans une sphère plus étroite, il se trouva plus à l'aise ; sa compétence encyclopédique fut, dit-on, appréciée par ses collègues. Mais ce n'était pas là ce grand rôle pour lequel on l'avait cru désigné. Quand le coup d'État le rendit à la vie privée, sa carrière politique à peine commencée semblait déjà finie.

Dans la solitude, il se retrouva tout entier. Il retrouva son haut caractère, sa fierté et ses méditations.

Si on en juge d'après ce qu'il fit pendant les quelques mois qu'il passa aux affaires, son esprit élevé était peu fait pour se rompre aux difficultés,

aux exigences de la vie pratique. Ce manieur
d'hommes était décidément trop au-dessus de l'humanité. Ce politique était un philosophe.

Mais la philosophie elle-même, dans laquelle il se
réfugia, lui fut-elle plus propice? Tout compte fait,
— en dehors de l'acclamation de quelques adeptes,
— son succès ici encore fut contestable. Qui a lu
Terre et Ciel? Et, par contre, qui n'a pas lu l'article
de Taine, coup de massue sous lequel la mémoire de
J. Reynaud reste comme accablée? Vingt ans de
longues méditations, de sincère conviction, de vie en
proie à la soif de l'idéal, s'évanouissent au souffle
d'une plaisanterie qui n'est pas elle-même sans effort.
Le livre de *Terre et Ciel* arrivait un peu tard. Le na-
turalisme battait déjà son plein. Il ne permit pas à
d'autres d'atteindre la rive. D'un seul coup, il re-
poussa la doctrine téméraire du Saint-Simonien dans
l'obscurité. Jean Reynaud était jugé.

Le jugement est-il sans appel?

Jean Reynaud fut avant tout une âme religieuse,
mais hors de toute religion. Il prétendait tout lier et
se déliait sans cesse. Ce grand hiérarchiste allait
seul. Il n'est certes pas chrétien. Il l'est moins que
son maître, Saint-Simon.

Le livre de *Terre et Ciel* est un dialogue entre un
philosophe et un théologien : le premier a toujours
raison. Pourtant si le théologien est battu, c'est
parce qu'il cède à son adversaire une partie de ses
arguments. Celui-ci compte les raisons même de
son interlocuteur comme une part du butin et s'en
revêt. De sorte que le philosophe s'achemine vers

la religion, tandis que le théologien devient héré-
tique. Quel chrétien, en effet, écouterait avec une
telle patience, l'interprétation donnée par le philosophe aux passages les moins obscurs de l'Ancien
et du Nouveau Testament?

Ainsi donc la pensée de J. Reynaud, présentée
avec un grand effort scientifique et dialectique, est
une pensée de conciliation entre la tradition et les
découvertes modernes, entre le dogme chrétien et la
science. D'accord en cela avec Saint-Simon, il ne
veut point admettre que tout l'effort des âges précédents soit perdu et que l'on considère l'humanité
comme s'étant trompée pendant dix-huit siècles.
Mais il ne pense pas non plus que les voies modernes soient des voies d'erreur, et que la société
doive jeter l'anathème sur la conception nouvelle
du monde qu'elle tire de ses entrailles. Tout se tient.
Le présent et l'avenir sortent invinciblement du
passé : au lieu de les jeter l'un contre l'autre, il faut
observer leur union et dégager la ligne toujours
ferme du progrès que, malgré des retours apparents,
ils poursuivent éternellement.

Ce n'est pas seulement dans l'ordre social qu'il
remarque cette chaîne continue des êtres. Il la suit
à travers l'infini des mondes, et la jette jusqu'à
Dieu, d'où le monde sort, où le monde rentre par
un continuel effort de son propre mouvement, de
son *libre arbitre*. La terre n'est pas isolée dans ce
ciel, dont la solitude épouvantait Pascal. Elle est un
monde vivant en harmonie avec d'autres mondes vivants. Des êtres respirent à la surface des globes

sans nombre qui flambloient dans l'espace. Et quels
êtres? Des êtres libres, des corps et des âmes, qui
sait, peut-être des âmes et des corps humains.

L'homme n'entre pas dans la vie brusquement, au
jour de sa conception ou au jour de sa naissance. Il
a vécu déjà. Sa vie nouvelle est un châtiment ou une
récompense. Telle est l'explication de l'existence du
mal sur la terre, de cette terrible prédestination des
âmes, de cette condamnation du plus grand nombre
que l'Eglise a expliquée par la faute d'Adam, mais
qu'elle n'a jamais osé, allant jusqu'à l'extrémité de
sa logique, appliquer aux âmes des enfants morts
avant le baptême.

Et la récompense et le châtiment de cette vie humaine se trouvent eux-mêmes dans d'autres vies
indéfiniment multipliées à la surface des astres, jusqu'à l'absorption des bons dans le sein de Dieu, d'où
ils peuvent toujours s'élancer par un mouvement de
pitié, pour venir appuyer ceux qui souffrent dans
la voie d'épreuves. Les mauvais n'atteignent jamais
ce repos. Ils retombent et s'enfoncent sans cesse.
Pourtant pas de peines éternelles. Même les âmes
les plus profondément précipitées dans leur rébel-
lion peuvent toujours se relever par un acte de
leur volonté, dirigée parfois par l'intervention d'un
médiateur.

C'est cette doctrine d'une logique puissante, c'est
cette explication énorme du monde, embarrassée
d'un vaste attirail de géologie, de physique, d'histoire
naturelle, d'astronomie, qu'il s'agit de faire pénétrer
dans le cadre du dogme chrétien. Ce cadre on l'élargit

autant qu'on le peut, en mettant bout à bout les idées les plus hardies, les plus opposées, les moins reconnues des Paul, des Augustin, des Thomas, même des Luther et des Calvin ; mais, ai-je besoin de le dire, le cadre reste toujours trop étroit. A le moins forcer, il se brise.

Pourtant J. Reynaud se proclame homme de tradition. Sa tradition, il va la puiser, non seulement dans les évangiles et dans les Pères, mais aussi dans les doctrines nébuleuses des druides gaulois. Contrairement à la pensée de Saint-Simon, il semble croire en cela que le passé a pu, jusqu'à un certain point, être en avance sur le présent, dans la voie du progrès indéfini. Il n'est pas loin d'affirmer que le moyen âge a reculé. La haute antiquité druidique avait reçu la révélation de la véritable explication du monde et de la vie humaine.

Un patriotisme ardent qui veut honorer l'âme de la France, en faisant d'elle aussi la révélatrice, la porteuse de la bonne nouvelle ; un patriotisme qui embrasse et réchauffe, jusque dans leurs cendres, les premières générations de notre Gaule, tel est le véritable inspirateur de J. Reynaud.

L'Egypte avait appris au monde les premières sciences, les premières lois, les premières prières ; la Grèce avait été la maîtresse de la liberté et des arts, le monde romain avait montré l'exemple de la politique, de l'administration et des lois ; la Judée avait jeté par le monde la semence du monothéisme et de la charité. Et la France, la France qui marche au premier rang de l'œuvre de la civilisation, la France

de la philosophie, la France de la Révolution n'a-t-elle
pas aussi quelque part au fond de son cœur, un secret
qu'elle dira, qu'elle apprendra au monde, que le
monde boira sur ses lèvres?

C'est alors que, remontant dans le passé, recueillant
pieusement de vagues traditions, déchiffrant avec
peine les restes douteux des triades et des légendes,
interrogeant le murmure des vieilles forêts druidiques, Jean Reynaud se persuade que la pensée
vraiment française, vraiment gauloise, celle qui, dans
l'état d'inquiétude où se trouve le monde, va surgir
tout-à-coup au ciel comme une éclatante aurore,
c'est l'idée de la vie antérieure et postérieure, l'idée
de la transmigration des âmes.

Je n'ai pas à entrer dans la discussion de cette
doctrine, qu'un livre écrit dans un style parfois
épais, mais traversé par de sombres éclairs, déroule avec une majesté imposante. Mais je dois constater que cette doctrine eut sur la vie et les opinions
de Henri Martin la plus grande influence.

Henri Martin fut toujours des amis les plus intimes
de J. Reynaud. C'est à lui que Reynaud, sur le point
de mourir, adressait une lettre dans laquelle il laissait transpirer la mélancolie d'une âme qui n'était pas
sûre d'avoir accompli toute son œuvre. Certainement
le livre, même avant d'être écrit, avait été l'objet de
bien des conversations, de bien des discussions entre
les deux amis. De cet échange d'idées ils étaient
sortis l'un et l'autre également convaincus. Non-seulement H. Martin conserva toute sa vie pour la pensée druidique la même vénération, le même culte que

professait J. Reynaud, mais aussi le fond même des idées religieuses que ce dernier emprunta à cette tradition et qu'il développa dans son livre, H. Martin semble l'avoir acceptée. Peu de temps avant sa mort, pressé sur ce point, il répondait : « Oui, j'y crois... du moins c'est le plus probable. » Sa restriction, à supposer qu'il en fît une, n'allait pas au delà.

Nous avons d'ailleurs sur sa pensée en ces matières, — en dehors de sa vie si imbue de haut spiritualisme et de la croyance invincible à Dieu et à l'immortalité de l'âme, — nous avons un document précis, définitif qui s'éclaire d'une pleine lumière quand on le rapproche des idées de J. Reynaud : c'est le testament religieux de Henri Martin. En voici les principaux passages :

Je ne veux pas de ce qu'on appelle enterrement civil, de peur d'équivoque sur *mes sentiments religieux*, et quoique ces sortes de funérailles n'impliquent nullement une profession d'athéisme et de matérialisme.

L'enterrement catholique n'implique pas davantage, dans l'esprit de la plupart de ceux qui pratiquent encore *ces rites de nos pères*, l'adhésion aux doctrines de l'ultramontisme et du concile de 1870 ; néanmoins, là aussi l'équivoque serait à craindre et l'on pourrait supposer de ma part une acceptation tardive de principes que j'ai combattus toute ma vie, et que je ne cesse pas de considérer comme funestes à tous les points de vue. ·

Voulant donc conserver à mes funérailles une forme religieuse et *croyant à la transformation, non à la négation des grandes traditions de l'humanité;* considérant que nous sommes issus du christianisme, comme il est *issu lui-même des traditions du monde antique,* et que nous ne devons pas renier cette origine, je veux qu'on appelle à mes funérailles un pasteur protestant libéral, de ce groupe dont les idées et les sentiments sont les plus rapprochés des miens, *puisque mes croyances personnelles n'ont pas d'organe constitué et que ceux qui les partagent, quoique nombreux, ne font pas corps* » (30 mars 1883).

Ces déclarations ne peuvent laisser aucun doute sur la doctrine d'Henri Martin ; elle était aussi voisine que possible de celle de J. Reynaud.

Elle est infiniment plus religieuse que le simple spiritualisme, le spiritualisme de ce Descartes, dont H. Martin prononçait si volontiers le nom. Ce n'est pas non plus le déisme des philosophes.

C'est une religion ; elle suppose une église effective, peu nombreuse, non constituée, mais différente même du protestantisme le plus libéral. C'est par une sorte de respect pour « les rites des aïeux » qu'un pasteur protestant assiste aux funérailles. Mais il n'y a là rien autre chose que la tradition historique escortant l'historien qui s'en va. Le pasteur Dide, choisi par la famille et dont le nom probablement était dans la pensée de H. Martin lorsqu'il écrivait ces lignes, a parfaitement répondu à la pensée du défunt, lorsque dans l'éloquente oraison funèbre qu'il prononça, il répéta plusieurs fois le nom de Jean Reynaud.

C'est cette conformité de doctrine ; c'est cette inspiration religieuse découlant du Saint-Simonisme, et arrivant jusqu'à Henri Martin par l'intermédiaire de son ami ; c'est le nom fréquemment attesté de celui-ci ; ce sont les paroles mêmes du testament qui m'excusent de m'être étendu si longuement ici sur la vie de J. Reynaud. Prétendant expliquer les opinions de l'historien, je devais exposer aussi dans ses origines et dans sa forme définitive, la pensée du philosophe qui, en ces matières, lui a certainement servi et d'initiateur et de maître.

CHAPITRE II

PORTRAIT DE HENRI MARTIN — SES AMIS — AUG. THIERRY
— LE SALON DE LA PRINCESSE BELGIOJOSO

Il faut reconnaître d'ailleurs qu'à l'époque de la vie
de H. Martin que nous avons atteinte, de pareilles
idées, un pareil système sont loin d'avoir occupé son
esprit. Le jeune homme de vingt-trois ans qui suivait
moitié en curieux, moitié en convaincu, les réunions
des Saint-Simoniens, le cœur chaud qui s'unissait
d'une amitié durable à J. Reynaud, et qui subissait
l'ascendant philosophique de son aîné, était loin
d'avoir parcouru l'évolution complète de son développement.

L'étude de l'histoire dans laquelle il se jeta, dès
cette époque, à corps perdu, allait d'ailleurs lui
donner à lui-même une expérience, une maturité,
une originalité de pensée qui, sur des points capi-
taux, et notamment en ce qui concerne les doctrines
politiques, l'éloigna sensiblement de ses premiers
maîtres et de son ami.

La vie de Henri Martin, sous le gouvernement de

juillet, est presque entièrement consacrée au premier
travail de l'Histoire de France. L'idée de l'histoire en
quarante-huit volumes avait été, comme je l'ai dit,
abandonnée. Mais le plan plus mûri de la grande
histoire avait été conçu. La première rédaction en
fut terminée en moins de trois ans. Quinze volumes
in-8° sont le témoignage de l'activité intellectuelle de
H. Martin dans cette période.

La création de cette œuvre immense l'absorbe. Il
vit presque solitaire, ne quittant son appartement de
la rue Montparnasse que pour se rendre à la Bibliothèque, s'enfonçant dans d'immenses lectures, se
concentrant sur le travail si absorbant de la rédaction ; d'ailleurs mal récompensé de sa peine, peu
payé, n'ayant pas même son nom sur le titre des neuf
premiers volumes, n'osant se dire dans la précipita-
tion de son labeur qu'il travaille pour l'avenir ; à la
fois pressé et écrasé, traînant vaillamment, mais
durement le boulet d'une existence difficile, toujours haletante vers l'idéal.

C'est par de telles épreuves que se préparent les
fortes existences. Ce sont ces déserts des jeunes années qui bronzent les cœurs.

Pour H. Martin à cette peine, légère d'ailleurs, du
plus rude travail s'en joignent d'autres plus lourdes
encore. Les espérances politiques de sa jeunesse
sont écartées, rejetées pour longtemps, pour toujours
peut-être.

Une nouvelle monarchie aux vues étroites, à la
pensée irrémédiablement pacifique et égoïste, préoccupée uniquement de la tranquillité de la rue et du

bien-être du corps, un système bâtard qui prend au Saint-Simonisme sa devise de l'*enrichissez-vous*, mais sans accepter tout ce que la doctrine a de hardi, de généreux, de miséricordieux, voilà le régime sous lequel il faut vivre.

Mettons-nous dans la situation d'esprit de toute cette vaillante jeunesse. Elle avait rêvé la gloire du soldat ou la tâche plus noble encore du citoyen. Elle avait été bercée au grondement du canon de Marengo et d'Austerlitz ; elle avait reçu directement le grand enseignement civique de la Révolution.

Elle espérait agir et vivre. Un instant elle avait vu le ciel s'ouvrir. Mais trois jours ont suffi. La même nuit épaisse couvre les âmes. Tout ce qu'on avait espéré de noble, de généreux, se trouve encore une fois écarté, rejeté, dissipé. Et cela pour combien de temps ? Est-ce donc pour toujours ? La France s'est-elle encore une fois aliénée héréditairement ?

Henri Martin se réfugia dans le travail. Cette histoire où il repassait en silence les fastes glorieux de nos ancêtres fut son éducatrice et sa consolatrice. Quoiqu'il fût en relations avec les chefs du parti libéral, Carnot, Garnier-Pagès, Lamartine, Lamennais, Guinard, Michelet, Quinet, Béranger, il leur échappait, il échappait à la vie courante, il s'absorbait dans l'histoire.

L'espérance et la vie ne lui revinrent que plus tard, au moment où la France, elle aussi, se réveilla.

Le réveil se fit aux environs de l'année 1845. A

cette date, Henri Martin était homme fait, on peut dire déjà homme célèbre. La première édition de l'histoire avait été terminée en trois ans, de 1833 à 1836. Un second tirage, identique au premier, avait été immédiatement publié et épuisé. Dès 1837, H. Martin se remettait à la refonte entière de l'œuvre.

Il rédigeait cette seconde édition qui ne se termina qu'en 1854, et qui fut l'*Histoire de France* définitive. En 1844, les tomes X et XI (Guerres de religion) avaient obtenu de l'Académie des Inscriptions et Belles-Lettres, le premier prix Gobert.

Henri Martin n'avait interrompu un instant ce grand travail que pour se consacrer avec son ami Paul Lacroix, à un ouvrage d'histoire locale. Ils avaient publié ensemble l'*Histoire de Soissons* (1837, 2 vol. in-8°). D'après les renseignements fournis par M. P. Lacroix dans cette œuvre, le premier volume et le dernier chapitre du second appartiennent seuls à Henri Martin [1].

[1] A propos de cette *Histoire de Soissons*, P. Lacroix racontait volontiers une anecdote, dont nous empruntons le récit au *Figaro* :

« Les deux amis (Henri Martin et P. Lacroix) avaient commencé leur collaboration par une *Histoire de Soissons*, qu'une dame de cette ville, Mme Maréchal, avait mise au concours. Il s'agissait d'une somme de douze mille francs, léguée par testament au lauréat. Henri Martin et Paul Lacroix se mettent à l'œuvre, écrivent deux volumes, le premier, celui d'Henri Martin, s'arrêtant en l'an 1100, le second, celui de Lacroix, allant du douzième siècle au dix-neuvième. Le Jury leur décerne le prix. On nous a conservé les noms des membres de ce tribunal historique ; ils sonnent bien devant l'avenir : Fauriel, Walkenaer, Daunou, Augustin Thierry.

Mais les gens de Soissons donnent huit mille francs seulement aux auteurs et en décernent quatre mille à un historien local, M. Leroux, qui avait envoyé au concours une histoire manuscrite.

La volonté de Mme Maréchal était pourtant formelle. Les ouvrages

Henri Martin, mûri au feu d'une activité si ardente et si soutenue, put alors détourner les yeux de l'étude des faits de l'antiquité nationale pour les reporter sur le présent, sur l'avenir de la France, sur les graves questions de politique pratique qui, en ce temps-là, inquiétaient tous les bons esprits, tous les cœurs enflammés de l'amour de la patrie.

Agé de trente-six à trente-sept ans, dans la pleine force du corps et de l'esprit, il était tel qu'un beau portrait d'Ary Scheffer nous le représente : grand, maigre, noir, l'œil clair et vif, le regard prompt, toujours en éveil, enclin pourtant à se

---

soumis au jury devaient être imprimés. Le Bibliophile se fâche, intente un procès à la ville de Soissons, publie une brochure, le *Dernier chapitre de l'Histoire de Soissons* et gagne son procès. Les douze mille francs furent envoyés à Paris, chez Paul Lacroix, en sacs de pièces de cinq francs.

J'imagine que le Bibliophile raconta lui-même tous ces menus détails à Mirecourt, qui les a notés. Le plus curieux, c'est que les deux mille quatre cents pièces de cent sous étaient à peine arrivées chez Paul Lacroix, qu'un jeune homme maigre, brun et bilieux, assez élégant se présente au logis. Il croyait trouver seul le Bibliophile. Un ami était là ! Le visiteur se trouble, raconte qu'il est officier de la ligne, pauvre, ayant besoin d'argent pour aller voir sa mère mourante en province !...

— Ta ta ta ! Ce sont des contes, interrompt Lacroix, et si vous ne sortez pas, je vous fais arrêter !

— Si l'on osait toucher à un soldat, répond le visiteur en tirant un poignard — le poignard d'Antony — je tuerais l'audacieux et me percerais le cœur !

— Diable !

Et Lacroix recule. Le jeune homme se voyant deviné et remarquant le geste du troisième personnage, ouvre la porte et détale.

Quelques mois plus tard, en allant voir juger Lacenaire, le Bibliophile pousse un cri :

— Mais c'est l'officier !

C'était l'officier ; ou plutôt le faux officier était l'assassin Lacenaire.

replier parfois et à se perdre dans un abîme de contemplations intérieures. Ses traits reflétaient cette bonté sereine dont plus tard, dans sa vieillesse, ils resplendirent, adoucis et fondus dans la neige de sa barbe et de ses cheveux blancs. Il témoignait par tous les gestes, par toutes les attitudes du corps, d'une sorte de discrète curiosité, d'aimable interrogation, prête à s'abandonner et à s'ouvrir, pour qu'on s'ouvrît à elle et qu'on s'abandonnât. C'est probablement cette douce attirance, à laquelle un embarras, une timidité, une gaucherie qu'il ne sut jamais vaincre complètement, ajoutaient un charme infini, qui faisait dire de lui, par beaucoup de ceux qui l'approchaient, qu'il était beau.

Pourtant la figure, extraordinairement mobile, était irrégulière, le front haut, les pommettes saillantes, le nez fort, la bouche grande, les cheveux et la barbe touffus, droits, en mèches. Son teint était rouge, d'un rouge légèrement vermillonné ou plutôt brique, particulier aux races du nord de la France et qui semble le produit du terrible hâle qui souffle sur ces plateaux.

Dans l'écrivain déjà courbé sous le poids de ses longs travaux, on reconnaissait encore clairement le provincial, l'homme à la vie simple, aux habitudes régulières, presque rustiques. Plus tard lorsque la vieillesse mit encore plus de désordre dans cette figure tourmentée, dans ces mouvements brusques, dans cette toilette à l'abandon, il y avait de certaines heures où ce n'était pas seulement le provincial, c'était le paysan qui reparaissait dans Henri Martin : le paysan sage, patient, rude à la fatigue, à la marche, au travail, peu ménager de sa personne, capable des longs efforts lents, impassible amant de sa tâche, penché vers la terre dont il écoute attentivement les secrets et la muette confidence.

Mais ce paysan avait toutes les beautés du cœur, toutes les noblesses de l'esprit. Il montrait, comme ceux de Millet, naïvement et fièrement les marques de sa servitude laborieuse, son front ridé, son teint hâlé, son dos courbé, respirant comme eux, le sain et large souffle d'un air pur et d'une âme tranquille, — comme eux environné de lumière.

Etant l'homme que je viens de dire Henri Martin ne pouvait qu'être aimé : il avait de nombreux amis. Pas un des hommes supérieurs ou distingués du parti libéral qui n'ait tenu à honneur le contact fréquent de ce brave cœur, de cette âme ardente et enthousiaste.

A côté des amis de son enfance et de sa jeunesse, près des Th. Dufour, des P. Lacroix, des J. Reynaud, des Carnot, H. Martin, dont la réputation s'était établie, comptait désormais les historiens, les artistes, les penseurs, les philosophes, les hommes politiques. Parmi eux, au premier rang : Quinet, Michelet, Ary Scheffer, Garnier-Pagès, Aug. Thierry.

Ce dernier habitait, dans ces temps là, un pavillon qui lui avait été aménagé dans l'hôtel de la princesse Belgiojoso. On se réunissait le soir dans cet appartement qui communiquait directement avec l'hôtel. La princesse faisait volontiers une apparition dans ces soirées intimes et graves. On faisait de la musique, on traitait les sujets de littérature, de politique, on se préoccupait du passé et de l'avenir de la France, de l'Europe.

Déjà Mme Aug. Thierry, douce, prudente, éclairée qui avait veillé comme une lampe fidèle et répandu la clarté de son âme sur la vie du noble aveugle, s'était éteinte. Aug. Thierry avait besoin de chauds amis. H. Martin fut un des plus sûrs.

A ces réunions, modeste, il écoutait. Mais sa réelle valeur, l'autorité de sa candeur, de son honnêteté, de sa conscience, attiraient vers lui ceux qui pouvaient passer pour les meilleurs. Il lia là encore des amitiés solides, il recueillit des témoignages encourageants ; il prit confiance en lui-même.

Non-seulement ces relations affermirent en lui l'écrivain, mais elles contribuèrent à former le politique. La haute individualité de Henri Martin ne se comprendrait qu'en partie, si l'on ne se rappelait dans quel monde il vécut. Pas de plus ardent ami ; pas d'*écouteur* plus attentif. Pourvu qu'il sentît une âme honnête, qu'il reconnût un but élevé, — l'amour de la patrie ou l'amour de l'humanité, — il s'ouvrait, il se donnait.

Il rencontra là, dans le cabinet d'Aug. Thierry et dans le salon de la princesse Belgiojoso, l'élite de sa génération, l'élite de son siècle.

Comment ne pas essayer d'indiquer ici le profil déjà trop effacé de cette femme, que non-seulement ses contemporains, mais ses contemporaines ont proclamé belle entre toutes : sombre, haute, passionnée, romaine.

Elle prit les cœurs ; elle subjugua les esprits. Elle fut, avec plus de flamme, ce que Mme du Deffand avait été au XVIIIe siècle avec plus d'esprit, et vingt ans plus tôt, Mme Récamier avec plus de majesté ; elle fut un centre.

Chez elle des hommes se rapprochèrent, se connurent, s'aimèrent... aimèrent. Elle ne pouvait, ainsi qu'elle le déclarait elle-même, vivre sans être aimée [1]. Mais tout ce qu'elle emportait de passion, elle le reportait sur le compte de la cause qu'elle servait. Toutes les conquêtes de la femme, la patriote les enrégimentait.

Personne ne fit plus qu'elle en France pour la propagande de l'idée italienne. Elle lui consacra sa vie, sa fortune, son cœur.

Lorsqu'en 1848, elle courait à Milan et enrôlait, à ses frais, un bataillon de volontaires, certes elle ne servait pas plus vaillamment son pays que dans les temps où, à Paris, sa savante coquetterie stimulait autour d'elle tant de chauds enthousiasmes et prêchait la croisade des Nationalités.

Sa vie fut une lutte. Ses amours mêmes furent des combats. Les fragiles et les faibles, n'en pouvant soutenir la superbe énergie, y périrent. A leur flamme, les vaillants et les forts s'allumèrent et reçurent

---

[1] « Je ne saurais deviner, disait-elle, quel intérêt nous prenons à l'existence quand des yeux ne nous regardent plus avec amour ! » (*Souvenirs de Mme Jaubert*, p. 182).

une virilité plus grande. Les égoïstes et les froids furent les seuls triomphateurs.

Il y a dans cette existence généreuse d'une femme qui eût dû vivre au temps de la Fronde, bien des côtés mystérieux que de rares indiscrétions ont à peine éclairés, mais que l'histoire certainement ne jugera pas, un jour, indignes de son attention.

Dans ces soirées de la rue Montparnasse, Henri Martin compléta, éprouva ses idées. Les convictions que la longue et solitaire préparation de l'histoire avait mûries en lui, il les passa au crible dans le commerce de tant d'esprits distingués, divers. En lui, il ne resta plus que le froment, la fructifiante semence.

Nul doute que la fréquentation du salon de la princesse Belgiojoso n'ait contribué à l'affermir dans sa confiance au principe des nationalités. Cette idée était, pour ainsi dire, dans l'air que l'on respirait chez la princesse.

Dès 1816, Aug. Thierry, encore sous l'influence directe de Saint-Simon, avait essayé pourtant de réserver dans l'organisation systématique de l'Europe telle que la rêvait le réformateur, le droit de chacune des nationalités. Les opinions de l'illustre historien s'étaient fixées dans ce sens. Elles n'avaient pas peu contribué à l'attacher à la princesse ; elles l'avaient porté à recevoir son hospitalité.

Tout ce que le bouleversement de l'ancien monde, la constitution imposée à l'Europe par les traités de 1815, le despotisme de l'Autriche, la brutalité de la Russie avaient jeté de noble, de vaillant, de généreux sur les grands chemins de l'Europe, tout cela s'était peu à peu réuni autour de la grande dame italienne et lui avait fait un cortège qui suscitait tout ensemble l'admiration et la pitié. Nulle part les idées communes de libéralisme, de confraternité des peuples, de civilisation progressive ne furent plus agitées. Nulle part les esprits et les cœurs ne se mêlèrent davantage, et pourtant, nulle part, l'affirmation de l'existence propre, de l'individualité de chaque nation ne fut plus hautement proclamée.

Ces idées que la solide expérience de l'histoire avaient déjà développées chez Henri Martin, il les trouva ainsi toutes vivantes et palpitantes autour de lui. Son esprit s'en empara, les fit siennes. Unies dans sa conscience aux aspirations libérales qui avaient été celles de toute sa vie, animées par la chaleur de son patriotisme et le rayonnement des théories de haut spiritualisme et de progrès indéfini qu'il avait empruntées à J. Reynaud et aux Saint-Simoniens, elles formèrent désormais le fond de sa pensée. Elles dessinèrent en lui cette personnalité toute faite de sympathie, d'espérance, de généreuse propagande que dès lors l'Europe et la France commencèrent à connaître et à acclamer.

CHAPITRE III

LE LIVRE : *DE LA FRANCE, DE SON GÉNIE ET DE SES DESTINÉES* — LE PRINCIPE DES NATIONALITÉS

Les principes, les doctrines, les espérances qu'il avait ainsi recueillis par l'étude et dans le commerce de ses amis, Henri Martin, entrant désormais sur le terrain de la politique, les exposa dans un livre magistral trop peu connu, un livre qui est le résumé de ses études et de ses réflexions antérieures. Ce programme politique, à la réalisation duquel la seconde partie de sa vie va se consacrer, ce livre, publié en 1847, est intitulé : *De la France, de son génie et de ses destinées.*

Henri Martin dédia ce livre à Jean Reynaud. Sa pensée ne s'y montre pourtant point toujours conforme à celle de son ami. Tout en partant des mêmes principes, il est loin d'embrasser en politique toutes les opinions de celui qui, en matière religieuse, peut passer pour son maître.

Henri Martin, maintenu par le clair bon sens qu'il avait reçu comme un patrimoine de ses aïeux, éclairé surtout par l'expérience pratique de l'histoire, se dégage beaucoup mieux de la théorie pure, de l'utopie.

J. Reynaud paraît avoir admis l'idée d'une restauration sociale par une sorte de classification des diverses couches de la société en trois états, répondant assez bien aux trois états traditionnels de l'ancienne monarchie. Seulement il remplace le clergé par les penseurs, la noblesse par la bourgeoisie industrielle. Il rêve une sorte de royauté utilitaire émanée du vote combiné des états. Tout cela sent bien encore son Saint-Simonisme. L'ancien collègue d'Enfantin n'a pas tout-à-fait dépouillé le vieil homme. Au point de vue de la politique extérieure, quoiqu'une claire conception du génie de la France le retienne encore sur la pente du cosmopolitisme, il ne serait pas éloigné de désirer quelque sainte combinaison des forces de l'Europe organisée sous une sorte d'autocratie religieuse. Ici encore le philosophe, le chef de secte l'emporte sur le politique, sur l'homme des faits.

Henri Martin est libre de tout esprit de système. Il se place uniquement sur le terrain de l'observation. Et cette observation il l'applique tout d'abord à son pays, sans rêver pour l'humanité entière une ère de bonheur, un âge d'or, — pour employer l'expression saint-simonienne, — qui était aussi loin de l'humanité au jour où il écrivait, qu'il peut l'être aujourd'hui même et qu'il le sera demain. La méthode politique de Henri Martin est toute historique. Elle n'en est que plus ferme, plus précise, plus utile.

La division du livre est simple : après avoir con-

sidéré la France au milieu du monde dans un chapitre consacré aux *Nationalités*, l'auteur étudie notre
pays dans sa constitution physique, dans son génie,
dans son passé, son présent et son avenir.

J'essaierai tout d'abord d'exposer cette question
des nationalités qui a joué un si grand rôle dans la
vie intellectuelle d'Henri Martin, et, j'ajouterai dans
l'existence politique de l'Europe pendant les cinquante dernières années.

Il ne faut pas croire que ce principe fut un simple
concept de l'esprit, une sorte de catégorie satisfaisante pour des esprits amoureux de théorie et de
logique.

Ce n'est pas non plus que l'on vît dans l'application à l'Europe du système des nationalités, une combinaison conforme aux règles des nombres, à une
certaine balance, à un certain équilibre qu'on aime
à découvrir dans l'ordre des faits sociaux comme il
en rencontre dans la nature.

Non, ce système politique se dégageait naturellement des faits. Il se dégageait des faits par réaction,
mais il tenait si intimement à la réalité que ce serait
risquer d'en fausser absolument la portée, que d'en
reléguer l'origine dans les obscures régions de la
métaphysique sociale.

J'ai eu l'occasion d'observer déjà que le premier
ouvrage dans lequel l'idée des nationalités se fit jour
fut écrit en 1816. C'est le livre bien peu connu d'Augustin Thierry : *Des nations et de leurs rapports
matériels.* La thèse était loin d'être complète. Elle

se compliquait encore d'un essai d'organisation de l'Europe en un seul corps politique, qui se rattache directement aux idées de Saint-Simon, et qu'on peut faire remonter à travers les âges jusqu'aux rêveries de l'abbé de Saint-Pierre et de Sully. La question n'était pas moins posée, et elle était posée au lendemain des traités de 1815.

C'est en effet la situation faite à l'Europe par les traités de 1815 qui produisit, par réaction, je le répète, la thèse des nationalités.

La Sainte-Alliance avait conçu l'idée de l'unité européenne sous le règne de la religion, de la paix et de la monarchie. On a dit avec raison que la convention du 26 septembre 1816 était le triomphe de Mme de Krudener et de l'école mystique qui entourait Alexandre.

Par là l'idée première de l'entente des princes remontait indirectement aux esprits singuliers qui avaient fleuri pendant la Révolution, surtout au *philosophe inconnu*, à ce Saint-Martin, dont tant d'âmes religieuses, au début du siècle, avaient subi l'influence. Saint-Martin, d'autre part, avait eu la plus réelle action sur Saint-Simon. Par là on relève entre les doctrines proclamées par les souverains en 1815 et les origines de la pensée saint-simonienne, une parenté qu'il est très important de signaler.

Relisons les termes du traité de la Sainte-Alliance :

Déclarons formellement que le présent acte n'a pour objet que de manifester à la face de l'Univers leur détermination inébranlable (des hautes parties contractantes) de ne prendre pour règle de leur conduite... *que les préceptes de cette religion sainte, préceptes de justice, de charité et de paix*, qui loin d'être uniquement applicables à la vie privée *doivent au contraire influer directement sur les résolutions des princes...*

En conséquence L. M. sont convenus des articles suivants :

Conformément aux paroles des saintes écritures qui ordonnent à tous les hommes de se regarder *comme frères*, les trois monarques contractants demeureront unis par les liens d'une fraternité véritable et indissoluble, et se considérant *comme compatriotes*, ils se prêteront en toute occasion et en toute alliance, aide et secours...

Art. 2. En conséquence le seul principe en vigueur soit entre lesdits gouvernements, soit entre leurs sujets sera celui de se rendre réciproquement service... *de ne se considérer tous que comme membres d'une même nation chrétienne*, les trois princes alliés ne s'envisageant eux-mêmes que comme délégués par la providence *pour gouverner trois branches d'une même famille* : savoir l'Autriche, la Prusse et la Russie, confessant ainsi que *la nation chrétienne, dont eux et leurs peuples font partie*, n'a réellement d'autre souverain que Celui à qui seul appartient en propriété la puissance..... »

Qu'y a-t-il au fond de ces déclarations jaillissant du cœur et de la piété d'Alexandre et de Guillaume et répandues par l'effusion de leur reconnaissance pour le Dieu des armées ?

Il y a deux idées : une idée d'unité religieuse et une idée d'unité politique. Nous sommes tous frères et nous sommes tous concitoyens. Les barrières des peuples tombent. L'Europe seule reste debout. Debout et une, comme l'avait rêvée la papauté du moyen-âge et prête à combattre le bon combat de la juste doctrine et de la gloire de Dieu. Les paroles du *Pater* se sont accomplies. Elles sont proclamées par les puissances terrestres et scellées du sceau des diplomates : *Le règne de Dieu est arrivé. Sa volonté est faite sur la terre comme au ciel.*

Les faits pourtant sont les faits. Il ne peut ne pas être que cette convention inspirée de la parole divine, serve de couronnement à un ensemble d'actes nés de la force brutale, œuvres, réelles cette fois, des diplomates et qui ont eu pour résultat l'organisation nouvelle de l'Europe ; c'est-à-dire quoi ? son démembrement.

La contradiction entre les paroles et les faits sautait aux yeux. Le bon sens public se récria dès que la nouvelle de l'Alliance fut répandue. Un homme d'esprit qui se montrait en cette circonstance un observateur profond, remarquait immédiatement : « A quoi bon tout cela ? n'étaient-ils pas obligés de se conduire ainsi ? et le monde entier ne connaît-il pas l'esprit fraternel qui anime ces gracieux souverains ? La Pologne, Gênes, Venise, la Lombardie, la Belgique le savent assez. C'est une amplification inutile que de confier les sentiments des trois monarques à une feuille de parchemin ; jamais elle ne nous instruira aussi bien que leurs œuvres [1]. »

On le voit, dès la première protestation, des noms de nations sacrifiées avaient été prononcés. A l'idéal religieux et unitaire, proclamé par les traités de

[1] Journal *le Portugais*, cité par de Maistre et par Sorel : *Traité du* 20 *nov.* 1815. Germer-Baillière, 1863, p. 137.

Vienne, on répondait par l'évocation de la Pologne, de l'Italie, de la Belgique détruites ou asservies.

Quels avaient été en réalité les vaincus de 1815 ? La France d'abord, puis le libéralisme, puis les nations, les peuples que l'on avait appelés à l'aide, dans les jours de combat, et que, la victoire une fois emportée, on refoulait dans le néant.

Mais les peuples, après la ruine de Napoléon, n'oublièrent pas que la Révolution française les avait émancipés, que c'était 1792 qui avait brisé leurs fers, qu'à cette date l'espérance était revenue au cœur des affligés.

Et maintenant on reprenait les anciennes positions. Un accablement nouveau, plus lourd, après des heures de liberté, allait peser sur toutes les têtes. La Belgique n'échappait à la domination autrichienne que pour s'embarrasser du boulet d'un compagnon de chaîne, la Hollande. L'Empire écrasait de nouveau, de tout son poids, l'Italie. Le grand sacrifice de la Pologne enfin était définitivement consommé.

Une alliance étroite se forma immédiatement entre tous les vaincus. Les libéraux et les bonapartistes de France, les conspirateurs italiens, les patriotes polonais, même les Hongrois, même les Roumains, même les Grecs s'entendirent pour la destruction de cette arche de la Sainte-Alliance. Et tous, d'un commun accord, mirent leur espoir, déposèrent le soin de leur salut entre les mains du grand peuple qui, le premier, avait montré l'exemple, de celui qui avait été le réparateur des torts, le briseur des fers, le révolutionnaire par excellence : le peuple français.

Ainsi une contre-Sainte-Alliance se fit tacitement entre tous ceux qui souffraient et qui espéraient. Et le principe sur lequel s'appuya cette instinctive combinaison politique, ce fut, — contre l'unité despotique et religieuse, — le principe libéral des nationalités.

Ce principe était-il conforme au véritable ordre de la nature ? La France négligeait-elle ses intérêts en acceptant la direction de ce mouvement ?

Questions graves et que les événements récents rendent plus douloureuses et plus difficiles encore.

Je n'ai pas la prétention de les résoudre ici d'un trait de plume. D'ailleurs nous sommes encore au milieu du drame, et, malgré de sombres péripéties, personne ne peut dire quel en sera le dénouement.

Il est seulement utile de démontrer que, dans l'esprit des ardents patriotes qui, les premiers, embrassèrent la doctrine des nationalités, elle s'unissait parfaitement avec la juste idée de notre politique traditionnelle. Que dis-je ? Elle leur paraissait n'être rien autre chose qu'une réaction virile contre un esprit d'affadissement, d'amollissement universel, de *cosmopolitisme* pour dire le mot, plus dangereux mille fois chez une nation sentimentale comme est la France que les plus décevantes erreurs de la générosité et la confiance la plus illusoire dans la reconnaissance des peuples.

En ce temps-là le cosmopolitisme était une doctrine en faveur non seulement auprès des souverains comme je l'ai démontré tout à l'heure, mais auprès des théoriciens nouveaux, auprès des réformateurs et des prédicateurs du nouvel évangile social. J'ai indiqué plus haut l'étroite parenté originelle qui unissait les conceptions de Saint-Simon aux rêveries des mystiques russes. Il ne serait pas difficile de prouver qu'il n'y avait pas uniquement parenté, mais, sur certains points, identité d'opinions et alliance sur le terrain des faits.

Ouvrons les *Opinions littéraires, philosophiques et industrielles,* l'un des derniers ouvrages de Saint-Simon. Qu'y lisons-nous ? une apologie de la royauté et de la Sainte-Alliance.

La quatrième et dernière expérience (dit Saint-Simon, en examinant les divers régimes qu'a subis l'Europe), cette quatrième expérience, au lieu d'avoir pour objet de faire rétrograder la civilisation, *la pousse en avant de la manière la plus positive.* On voit que nous voulons parler de la Sainte-Alliance. Peu de mots nous suffiront pour prouver que l'union des grandes puissances, pour se constituer pouvoir européen suprême, a déjà procuré à l'Europe le plus grand de tous les biens sociaux, la paix. La royauté, depuis son origine, a constamment soutenu les intérêts du peuple contre ceux de l'aristocratie féodale et contre le pouvoir arbitraire que le clergé a tenté d'établir au moyen de la mysticité : ainsi cette institution doit être aimée des peuples du continent européen... Au moyen de la Sainte-Alliance, la morale de l'évangile est devenue prépondérante en Europe : les différentes morales instituées par les différentes sectes religieuses ne sont plus que des morales locales, qui sont soumises à la morale la plus philanthropique et la plus tolérante qui ait jamais existé; et par ce moyen les philosophes

H. M.   7

pourront travailler librement et franchement au perfectionnement de l'organisation sociale.

Cette apologie est assez claire ; on pourrait citer
bien des passages des écrits de Saint-Simon qui la
confirment. Il est vrai que, plus tard, quelques-uns
des saint-simoniens, — de ceux qui se détachèrent,
les amis de Bazard, — protestèrent contre les excès
de la Sainte-Alliance.

On remarqua vite ce qu'il y avait de fondé dans
cette prétendue restauration du règne du Christ, dans
cette absorption des différentes morales locales par
l'universelle morale des princes. Mais il n'en reste
pas moins que l'idée du cosmopolitisme religieux et
social fut toujours acceptée par les adeptes de l'école
saint-simonienne et de toutes les sectes dérivées de
celle-ci.

Je me contenterai, pour indiquer une démonstration qui ne peut se faire ici tout entière, de citer une
page de Jean Reynaud. Cette citation aura l'avantage
de montrer au milieu de quelles idées, de quelle résistance, la pensée d'Henri Martin eut à se connaître
elle-même, à s'affirmer.

Après s'être récrié sur les excès de la répression
monarchique en Espagne, en Italie, en Autriche,
J. Reynaud, qui parle à une époque où les yeux se
sont déjà dessillés, rejette le pacte de la Sainte-
Alliance, mais il ajoute aussitôt :

Notre politique à nous est facile à saisir, sa ligne est
droite, et ne s'enveloppe pas dans les replis d'une diplomatie tortueuse. Le but que nous nous proposons

est placé en face de l'humanité et non point derrière
elle, sur cette route du passé d'où elle s'éloigne chaque
jour. Pour la politique extérieure : *association universelle
de tous les peuples.* Hors de cette tendance qui légitimi-
sent toutes les sympathies humaines, tous les progrès
des nations, je ne veux connaître *ni les restrictions mes-
quines d'un patriotisme étroit,* ni les absurdes calculs
d'un chimérique équilibre qu'un grain de sable ren-
verse ; hors de cette tendance *vers une alliance qui seule
peut sans blasphème, se prétendre sainte,* je ne veux rien
reconnaître qu'injustice, immoralité, impiété.

Et ne l'oublions pas, ce sont ici les paroles d'un
modéré. Ceux qui étaient vraiment les adeptes
étroits de la secte, ceux qui adoraient, selon la formule du Père, l'*Univers aimant, intelligent et fort,*
ceux qui, pour employer l'expression d'un de leurs
auteurs, signalaient « le maintien des institutions
nées de la guerre comme le véritable obstacle à
l'union de toutes les classes et de toutes les nations
entre elles », ceux-là étaient beaucoup plus voisins
de la doctrine initiale que Saint-Simon avait reçu
des mystiques antérieurs. Ils étaient d'ailleurs dans
leur rôle d'adepte d'une religion, — toute religion
étant une *Internationale :* au fond, sinon les alliés,
du moins prêts à devenir les successeurs, les héri-
tiers et de la papauté et de la Sainte-Alliance ; tout
disposés à recueillir le patrimoine de saint Pierre et
à faire servir son ancienne discipline au triomphe
de leur *Nouveau christianisme.*

C'est précisément contre cette théorie, — conservatrice ou rénovatrice, selon qu'elle était acceptée
par les princes ou prêchée par les humanitaires, —

que s'élevèrent les partisans du principe des nationalités. Ceux-ci étaient à la fois des hommes généreux et des hommes pratiques. Ils pouvaient avoir
les illusions du cœur, ils n'avaient pas celles de
l'esprit.

Ils sentaient que la théorie cosmopolite les mè-
nerait loin, — jusque dans la théocratie ou dans
l'anarchie. Ils résistaient. Et comme ils n'étaient
pas non plus satisfaits de l'état de choses présent ;
comme ils sentaient que la situation de l'Europe,
telle qu'elle avait été établie par les traités de
1815, n'était pas durable ; comme ils se déclaraient,
avec juste raison, les adversaires de ces traités, ils
cherchaient autre chose, et leur cœur les inclinait
tout naturellement, là même où les portait leur intelligence, vers les nations affaiblies, souffrantes, mi-
sérables, désireuses, comme eux, de secouer le joug
de l'autoritarisme militaire et de l'unité chrétienne.

En pure logique, le principe des nationalités n'é-
tait peut-être pas si facile à défendre. Tout d'abord
l'idée même qu'emporte ce mot de *nationalité*
manque de précision. De quels éléments se compose
une nation? C'est ce que trente années d'efforts
n'ont pas permis encore d'expliquer nettement. Personne n'a plus fait dans ce sens qu'Henri Martin.
On ne peut dire cependant qu'il soit arrivé à une
définition suffisante et simple. Aujourd'hui même,
que l'observation plus attentive des lois du monde
organisé nous a permis d'appuyer, sur un fondement
plus solide, l'idée de la distinction des races, je doute
que nous soyons arrivés à autre chose qu'à une

sorte d'empirisme, variable selon les circonstances et selon les lieux.

Henri Martin fixe les principaux traits des *Nationalités,* dans les premiers chapitres du livre *De la France, de son génie et de ses destinées.* Il compléta sa pensée et la précisa par la rédaction d'une brochure qui parut deux années plus tard, et qui lui servit de thèse de doctorat : *De Nationum diversitate servanda, salva unitate generis humani.* Ce titre dit, à lui seul, quelle est la conviction de l'auteur. S'il reste fidèle à l'idée de l'unité de l'espèce humaine, il réclame énergiquement les droits des nationalités, contre l'*être-humanité* (pour parler le langage de ses adversaires) ; de même que, dans la nation, il proclame les droits imprescriptibles de l'individualité humaine, contre la thèse communiste de l'absorption du citoyen par l'Etat.

Il montre clairement que la disparition de tant d'organismes constitués au profit d'un être unique, énorme et par cela même, sans forme, sans ressort, ne serait rien autre chose que le retour vers un passé auquel l'humanité s'est arrachée par des siècles d'efforts. Cette prétendue hiérarchisation idéale ne serait qu'une anarchie, sœur immédiate du plus affreux despotisme.

Le vrai but de toute bonne politique doit être le perfectionnement des organismes limités, appelés *nations,* telles qu'elles sont déterminées par la nature et par l'histoire, ayant conscience de leur vie propre, en relation facile et saine avec leur centre, disposées harmoniquement (en Europe surtout) d'a-

près des conditions géographiques ; mais toujours
inquiètes de leur existence, rebelles à toute idée
d'absorption, ayant même de leur individualité une
conscience si forte que, déclarées mortes, elles
vivent, se perpétuent, reparaissent.

En soutenant cette thèse l'historien s'éloignait-il
des traditions de l'histoire, le politique négligeait-il
les intérêts de son pays ? Il ne le croyait pas.

Pour lui la défense des nationalités était la vieille
politique de la France, la politique de Henri IV, de
Richelieu, de la Révolution française.

En effet, s'il est sur la carte du monde une contrée qui paraisse disposée à recevoir une nation,
c'est la France ; s'il est un peuple dont le tempérament se trouve porté comme naturellement à l'accord national, c'est le Français, si sociable. S'il est
une histoire dont la direction traditionnelle soit
claire dans le sens de l'unification au dedans et de
la résistance au dehors, c'est l'histoire de la France.

Qu'avons-nous fait depuis dix-huit cents ans ?
Quel exemple avons-nous donné au monde ? Nous
avons fait la France : nous avons fait un peuple
libre, indépendant, au milieu de l'Europe divisée.
Notre France a eu, la première, conscience d'elle-
même et les nations qui nous entourent n'ont eu qu'à
lire notre histoire pour s'inspirer d'exemple.

Seulement cette œuvre entreprise par nos ancêtres
n'est pas terminée. Le but qu'ils ont donné à leurs
efforts et qu'ils ont fixé eux-mêmes dans la fameuse
phrase : *ubi Gallia, ibi Francia,* ce but n'est pas
atteint. La France n'est pas toute la Gaule.

La Révolution a poursuivi la politique extérieure de Richelieu. Elle a eu la bonne fortune de pouvoir, de l'assentiment des provinces réunies, et conformément aux principes, proclamés par elle, du droit des peuples, reculer nos frontières jusqu'au Rhin. Mais cette partie de son œuvre s'est écroulée. Il faut la reprendre au milieu de difficultés plus grandes.

Et remarquez que dans la pensée des nouveaux théoriciens des nationalités, il ne s'agit pas d'une conquête violente. Non, ils voient la Belgique et la France, filles d'une même mère « formant un même système vis-à-vis du dehors, quoique les administrations intérieures puissent être séparées ».

Quant aux provinces Rhénanes, qu'en faire : « Prenons ceci pour point de départ, dit Henri Martin : que le peuple des provinces rhénanes est une colonie teutonique établie sur le sol gaulois. Que ces provinces disposent d'elles-mêmes ! Qu'elles gardent, si elles le veulent, nous ne dirons pas leurs lois civiles, elles n'en ont et n'en peuvent avoir d'autres que les nôtres), mais leur administration allemande, mais leurs liens fédéraux, en ce qu'ils ont de pacifique. Les traités de commerce aplaniront les difficultés à cet égard ; mais elles ne peuvent rester sous la dépendance d'une grande puissance militaire, à laquelle d'ailleurs elles ont été livrées, et ne se sont point données. Elles ne peuvent rester armées. L'Allemagne, si elle veut l'amitié du peuple français, ne saurait prétendre à faire passer la gueule de ses canons à travers les portes ouvertes de la France. Les compensations ne sauraient manquer à la

Prusse, qui ne doit point être affaiblie [1]..., etc. »

Rêve, dira-t-on ; non pas. Plus d'une fois ces problèmes ont été agités et des solutions analogues ont été mises en avant par la diplomatie la plus prudente, la plus positive. La France de 1830 eût pu obtenir facilement cette union avec la Belgique que nous voyons réclamée ici. Si l'Empire de 1866 eût eu la réalité de la force dont il agitait le vain simulacre, il eût certainement obtenu sur le Rhin des avantages analogues à ceux dont le programme vient d'être tracé. Et qui peut dire même, qu'un jour, la solution que nous venons de voir signalée comme découlant de la nature des choses, ne réapparaîtra pas, pour trancher une difficulté douloureuse que ni la politique, ni l'histoire ne peuvent renoncer à dénouer ?

Il ne semblait donc pas que la France, aînée des nations européennes, dût perdre à l'application stricte du principe des nationalités. Mais ses rivales, semblait-il, devaient puiser dans ce même principe un accroissement de puissance dangereuse pour elle. La politique du *diviser pour régner* doit être la politique des forts. C'est aux faibles qu'il appartient de parler d'union. Le puissant doit se complaire dans son isolement. Toute considération, toute entente autour de lui, lui porte ombrage.

Etait-ce là encore la politique traditionnelle de la France ? On peut encore répondre *non*.

Quelle avait été la grande tâche de l'ancienne

---

[1] *De la France*, etc., p. 332.

Monarchie ? — La lutte contre la maison d'Autriche.
Or, c'était précisément ce même adversaire que retrouvaient devant eux les partisans du principe des
nationalités. Et cet adversaire, comment avait-on
prétendu le ruiner ? — Par la politique des confédérations. Henri IV avait voulu unir l'Italie contre l'Espagne ; Richelieu, Louis XIV avaient essayé d'unir
l'Allemagne contre l'Autriche. Aux despotes, aux
dominateurs étrangers, on avait toujours opposé les
peuples, les peuples libres et indépendants. On avait
toujours appuyé en Europe les principes libéraux,
souvent révolutionnaires du protestantisme. On avait
toujours été Guelfes.

Et la Révolution n'avait rien fait autre chose. Elle
avait répandu dans le monde l'idée de la liberté des
peuples, comme celle de la liberté des individus.
Chacun maître de sa destinée, telle avait été sa devise. Et ç'avait été tout naturellement que des petites
républiques sœurs, des nationalités libres s'étaient
groupées sous l'aile de la France républicaine, comme
pour chercher plus près, la chaleur de son cœur et la
sécurité de sa protection. A suivre cette politique, la
France avait-elle perdu en prestige, en puissance, en
avantages matériels ?

Donc vouloir une Allemagne confédérée, une
Italie confédérée contre l'Autriche, demander le rétablissement de la Pologne, réclamer même pour les
Hongrois, pour les Tchèques, pour les Roumains,
c'était rester dans la vraie ligne de la tradition française. Le principe n'avait rien qu'on dût considérer
comme funeste aux intérêts français.

Il est vrai que plus tard, lorsque l'Empire reprit des mains du parti libéral cette théorie des nationalités, comme il emprunta au saint-simonisme sa thèse sociale, à la Révolution sa thèse démocratique, il est vrai que, dans l'application, cette doctrine produisit les effets les plus funestes. Mais ne peut-on pas soutenir que le défaut fut, non pas dans la doctrine, mais dans l'application ?

Une politique qui était toute de *paraître,* nullement de *réalité,* comme fut la politique de l'Empire, ne doit nullement être reprochée aux solides et sages défenseurs de notre politique traditionnelle. L'Empire, partagé entre ses aspirations monarchiques et ses origines populaires, esclave du mensonge qui l'avait déposé sur le trône, ne sut jamais ce qu'il voulait, ni ce qu'il pouvait. Toutes ses entreprises ont eu rapidement leur Villafranca. Il s'élançait à toute bride et s'arrêtait brusquement, d'un coup sec, fou, au risque de briser sa monture.

Je réclame hautement pour les libéraux, pour les républicains, pour les démocrates de 1848, pour ceux qui furent les exilés, les martyrs de 1852, pour les constants adversaires de l'idée impériale, l'honneur de ne pas être jugés à la mesure de l'Empire. Là où il n'y a eu que mensonge, prestige, illusion, écroulement, ils eussent mis la droiture, la vérité, l'enthousiasme et, qui sait, peut-être le triomphe.

Du moins, nous pouvons l'affirmer, ils ne se seraient pas abandonnés aux tristes illusions pacifiques de 1867, ils ne se fussent pas précipités à l'aveugle dans le gouffre. Non seulement leur honnéteté n'eût pas gaspillé, mais leur clairvoyance eût prévu.

Et de cela nous avons la preuve dans le beau livre d'Henri Martin.

Ne croyez pas qu'il admît un seul instant que l'établissement de l'équilibre européen tel qu'il le concevait, pût s'accomplir sans effort, sans péril, sans lutte. Il savait et il déclarait hautement que c'était là œuvre de soldat. Il signalait à la France les dangers qu'elle courait, elle protectrice et patronne de la liberté, de la justice ; il comprenait les risques de ce métier de redresseur de torts. Il réclamait avant tout une forte organisation militaire, la nation armée.

« La France est dévouée à une vie laborieuse, il ne faut pas qu'elle l'oublie... Il faut qu'elle se replie sur elle-même, mais comme le lion, pour être toujours prête à s'élancer. »

Et dans une page admirable, pleine de conseils précis et sages, qui ne nous laissent que la douleur de les avoir négligés, il explique ce qu'il entend par l'organisation armée de tout un peuple :

Non seulement, dit-il, la France n'est point trop militaire, mais elle ne l'est plus assez : il faut qu'elle le redevienne. Nous ne répondons point par une exagération contraire, en appelant une diminution de temps de service, telle que chaque citoyen passe à son tour sous le drapeau de l'armée active. La France a besoin d'un robuste noyau de soldats accoutumés aux armes et endurcis aux fatigues. Trop réduire le temps de ce service serait toujours dangereux pour la sécurité de l'armée. L'augmenter est impraticable : Ce fardeau po-

pulaire est déjà bien lourd ! Il est utile de pousser aux
engagements en attachant de certains avantages à la
profession militaire, par exemple en assurant la plupart
des petits emplois aux militaires retraités. Il est indispensable de refaire une cavalerie en rapport réel avec
le chiffre total de l'armée; quant à l'infanterie, peut-
être en pourrait-on réduire le nombre en temps de paix,
pourvu que l'on garde un puissant noyau et des cadres
excellents, et que derrière ces cadres on organise une
réserve immense. Comme il faut à la marine militaire
une inscription maritime et une marine marchande, il
faut à l'armée de terre une réserve organisée. Il n'y a
point de véritables institutions militaires où il n'y a
pas de réserves. Tout jeune Français doit porter le
fusil ou dans l'armée active ou dans la réserve; tout
ce qui, dans chaque contingent, n'est point appelé au
régiment, doit être organisé militairement sans quitter ses foyers, assujettis à des exercices périodiques
et réuni par division dans des camps de manœuvres, à
l'époque où les travaux agricoles et industriels sont le
moins actifs. Le service de la garde nationale ne doit
commencer qu'à l'âge où cesse le service de la réserve.

Les classes aisées ont plus d'intérêt qu'il semble à la
réalisation de ce plan : il n'est pas bon pour elle que
leur jeunesse s'absorbe tout entière dans les mœurs
de comptoir et de basoche ; un peu de discipline militaire ferait grand bien à cette jeunesse. Aujourd'hui,
les classes pauvres recrutent à peu près exclusivement la masse de l'armée et même en grande majorité le corps des officiers de l'infanterie. La bourgeoisie doit comprendre qu'il y aurait pour elle dans
l'ignorance des armes une véritable infirmité. Personne aujourd'hui n'arrachera le fusil des mains du
peuple français ; mais le peuple, ce doit être tout le
monde [1].

---

[1] P. 317.

Il est incontestable qu'ainsi préparée, prête avant tous, la France eût pu soutenir glorieusement la cause des faibles et des opprimés.

Souvenons-nous comme sa situation était belle en Europe ; souvenons-nous qu'aux plus mauvaises années de l'Empire, alors que de l'aveu du gouvernement, nous ne pouvions même pas réunir 80,000 hommes sur le Rhin, un doigt levé en France semblait devoir décider du sort de l'Europe.

Oui, nous pouvions confédérer l'Italie et l'Allemagne, aider la Pologne, revendiquer même les droits plus platoniques des Grecs et des riverains du Danube. Une politique de sympathie et de propagande si conforme à notre naturel, eût été encore une véritable politique d'intérêts. Généreux, nous aurions pu mériter, et, puissants, nous aurions pu forcer la reconnaissance.

Les événements en ont décidé autrement. Il ne faut pas oublier cependant que si, vaincus, nous avons conservé de par le monde quelque prestige et quelque sympathie ; si le nom de la France est encore acclamé à certaines heures de danger public et prononcé tout bas dans des chaumières ; si dans nos revers nous avons encore rencontré quelques amis ; s'il reste éparse aux quatre vents de l'horizon une semence d'où peut naître un jour une amitié, une fraternité, une alliance nouvelle, cette semence, cette amitié, cette confiance, nous la devons à ceux des nôtres qui, au moment où nous étions forts, se sont inclinés vers les faibles et les ont attirés à eux.

La politique des nationalités n'eût-elle eu que ce

bénéfice, il pourrait compter, et l'illusion de nos prédécesseurs n'eût pas été sans profit.

N'oublions pas non plus qu'ils ont eu la douleur de voir le meilleur de leurs espérances, le plus pur de leur conviction, traîné à la lumière, souillé, exploité, jusqu'à la débâcle finale, par ce régime bonapartiste dont ils se proclamèrent toujours les adversaires. Et si l'on prétend reprocher à ces cœurs sincères de s'être laissé séduire par quelques-unes de leurs aspirations généreuses, que l'on reconnaisse du moins qu'une désillusion si cruelle a été, pour eux, un assez rude châtiment.

CHAPITRE IV

LA POLITIQUE INTÉRIEURE — THÉORIE DU PARTI
DÉMOCRATIQUE

Les convictions de Henri Martin, en matière de politique intérieure, ne sont pas moins fermes que celles qui touchent à la politique extérieure. Il les appuie sur une parfaite connaissance de la constitution physique, de l'histoire, du génie propre de notre pays. Un magnifique et large exposé du développement de la civilisation française à travers les âges, une sorte de puissant commentaire du fameux mot de Mme de Staël sur le despotisme, forme la base solide du livre *De la France, de son génie et de sa destinée,* et la conclusion réelle de l'immense travail de l'*Histoire de France.*

Jamais certainement, le talent de H. Martin ne s'est élevé plus haut. Dans cet exposé où il n'est plus embarrassé par le minutieux détail des faits, où il peut s'abandonner à la pente naturelle de son esprit vers la généralisation, il apparaît vraiment lui-même, nourri de la meilleure moelle de notre littérature classique : penseur, écrivain, orateur.

La chaleur de son âme se répand dans ces considérations où il parle en toute liberté de son pays. Qu'on relise les pages sur Jeanne d'Arc, sur Richelieu, « ministre sublime qui a été la raison incarnée de la France, comme Jeanne d'Arc en avait été le sentiment », sur le dix-septième siècle... « Qui pourrait dire la majesté dont resplendit la France au milieu du dix-septième siècle ? Comme on la sent assurée et fière d'elle-même !... » Qu'on relise ces pages et tant d'autres, et l'on reconnaîtra que ce talent d'écrivain que l'on a quelquefois contesté à H. Martin, il le possédait. Il manie admirablement l'antithèse, sa phrase ample a de la souplesse, son style du mouvement et de la chaleur. Si parfois il s'abstrait dans les généralités, il ne s'égare jamais dans des développements vains ; il conserve toujours sa fine qualité, sa rectitude française.

Ce livre de philosophie est avant tout un livre de clair bon sens. Il se tient dans la véritable tradition du XVIIIᵉ siècle. C'est l'œuvre d'un élève de Montesquieu, de Voltaire et de Rousseau.

Henri Martin s'inspire surtout de Rousseau, en ce qui concerne les rapports du Gouvernement et des citoyens. Il est démocrate, il est républicain, surtout il est partisan déclaré du principe de la souveraineté populaire.

J'ai dit que c'étaient là les opinions de Rousseau. Lui appartiennent-elles en propre ? Nullement ! Elles sont le patrimoine de la nation française.

Depuis qu'il y a en France des hommes qui s'occupent des questions politiques, on n'en pourrait citer bien peu dont la pensée n'ait été chercher la satisfaction complète de sa logique, dans la doctrine qui considère le peuple comme la source première de toute autorité.

Sauf au XVIIᵉ siècle, dans un moment d'abandon, d'accablement, de folie d'admiration que la France a payé cher ; sauf dans ce siècle qui, d'ailleurs (ceci est à observer), n'a pas compté un seul écrivain politique de valeur ; sauf au temps de Louis XIV, la France a toujours réclamé, dans les faits, comme dans les théories, son droit de contrôle et de direction sur ses propres affaires.

Dans la pratique, on ne peut oublier quelle grande part les états généraux du XVIᵉ siècle ont prise à la constitution de l'ancienne France. La codification de nos lois civiles et criminelles s'est faite à Tours, à Orléans, à Blois.

Dans la théorie, nos aïeux du XVIᵉ siècle avaient aussi précédé la philosophie du dix-huitième. La doctrine du *Contrat social* est affirmée, développée, expliquée avec toutes ses conséquences, au cours des nombreux ouvrages des écrivains de ce temps. C'est la pensée des protestants, des Hotman, des Duplessis-Mornay, des Hubert Languet ; c'est la pensée des catholiques, de Bodin, de l'avocat d'Orléans, même de Boucher.

Seulement, la gloire de l'auteur du *Contrat social* a effacé celle de ses prédécesseurs. Tandis que les idées de ceux-ci n'avaient triomphé que temporai-

rement, au temps de la Ligue ; plus tard exposées
par Rousseau, elles ont eu une plus heureuse fortune. Elles ont passé du domaine de la discussion
dans celui de la réalité. Et ce succès, on en a fait
honneur à celui qui avait été leur dernier et leur
plus éloquent interprète.

Pour Henri Martin, non seulement ces doctrines
tiennent à l'essence du tempérament national français, telle que l'étude de l'histoire la lui avait fait
connaître : elles puisent aussi leur aliment dans le
fond de la nature humaine. Il croyait à la démocratie parce qu'il croyait au bien sur la terre. L'idée
de la divinité telle qu'il l'avait conçue ne pouvait
s'accommoder d'un mal nécessaire. Puis qu'il pensait que la création était une œuvre bonne, il ne
pouvait admettre, qu'abandonnée à elle-même, elle
pût dériver fatalement vers le pire.

Sa croyance spiritualiste aboutissait en cela à des
conclusions analogues à celles de la science moderne.
Dans ce que nous appelons aujourd'hui la lutte pour
la vie, H. Martin accordait comme nous le triomphe
au meilleur. Et le meilleur c'est l'individualité la plus
accusée à l'égard des autres, la mieux d'accord avec
elle-même. Dans l'individualité même, la somme des
qualités bonnes doit l'emporter sur celle des mauvaises, pour que l'individu subsiste, pour que l'a-
narchie des vices ne détermine pas sa ruine prochaine.

Par tous ces raisonnements, Henri Martin en venait à penser qu'en l'homme et en l'humanité, l'indestructible faisceau des instincts bons est lié à la

nécessité même de l'existence individuelle et sociale. Il appliquait cette manière de voir, non seulement aux rares individus préparés, par l'élimination séculaire de la race, par l'éducation attentive, par l'effort individuel, à des Socrate, à des Caton ; mais à tous, même aux faibles, même aux pauvres, même aux déshérités.

Cet optimisme ne le conduisait nullement à la satisfaction béate du *tout est pour le mieux*. Non, puisqu'il croyait à la victoire, il affirmait qu'il y avait combat. Il faut que l'homme résiste, se ceigne les reins, s'améliore sans cesse. Il faut surtout que la masse soit toujours en alerte, toujours se prépare, toujours s'élève. Il n'avait pas oublié la formule de ses premiers maîtres : amélioration physique, intellectuelle et morale de la classe la plus pauvre et la plus nombreuse.

Il est très difficile en ces matières de ne pas se payer de mots : il faut s'entendre lorsqu'on emploie ces expressions de s'*élever*, de *progresser*, de s'*améliorer*. Rappelons que, pour Henri Martin, ces paroles avaient un sens net, clair, défini, pratique. Il ne considérait pas que le rôle d'une nation fût achevé, lorsqu'elle s'était donnée de nouvelles armes pour la continuation de la lutte. Il ne disait pas, comme nous sommes portés à le penser aujourd'hui, que la tâche d'une génération est remplie lorsqu'entre ses mains, le patrimoine de la nation s'est agrandi, lorsque son caractère a pris une trempe plus forte, lorsque son influence s'est étendue au loin. H. Martin, élève du christianisme, spiritualist et cartésien, disciple de J. Reynaud, imposait aux peuples, comme aux individus une loi, une *règle morale*. Cette loi morale, il la renfermait tout entière dans la devise de la Révolution : *Liberté, égalité, fraternité.*

Les doctrines politiques exposées dans le livre de la *France, de son génie et de ses destinées,* sont celles de l'école démocratique française. Il est curieux de voir avec quelle maturité, avec quelle précision elles étaient fixées, dans leurs principes et, comme nous allons le voir, poursuivies dans leurs conséquences par nos aînés de 1846.

Henri Martin pensait que les bases de tout ordre social conforme au principe de la souveraineté du peuple, sont le suffrage universel et l'instruction publique, gratuite, laïque et obligatoire. Le suffrage universel a le dernier mot parce qu'en lui réside toute force, tout droit. Mais il faut qu'il soit à lui-même son propre garant, qu'il tire de lui-même son équilibre, et cela par l'assagissement graduel, résultat de la diffusion de l'instruction.

L'Etat a le devoir de veiller à l'instruction des citoyens. Seul, il peut prendre ce soin, puisque toute intervention autre que celle de l'Etat est *hors* de l'Etat, par conséquent *contre* l'Etat. Une formule qui n'est rien que l'expression d'un merveilleux instinct de conservation, a baptisé les tendances contraires d'*ultramontanisme,* comme qui dirait politique « d'au-delà de la frontière ».

Il a fallu, en effet, un aussi étonnant bouleversement de tout ordre politique que celui qui fut produit par l'effondrement de l'empire romain, pour que l'Etat se dessaisît un seul instant du soin de l'éducation populaire. Il a fallu que le monde s'accommodât d'une doctrine aussi contraire à la raison humaine que l'est la doctrine chrétienne, pour qu'on en vînt à considérer l'instruction comme un mal ; à la supprimer, à l'étouffer comme une mauvaise herbe, à la rogner, à la tailler selon la méthode de la *Ratio studiorum.*

Tout cela c'est le passé. L'avenir est dans la large et rapide diffusion des lumières. Les vérités sont pour tous. On ouvrira les mains qui sont fermées sur elles ; on répandra par le monde politique, les principes de sagesse que le vrai contient toujours. Nous instruirons, nous éclairerons, nous dirons tout.

Tel est, pour H. Martin, le premier corollaire de l'établissement du suffrage universel. Il ne se défie pas de lui. Bien au contraire : il ne cesse de rappeler que le danger est dans la défiance.

Sous quelle forme l'action populaire se manifestera-t-elle pour le gouvernement du pays ? Au milieu des rouages si compliqués qu'exige le fonctionnement d'une grande démocratie moderne, quel est le rouage qui recevra et qui distribuera à la machine tout son mouvement ?

Voici la combinaison du gouvernement, telle que la conçoit H. Martin :

1° Le sentiment populaire sera exprimé par une assemblée de représentants du peuple qu'éliront, sans condition, les masses.

2° La sagesse nationale aura son organe dans un sénat sorti de combinaisons électorales propres à dégager, par l'intermédiaire du peuple, les capacités éprouvées.

3° L'activité publique sera exercée par un chef suprême; — et ce chef suprême, ce « président de la République » devra tenir ses pouvoirs du vote des deux assemblées réunies.

Tel est l'idéal politique qui, selon H. Martin, est proposé aux efforts de la jeune France démocratique. Il ne doute pas du succès final. Mais il ne croit pas que l'on puisse se passer du grand auxiliaire : le temps. Il compte sur le temps pour obtenir un triomphe pacifique qu'il n'ose encore réclamer « d'une de ces inspirations nationales possibles en France, mais qui sont des exceptions héroïques à la loi du progrès continu ».

Ces bases une fois solidement établies, H. Martin entre dans un détail qui fait le plus grand honneur à son sens pratique et à son érudition politique. Il n'est, pour ainsi dire, pas une question importante qu'il n'aborde, et sur laquelle il ne donne une solution analogue à celle que quarante ans d'efforts se sont appliqués à faire prévaloir.

En matière politique : séparation de l'Eglise et de l'Etat, pour le respect de toutes les consciences ; loi unique pour toutes les associations religieuses ou autres ; vivification de la commune qu'il baptise dès lors du nom de « molécule sociale » ; réduction de la bureaucratie « au chiffre indispensable pour l'unité politique et la force militaire de l'Etat » ;

création de hautes écoles administratives et diplomatiques préparant à l'exercice des grands emplois publics ; enseignement technique ; enseignement artistique par la propagation des musées locaux et des sociétés de chant ; création d'un cycle de fêtes nationales rappelant les glorieux souvenirs de notre histoire.

Au point de vue économique, H. Martin admet que de certaines améliorations peuvent être obtenues par la surveillance assidue des dépenses et par une plus heureuse répartition des impôts existants. Mais il ne se fait pas d'illusion sur la portée de certaines réformes réclamées bruyamment par des démagogues ou ignorants ou imprudents : il sait « que les impôts sur le luxe, bien qu'équitables et utiles, ne donneront point une compensation suffisante » pour permettre d'alléger le poids des impôts qui écrase les masses ; il demande l'établissement graduel d'un impôt sur le revenu, imité de l'*income-tax* des Anglais.

En ce qui concerne les relations commerciales, H. Martin se montre, comme toujours, le zélé défenseur de l'individualité nationale. Il veut que la France, placée dans des conditions climatériques si avantageuses, s'efforce de se suffire à elle-même. Elle est trop menacée par les rivalités étrangères, pour abandonner à d'autres le soin de son approvisionnement et la fourniture des nécessités premières de la vie.

Dès cette époque, une école s'était fondée qui, — au nom de principes économiques, d'ailleurs très discutables et dont l'imprudence peut quelquefois se comparer aux pires folies de nos aventures politiques, — prétendait qu'il fallait renverser toutes les barrières, ouvrir au monde entier (quelquefois même sans l'avantage de la réciprocité), le riche trésor de notre marché national.

Henri Martin, écho en cela de l'école politique libérale, s'oppose à ces dangereuses erreurs. Il est bon de citer la page si nette qu'il consacre à l'examen de cette haute question d'économie sociale. Car elle prouve qu'en aucun temps, le parti républicain ne s'est considéré comme lié à la cause de la liberté des échanges. Henri Martin, avec une juste perspicacité, signalait la thèse libre-échangiste comme une sorte de corollaire funeste du cosmopolitisme.

Il s'exprime en ces termes : « La secte des économistes a enrégimenté les aggresseurs du système établi (c'est-à-dire de la protection à outrance) en leur opposant un drapeau, une idée générale, la liberté des échanges internationaux. Mauvais régime, mal attaqué peut-on dire. Tandis que les changements vraiment indispensables devraient être réclamés *au nom de la raison d'Etat,* le système est attaqué par un cosmopolitisme anti-national, au nom d'une abstraction irréalisable dans l'état actuel du monde, et qui présuppose parmi les nations des conditions d'organisation intérieure et d'association au dehors qu'on peut à peine rêver dans un avenir lointain... » « Le principe des économistes libéraux n'est pas seulement irréalisable : il est faux. C'est une erreur de dire que tout homme a le droit naturel d'échanger ses produits, à sa fantaisie, contre ceux de tout autre homme, d'un bout du monde à l'autre, car tout homme a le *devoir de subordonner ses actes extérieurs aux intérêts généraux de la société dont il est membre.* »

Signalant le grand, le véritable danger de la libre concurrence, qui enlève toute garantie au travail national, en le livrant à la merci des fluctuations du marché extérieur, il disait encore : « On vise à une suppression générale des droits d'importation qui profiterait presque exclusivement à l'Angleterre, à la grande rivale de la France... Il est évident, pour nous, que le libre-échange avec l'Angleterre jetterait la France bien plus avant dans la voie fatale où on l'a lancée ; que la subordination économique de la France à ce génie étranger serait consommée, en même temps que la majorité des ouvriers français seraient précipités dans l'abîme de misère qui engloutit en ce moment les tisserands des Flandres. »

En un mot, la conception économique de Henri Martin peut se résumer dans ces deux formules dont il serait difficile de contester la valeur : Le marché national doit entretenir d'abord le travail national ; — qu'ils soient producteurs, qu'ils soient consommateurs, il y a solidarité intime entre tous les fils d'une même patrie.

C'est en partant du même point de vue que Henri Martin demandait que l'on encourageât l'agriculture et le pâturage. Il rappelait la formule célèbre qui, pour dater du temps de Henri IV, n'a pas perdu de son actualité.

Surtout il insiste sur l'extension du système des assurances dans lequel il découvre, théoriquement, la haute portée sociale que la fin de notre siècle reconnaîtra probablement par l'application. Il aborde le problème industriel, et sans se laisser entraîner à la suite des utopistes si renommés du temps, il voit le salut, ou plutôt il prévoit l'équilibre : dans la mise en œuvre du principe coopératif; dans l'organisation de syndicats électifs ; dans la réalisation sincère de l'institution des prudhommes ; dans l'établissement de tarifs protecteurs du travail; enfin et surtout dans une continuelle et loyale entente de tous les hommes de cœur et de bonne foi pour la solution de ces difficultés, sans cesse renaissantes et toujours diverses. Il prononce sans y insister le nom d'ateliers nationaux. Leur organisation, en effet, sortait de sa compétence. Et il comprenait ce qu'une faute, en cette matière, pouvait entraîner de désastres. Mais sans se renfermer dans l'égoïsme transcendental d'une formule économique implacable, il rappelait le mot de la Constituante « que la nation doit du travail à tous ses membres ».

Il couronne enfin ce système économique par des mesures de protection pour la marine marchande, et surtout par la restauration de la politique coloniale, telle qu'elle avait été inaugurée sous Richelieu, poursuivie sous Louis XIV et dans les premières années du règne de Louis XV.

De même que nous l'avons vu affirmer tout à

l'heure que la France n'est plus assez militaire, il affirme maintenant qu'elle n'est plus assez *marinière*. Déjà il parle de cette expédition de Madagascar qu'il reproche au gouvernement de Louis-Philippe de n'avoir osé entreprendre. Il revendiquait nos droits sur ces mers lointaines en des termes prophétiques, récemment repris à la tribune française : « Il y a là, disait-il, des réserves d'avenir que la France ne saurait abdiquer. »

Tel était en matière de politique générale le plan idéal que traçait H. Martin. Mais, je le répète, il n'osait en demander la réalisation immédiate. Pour employer une de ses expressions, il se gardait de négliger les *contingences*.

Le chapitre du volume de *la France,* consacré à l'examen de la *condition présente* du peuple français, était une amère critique de la méthode gouvernementale des ministres de Louis-Philippe. Henri Martin signalait l'impuissance et l'abdication au dehors, le système de la corruption au dedans, découlant de la nature même des institutions qu'on défendait si obstinément. Il n'allait pas jusqu'à appeler de ses vœux la « *Révolution du mépris* »; mais il la signalait comme prochaine. Il suppliait le gouvernement de faire un grand effort, d'aller lui-même au devant du cataclysme, et, par là, d'en diminuer la violence.

N'oubliant pas la grande nécessité de discipline qui s'impose à tout parti politique, il s'en tenait dès lors au programme moyen des réformistes ; mais il entendait que, ce programme réalisé, on ne s'arrêtât

pas là. Il pensait, avec raison, qu'une fois la réforme électorale obtenue, le reste suivrait tout naturellement. C'est en se lançant franchement dans le
courant démocratique, que la jeune monarchie de
Juillet devait, selon lui, trouver la voie de son salut.
Sinon, l'ère des malentendus étant close, celle des
périls allait s'ouvrir.

CHAPITRE V

LA RÉVOLUTION DE 1848 — LE GOUVERNEMENT PROVISOIRE
— LE MANUEL POUR LES ÉLECTEURS

L'heure de l'impartiale justice ne me paraît pas sonnée encore pour les événements qui ont accompagné la Révolution de février 1848. En les abordant, même après trente ans, je ne me sens pas dans un complet sang-froid.

Les espérances étaient si belles ! Par un coup imprévu, une manifestation populaire admirablement spontanée substituait la puissance souveraine du peuple à l'artifice d'un gouvernement de hasard, dont les actes n'avaient pas répondu au crédule mensonge qui l'avait proclamé « la meilleure des républiques ». Le pays, maître de lui-même, choisissait pour le guider un poète. Le monde entier répondait à son cri de victoire par un cri d'espérance. On pouvait tout attendre d'un si noble début... Et rapidement tout s'écroula.

Je sais bien qu'il y eut les artifices de la réaction, les résistances de toutes sortes, les effrois sans cause, les illusions et les mensonges.

Mais il y eut pis encore : l'égarement du peuple lui-même. Sa conduite au cours de ces années put faire douter ceux qui avaient le plus de foi dans le principe de la souveraineté populaire. Non seulement la masse se laissa séduire par les promesses de ceux qui lui montraient dans un avenir prochain, une organisation meilleure de la société ; non seulement elle fit, à la suite de Louis Blanc, de Cabet, de Proudhon, des voyages en Icarie dont le retour devait être aussi pénible que le départ avait pu être séduisant ; non seulement l'ouvrier prit son fusil, descendit dans la rue et demanda à la brutalité de l'émeute des solutions rapides, que la sagesse d'un bon gouvernement ne pouvait promettre même pour un avenir éloigné ; mais ce qu'il y eut de pis encore, c'est que l'instinct du peuple se trompa, c'est qu'il prit ses adversaires pour ses amis, qu'il abandonna les sages, les simples, les aimants pour aller aux sophistes, aux charlatans, aux égoïstes.

Il est incontestable qu'à un certain moment les masses électorales implorèrent un sauveur, qu'elles donnèrent leurs cinq millions de suffrages au prince Louis-Napoléon, et que le libre gouvernement de tous par tous périt par les mains de tous.

Voilà l'erreur vraiment décourageante. Voilà ce qui mit le doute au cœur des plus affermis. Voilà ce que l'histoire aurait pour tâche d'expliquer avec impartialité.

C'est précisément pour cette tâche de haute justice que mon esprit ne se sent pas tout à fait libre. Les conséquences de ces événements pèsent encore immé-

diatement sur nous. C'est un joug que les indifférents seuls peuvent secouer.

Et quand il s'agit du sort de la patrie, quand il
s'agit de questions qui sont ouvertes encore, qui
oserait se dire indifférent?

En somme depuis cette époque de 1848, il y a eu
suspension dans la vie intime de la nation française.
Aucun des problèmes qui s'étaient posés dans ces
heures de crise redoutable, n'a été résolu. Quelques-uns même n'ont pas été abordés. Les œuvres des
hommes sont lentes et le travail d'une génération
perdue est une lacune difficilement réparable dans
l'existence d'un peuple.

La première question connexe à toute tentative
d'organisation d'un système démocratique, la question de l'instruction publique a été entamée, c'est
vrai. Les premières semences ont été jetées. Nous
pouvons à peine en prévoir les fruits.

Mais la question économique, la question sociale,
la question ouvrière pour l'appeler par son nom,
celle-là n'a pas été touchée. Il faut un pouvoir bien
sûr de lui pour qu'il ose y mettre la main. Jusqu'ici
les puissants n'ont pas voulu voir et les faibles n'ont
pas osé regarder.

Une autre question, sur laquelle le parti républicain lui-même s'est bien des fois divisé, reste encore
soumise à la discussion des hommes, c'est à savoir
jusqu'à quel point doit être resserré le lien social ;
c'est la question de la centralisation administrative.
Elle se trouve à l'heure qu'il est, en raison de circonstances, — qui, hélas ! menacent de durer quelque

temps encore, — compliquée par des préoccupations de défense et de vitalité nationale qui priment toutes les autres et qui retardent la solution satisfaisante.

La Révolution de 1848, qui n'a pas eu le temps de dénouer ou de trancher ces graves problèmes, n'a été ni plus hardie, ni plus heureuse dans les questions de politique extérieure. L'attitude que la France pouvait prendre en 1848, apparaissait clairement à bien des esprits. On la voyait volontiers se mettre à la tête du mouvement libéral et démocratique, s'appuyer sur les faibles, grouper les dispersés, s'efforcer d'établir en Europe un état d'équilibre dont la justice eût été l'axe. Ces thèses d'autrefois, maintenant nous les qualifions de rêves. La France d'aujourd'hui a d'abord besoin de vivre. Elle s'est ramassée sur elle-même, et elle attend.

Mais il n'en est pas moins vrai de dire que toutes les difficultés que rencontrèrent les gouvernements issus de la Révolution de 1848, la République d'aujourd'hui les rencontre. Il nous est donc difficile de porter un jugement impartial sur la conduite qu'ils ont tenue. Ce serait prétendre en vain nous arracher à des passions contemporaines dont nous réclamons au contraire notre part.

Si, cependant, il m'était permis de dire mon avis, j'avoue que j'inclinerais à penser que les hommes de 1848 péchèrent par faiblesse et pourquoi ne pas dire le mot, par pusillanimité. Ils ne comprirent pas quelle force immense ils avaient entre les mains : voulant la modérer, ils la brisèrent.

Je m'imagine qu'en 1980, il se rencontrera des his-

toriens qui pourront soutenir, non sans apparence de
raison, que le gouvernement provisoire eût dû aller
de l'avant; qu'il eût dû se mettre carrément à la tête
du mouvement populaire ; qu'il eût dû tenter le remaniement du système d'impôts ; qu'il eût pu s'appliquer à la solution immédiate de la question sociale
par l'établissement d'un grand système de crédit et
d'assurances ; qu'il eût pu, du moins (si ces nou-
veautés insuffisamment préparées l'effrayaient), qu'il
eût pu prendre position au dehors, sortir de la
tradition pacifique du règne précédent et se proclamer en Europe le champion actif des nationalités
et du libéralisme. Son appel eût alors trouvé tant
d'écho : Le monde attendait tout de la France !

En deux mots, le Gouvernement provisoire me paraît avoir été le gouvernement de la désillusion.

Eh ! oui, je le sais, les illusions étaient grandes.
Mais quoi ! — Rien. Avec une excellente armée, des
finances en bon état, un peuple tout frémissant d'impatience et d'espérance, on ne fit rien, rien. Tandis
que certainement on pouvait faire quelque chose :
L'Empire, quelques années après, l'a bien montré
par les expéditions de Crimée et d'Italie. Et quelle
force en plus le sentiment national n'eût-il pas fournie en 1848 ?

En vérité, les hommes, que les circonstances je-
tèrent au pouvoir dans les journées de février, furent
inférieurs aux circonstances. Parmi tant de chefs de
la Révolution, il ne se rencontra pas un révolutionnaire.

Lamartine, le plus éloquent, le seul grand, était

H. M.   9

d'une grandeur tout extérieure, toute d'effet. D'a-
bord préoccupé de la noblesse de son geste, de la dignité de ses attitudes, il voulait faire une belle figure
devant l'histoire. Il joua un rôle, tandis qu'il avait
une tâche à remplir. Ce poète ne comprit pas la poésie
intime et puissante, au milieu de laquelle il vivait. Il
ne dépouilla jamais l'aristocrate, l'homme aux belles
manières, surtout le diplomate qu'il prétendait être.
Personne ne fit tout ensemble plus de bien et plus
de mal à la Révolution. Il la modéra avec des paroles enflammées ; mais aussi il la trompa avec des
paroles sonores et par l'étalage d'une loyauté théâ-
trale qui se trompait elle-même.

Tous les autres acteurs de premier rôle furent des
hommes de second rang : Ledru-Rollin, que son importance gonflait et dont les épaules plièrent bientôt
sous le poids momentané de la faveur populaire ;
Marrast, dont la rigidité s'embarrassait trop de rivalités de boutique ; Louis Blanc, l'un des plus
hardis, mais sectaire à la ligne inflexible, esprit
buté sur un problème unique, n'ayant pas, sous son
front de théologien radical, la large compréhension
de la vivante action révolutionnaire ; Crémieux, ac-
cablé deux fois, dans le cours d'une vie trop longue,
par des responsabilités qui n'arrêtèrent jamais la
verbosité de son heureuse bonhomie.

Pourquoi les nommer tous ? Même parmi ceux de
la seconde fournée, Cavaignac ne sut jamais s'élever
au-dessus des circonstances présentes ; la légalité
dure, le devoir soupçonneux et inquiet, la consigne
sans la vigilance, firent de ce militaire doux,

l'homme des représailles sanglantes, et, de ce désintéressé, la dupe de toutes les ambitions et de tous les intérêts.

Ces hommes furent au-dessous de leur tâche. La nation ne sut pas non plus se maintenir à la hauteur des événements. A quoi bon rappeler ses craintes, ses injustes soupçons, ses erreurs. Elle aussi est bien excusable.

De même que ceux qui la dirigeaient avaient accepté le pouvoir sans l'avoir désiré, sans avoir préparé leur rôle, sans avoir établi un programme, sans avoir réuni un personnel, de même la nation avait reçu le suffrage universel sans l'avoir demandé, en reconnaissant elle-même qu'elle était incapable de se servir de cette arme dangereuse. Une première expérience parut réussir ; la seconde échoua. De là une grande lassitude, un abattement universel qui conduisit à un complet abandon.

Cependant, il ne faut pas oublier, qu'à la fin de 1851, l'expérience de quatre ans semblait avoir porté ses fruits ; l'éducation politique commençait à se répandre, les premières agitations se calmaient. On pouvait croire que l'on allait sortir du cauchemar. Les élections de 1852 apparaissaient déjà, dans un prochain avenir, comme le premier rayon d'une ère nouvelle. Il ne fallait plus qu'un peu de patience. L'espérance revenait au cœur.

C'est pourquoi, la journée du 2 décembre parut à tous ceux qui la vécurent, la plus sombre des journées. C'est pourquoi les républicains d'alors, cette fois atteints au cœur, ne pardonnèrent pas. Et nous,

qui en avons vu les tristes et dernières suites, pouvons-nous reprendre tout notre sang-froid, pouvons-
nous pardonner?

D'ailleurs, nous n'avons pas à faire sur nous-même
un pénible et inutile effort. Puisque c'est la vie de
H. Martin qui est écrite ici, ce sont les sentiments
de cet honnête homme qu'il convient d'exposer; il
nous est permis de nous mettre à son point de vue,
de raconter comme il vit et de juger comme il jugea.

Nous avons même l'heureuse fortune de pouvoir,
en ce qui concerne cette époque, citer les propres
paroles de quelqu'un qui accompagna Henri Martin
et qui a conservé de ces jours un vivant souvenir.
Pour le récit des événements de 1848 et du coup
d'Etat de 1851, je laisse la parole au fils même de
H. Martin :

En 1830, m'écrit M. Ch. Martin, au moment des journées de juillet, mon père arrivait à Paris. Il avait vingt
ans, l'imagination vive, un cœur plein d'enthousiasme
et de jeunesse. Avec tous les jeunes gens des Ecoles,
il se mêla au mouvement, courant Paris où tous ces
cœurs pleins d'enthousiasme parcouraient les rues en
chantant la *Marseillaise*, élevant des barricades, s'armant de vieilles épées, d'arquebuses, au besoin de cas·
ques ou de vieux pistolets, car on en était alors plutôt
aux manifestations qu'aux combats réels, et on n'avait
pas beaucoup de fusils.

Une fois les Bourbons partis, le mouvement littéraire et artistique s'accentuant, mon père s'y jeta complètement, faisant beaucoup plus de littérature que de
politique, publiant des romans et des articles pour
vivre, étudiant à force, et se préparant à ses grands
travaux, tant par la lecture que par la fréquentation

des hommes qui tenaient alors la tête du mouvement littéraire.

Pendant la plus grande partie du règne de Louis-Philippe, il resta plongé dans ses recherches historiques, peu mêlé à la politique active : il était alors en relation avec une grande partie des chefs du parti libéral : Carnot, Garnier-Pagès, Lamartine, Lamennais, Guinard, Michelet, Quinet, Béranger et tant d'autres. Mais il avait peu de rapports avec Carrel, Barbès et l'élément républicain actif.

Vers 1846 et 1847, le mouvement réformiste s'accentuant, il commença à s'occuper davantage de politique. Il se mit alors, avec les chefs libéraux, à préparer la campagne des banquets dans le département de l'Aisne et aussi à Paris. A cette époque, c'étaient Guinard et Quinet qui étaient à la tête des libéraux, dans le XIe arrondissement (mairie de Saint-Sulpice), où nous demeurions.

1848 arrive ; personne ne croyait alors à la chûte de Louis-Philippe. On voulait seulement comme réforme l'adjonction des capacités, et je me rappelle très bien que ce n'est que dans le mois de janvier 1848, alors que le gouvernement interdit le grand banquet réformiste, que la colère commença à gagner les esprits, et que l'on parla de renverser le gouvernement. Mais, d'après les conversations que j'entendais à la maison, ces messieurs auraient désiré alors une régence de la duchesse d'Orléans, avec une réforme électorale, assez large pour préparer l'avenir.

Il en fut autrement : Le 23 février, je me rappelle encore les bruits tumultueux qui passaient par dessus les murs du collège où l'on nous tenait soigneusement renfermés, et puis dans la nuit, le tocsin, la fusillade ; et je vois encore mon père arrivant me chercher, dans l'après-midi du 24, en garde national, tout échauffé de la lutte, et me faisant traverser les barricades du faubourg Saint-Jacques. Il y eut là un moment de délire de joie dans Paris, quand on se vit débarrassé de ce régime qui avait jeté comme un manteau d'ennui et de malaise sur toutes les têtes.

Mais chez mon père, cette joie dura peu ; au bout de quelques semaines, je le vis devenir sombre, profondément préoccupé, envahi d'une immense tristesse. Dès cette époque, il voulait sérieusement la République : mais il avait compris d'avance quelles difficultés effroyables son établissement allait rencontrer ; que la bourgeoisie, bien qu'ayant laissé bousculer les d'Orléans, dont elle était lasse, ne comprenait encore rien à un régime qu'elle ne connaissait que par les récits et les histoires faussées de la Restauration et de Louis-Philippe : Les *Girondins* de Lamartine avaient bien réhabilité quelque peu la Révolution dans ces imaginations apeurées ; mais les manifestations de la rue, le trouble des affaires, la gêne d'argent eurent bientôt fait de rejeter tout ce monde dans la réaction. Mon père voyait bien aussi l'antagonisme des classes qui allait en s'accentuant, et puis cette masse de paysans si arriérés, plus arriérés que trente ans avant, qui ne savaient rien, ni de la Liberté, ni de la République.

Tout cela l'inquiétait et il ne partageait aucunement la confiance et l'aveuglement de ses amis politiques. Aux journées de juin, il me dit : C'est fini, ils ont tué la République. Mais ce ne fut pas pour le décourager ; à partir de ce moment, il se mit de plus en plus sérieusement dans le mouvement républicain, luttant dans les élections, prenant la parole dans les réunions, ce qu'une timidité de jeune homme, longtemps conservée, l'avait empêché de faire auparavant.

Mon père faisait partie des *Amis de la Constitution*, et était membre actif de cette société, au moyen de laquelle on espérait remuer le pays et préparer sérieusement la République.

Au 13 juin, une prise d'armes était projetée, mais vous savez que le peuple ne vint pas. Il n'avait pas oublié les journées de juin et ne se fiait plus aux chefs républicains. Ceux-ci furent pris ou dispersés : mon père, obligé de se cacher, dut rester environ deux mois hors de Paris, et n'y put rentrer qu'après les poursuites terminées.

A partir de ce moment, la lutte recommence, mais plus sourde. Mon père avait reconnu, ainsi que la plupart des chefs du parti républicain, qu'il fallait renoncer à la méthode de coups de main dans Paris, et qu'il fallait diriger tous les efforts sur la province, pour préparer élections sur élections. En effet, dans l'intervalle qui sépare le 13 juin 1849 du 2 décembre 1851, on avait fait beaucoup de progrès. Les campagnes revenaient peu à peu à la République, le parti républicain s'organisait en province, la *Marianne* et les autres associations républicaines exerçaient une puissante action. Mais on sentait le bonapartisme tout-puissant dans l'armée, dont il tenait tous les chefs, et prêt à un mauvais coup. Cette fois le parti républicain n'était nullement préparé à une lutte armée. D'une part, les ressentiments de juin 1848 n'étaient pas éteints; d'autre part, une portion des ouvriers, les plus actifs, étaient enrégimentés par le bonapartisme.

Et puis il y avait la haine de l'assemblée qui dominait tout. Il y avait sur Paris comme un poids, comme une tristesse : on sentait venir le coup d'Etat.

Le matin du 2 décembre, j'avais seize ans, j'étais au collège, pensant à tous ces bruits sinistres. On m'appelle au parloir, c'était mon père; il me dit : « Ils ont fait leur coup, arrive. » Il me raconta en route que Louis Bonaparte avait publié des proclamations où il dissolvait l'Assemblée et qu'il faisait semblant d'en appeler au peuple.

En effet, nous voyons en route des rassemblements contre les affiches, les figures sombres et inquiètes; mais ça n'avait pas du tout les allures d'une bataille, encore moins l'enthousiasme de 48.

La journée du 2, celle du 3 se passent, de la part de
mon père, en allées et venues auprès du comité, des
députés, qui cherchaient à soulever le peuple. Autour
de notre maison, et dedans, affluaient les mouchards :
ils voulaient à tout prix arrêter Quinet, qui demeurait avec nous depuis la mort de sa première femme.
Quinet faisait partie, avec Victor Hugo et Schœlcher,
du comité insurrectionnel : il vint des mouchards de
toutes couleurs et sous tous les habits : en bourgeois,
en ouvriers, en prince russe même, avec une grande
voiture à deux chevaux, pour prendre les ordres du
comité insurrectionnel. Mais j'avais le mot, et je m'a-
musais, en gamin de seize ans, à les faire courir à
travers Paris. Quinet était dans Paris (caché par la
personne qui devint sa seconde femme), quand il n'é-
tait pas au comité.

Mon père rentra le 4 dans la journée, le visage
sombre; le peuple ne marchait pas. Cependant, tout à
coup on entendit le canon : c'était le massacre du boulevard Montmartre. Croyant la bataille commencée,
nous partons : J'avais bien envie de prendre mon fusil,
mais n'entendant pas tirer autour de la maison, je
me dis : j'en trouverai toujours bien un là-bas, si on se
bat réellement.

Bien nous en prit : Au carrefour de la Croix-Rouge,
nous tombons sur un bataillon d'infanterie qui bivoua-
quait, l'arme au pied, dans la rue, avec des bottes de
paille pour passer la nuit. Les sentinelles croisent la
baïonnette : « Passez au large ! » Vous voyez que nous
n'aurions pas été bien loin. Nous tournons par la rue
Dauphine; les quais barrés par la troupe, nous obli-
gent à faire un détour pour attraper la rue de Richelieu, où il y avait séance du comité, vers trois heures.

Mon père me met de garde dans la rue, avec mission
de surveiller les alentours, et de prévenir dans la
maison, si la troupe ou la police arrivait; il monte au
comité. La rue de Richelieu, au coin où est l'armurier

Lepage, était en ce moment peu parcourue ; pas d'attroupements, quelques rares passants. On entendait, par-ci par-là, des coups de fusil, dans la direction du boulevard Montmartre. La grille du Palais-Royal restait fermée, et en apparence le palais désert.

Tout à coup, je rencontre Clément, un vieux républicain que nous connaissions de longue date. Il me dit : « Qu'est-ce qu'on fait ? » et avec son ton emphatique : « Comment ! on expose ainsi cette jeune fleur ! » Je lui réponds : « J'attends des ordres. » En même temps, nous voyons déboucher par la petite rue qui longe le Palais-Royal deux civières : dans l'une était une femme tuée vers la Bourse. Quelques personnes se rassemblent alentour ; la colère nous prend, nous commençons à crier : « A bas le tyran, vive la République ! » En un clin d'œil, la cour du Palais-Royal se remplit de soldats qui descendent les escaliers, et nous couchent en joue à travers la grille ; cependant les coups de fusil ne partirent pas, et nous eûmes le temps de nous échapper par la rue de Richelieu.

Un instant après, mon père me rejoint et nous essayons de traverser pour aller vers les boulevards. La nuit était venue : partout on se heurtait contre des barricades, gardées par des sentinelles, qui croisaient la baïonnette ou nous couchaient en joue. De temps en temps un coup de fusil partait, quelques balles sifflaient. Mais nulle part de combat. Quelques-uns, comme nous, erraient autour de ce cordon, au centre duquel on sentait râler la République. Dans la soirée, l'ordre vint de préparer des affiches : c'étaient la résolution de la haute cour de justice, et celle des députés républicains qui appelaient le peuple aux armes.

Nous étions chez de bons amis, où nous passâmes la nuit à copier les affiches ; et puis, avec mon père, nous partîmes en poser et en coller une certaine quantité rue Blanche et dans les rues avoisinantes. Les rues

étaient complètement vides, on n'entendait plus rien,
heureusement pour nous, pas de patrouilles, car notre
affaire n'eût pas été longue : à un moment donné, je
m'aperçus que j'étais en train de coller une affiche en
face d'une guérite de sentinelle, et dans l'ombre je
crus voir briller quelque chose : mais on ne tira pas;
c'était sans doute un républicain.

Le lendemain matin, nous descendîmes de chez nos
amis voir les affiches : les passants ne s'y arrêtaient
pas, et filaient sombres et muets, le long des trottoirs.
Nous nous regardâmes et nous dîmes : c'est fini.

Après le 2 décembre, mon père resta pendant
quinze jours chez de bons amis, dont la maison n'était
pas suspectée : puis il partit en province. Enfin, deux
mois plus tard, voyant tout espoir perdu, et voulant
reprendre son travail, il rentra un jour à Paris, alla
chez le commissaire de police de notre quartier, et lui
dit : « Je suis Henri Martin, si vous voulez me prendre,
prenez-moi. » Le commissaire n'était pas un enragé, il
lui dit de rentrer provisoirement chez lui, et, depuis
cette époque, nous n'eûmes plus de nouvelles perqui-
sitions à la maison, ni de poursuites.

Je n'ai pas cru devoir interrompre la suite de
ces pages encore pleines de la fièvre des quatre
années tragiques. Rien n'y manque : l'enthousiasme
des premiers jours, le tocsin sonné et la fusillade
lointaine ; le bruit de la victoire passant au-dessus
des murs du collège ; peu à peu les difficultés de
toutes sortes, les alternatives du découragement et
de l'espoir, l'abattement des vrais patriotes ; le
peuple égaré, rejeté, dégoûté ; puis la désagrégation
et le sentiment de l'impuissance succédant au concours de toutes les bonnes volontés ; les meilleurs devenus les jouets des événements, les pires seuls s'en

disant les maîtres, se dressant, enflant leurs voiles ;
la réaction sans boussole dans le triomphe, comme
l'action l'avait été dans la tempête ; les cris, les
alertes, les tumultes, les Marseillaises longtemps
déchaînées, se taisant tout à coup, et s'évanouissant
dans la servitude.

Un mot de Clément évoque la grandeur héroïque
et quelque peu emphatique des souvenirs de la
première révolution. La pitié des révolutions modernes s'émeut au passage du convoi d'une femme ;
la sympathie mutuelle de l'armée et du peuple
s'affirme jusqu'au dernier jour par le silence d'une
sentinelle. Et quelle circonstance peut mieux peindre
l'universel effondrement final que le spectacle
d'Henri Martin revenant las, fatigué de la dissi-
mulation, se rendre à la merci du commissaire de
police ; les plus nobles fils de la France implorant
la tranquillité et l'oubli, de la dédaigneuse indiffé-
rence du tyran, qui se croit désormais assuré du
pouvoir.

Les historiens s'efforceront d'expliquer les faits
qui se sont si rapidement succédé dans le cours de
ces quatre années. Feront-ils une part suffisante à
l'instinct obscur des masses humaines soulevées ?
Ceux qui ont traversé ces événements en sont restés,
si je puis dire, accablés. Ils ont pu à peine dominer
leurs souvenirs et en préciser le sens. C'est que
l'humanité ne fut jamais plus mystérieusement elle-
même que dans ces jours où elle était hors d'elle-
même. Et quel difficile problème que celui de ces
mouvements brusques, spontanés, « ayant leurs

raisons que la raison ne connaît pas » ! Combien l'homme au naturel échappe !

Ce qui plane au-dessus de tout ce désordre, au-dessus de toutes ces luttes, qui le croirait? c'est l'idéal, c'est la grandeur, c'est la mansuétude. Quelles souffrances que celles d'un peuple se heurtant contre sa propre impuissance, contre son ignorance; essayant en vain de s'arracher à la minorité dans laquelle on l'avait entretenu; plein de bonne volonté et de courage, s'épuisant en vains efforts et toujours retombant sur lui-même, épuisé, irrité, se débattant avec des coups et des cris, pareil au fils de l'aigle qu'on aurait, aveugle et sans plumes, arraché de son nid.

On n'a pas assez remarqué qu'en ce temps-là le peuple, qui souffrit beaucoup et longtemps, qui fut plus d'une fois affolé de colère, ne se montra jamais cruel. 1848 n'a pas eu ses journées de septembre. Pas de Fouquier-Tinville, pas de Marat, pas de *tricoteuses,* pas d'échafaud. Toute la fureur, toute la barbarie coulèrent de la réaction, jusqu'à l'affreux marais du Deux-Décembre, puant de mensonge et d'hypocrisie.

On se battit entre républicains, et l'on ne sut jamais au juste pourquoi l'on se battait. De part et d'autre, des mots étaient inscrits sur des étendards : *Organisation du travail. — République démocratique et sociale. — Ordre et liberté.* Ce sont ces schémas qui les ruaient les uns sur les autres.

Tant de journées sanglantes n'eurent d'autres causes que des malentendus : elles furent la suite naturelle et funeste d'une situation brusquement produite, et à laquelle personne ne s'était préparé.

Proudhon dit très bien qu'*on mit le fait avant l'idée*. On traînait le peuple sur l'arène politique avant même qu'il sût marcher. Et il fallait combattre. Attaqué, comme Hercule sur son berceau, il se défendit. Mais alors qu'il croyait étouffer des serpents, c'étaient ses frères qu'il faisait périr.

On a beaucoup crié au socialisme, au communisme. Oh ! c'étaient des socialistes bien anodins et dont nos anarchistes riraient. M. Cabet voyait souvent M. de Lamartine et le *protégeait*. M. Louis Blanc était lui-même effrayé et tout pâle de ses triomphes d'un jour. M. Proudhon, réactionnaire au fond, n'avait jamais su au juste ce qu'il voulait. Quelle propagande eût-il pu faire de ses doctrines quand, dans son esprit même, elles ne s'étaient jamais fixées ?

Des misères effectives rencontrèrent des aspirations vagues. Un grand débordement de sentimentalité laissa la place nette aux artifices perfides des Machiavels de réunion publique ; puis, l'enthousiasme, la peur, l'imprudence, l'inexpérience, toutes les passions, toutes les faiblesses, tous les entraînements humains se combinèrent dans un inextricable chaos, qu'il eût suffi peut-être d'un peu de bon sens et de sang-froid pour débrouiller.

Mais l'affollement était général. Les sages du siècle furent trompés comme ceux qu'ils traitaient de fous. La politique n'y gagna pas et la morale y perdit. Les nobles sentiments reculèrent. Le progrès démocratique fut brutalement entravé ; les honnêtes gens se turent, et la France épuisée par cet immense effort improductif, privée de tout ce qu'elle avait de grand et de généreux, encore une fois mise aux ceps dut attendre, dans le silence, l'heure des nouvelles expiations et de la catastrophe certaine.

Henri Martin recevait plus que personne le contre-coup de ces événements. Il exultait de ces joies, triomphait de ces triomphes, pleurait de ces peines, ressentait la blessure de ces déchirements. Aux journées de Février, il avait été, avec son chef Quinet, un des premiers aux Tuileries. Quelqu'un, qui vit encore, le rencontra comme il sortait du palais, heureux, triomphant, croyant à la victoire pacifique d'un peuple qui paraissait alors n'avoir rien que de grand. « La République est faite, disait-il, il ne lui manque plus que son poète » : et il désignait Pierre Dupont.

Le lendemain, ses amis étaient au pouvoir. Il se mit à l'œuvre avec eux, leur promit son entier concours pour la tâche laborieuse qu'ils avaient acceptée.

Tous, ils comprirent que le plus difficile de cette tâche était l'éducation prompte, instantanée en quelque sorte, de cette foule qui avait pu livrer, au grand jour, une admirable bataille, mais qui devait rencontrer bien des difficultés pour débrouiller les menées par lesquelles on allait essayer de l'embarrasser dans l'ombre. L'échéance était courte. On avait trois mois à peine. H. Martin se donna de lui-même ce rôle d'éducateur populaire.

Ses amis et lui, groupés autour du nouveau mi-

nistre de l'instruction publique, H. Carnot, témoi-
gnaient de la plus grande confiance dans le bon sens
des nouveaux électeurs. Ils espéraient que l'instinct
populaire agissant de lui-même, et non faussé par
les intrigues des partis, irait droit au bon, au juste,
au pratique, c'est-à-dire à la République. Cette
croyance (qui, du moins, pour les premières élections)
ne fut pas une illusion, cette conviction les amena
même à insérer dans la circulaire adressée aux instituteurs une phrase, que, depuis, la réaction a
vivement reprochée à M. Carnot, et qui exprimait
une pensée d'ailleurs juste, dans des termes qui pouvaient prêter à de fâcheuses interprétations.

C'est dans ce même esprit, que H. Martin publia
un de ces *Manuels* qui furent répandus alors en
grand nombre dans les campagnes, et dont le plus
célèbre, celui de Renouvier, eut aussi un retentisse-
ment fâcheux et fut l'objet de bien des critiques.

Celui de H. Martin était intitulé : *Manuel de l'Instituteur pour les élections*. Il était publié « sous les
auspices du ministre provisoire de l'instruction publique et des cultes », par le grand éditeur des livres
démocratiques, Pagnerre. Il se vendait *trois sous*.

La dédicace était adressée à Béranger.

Le livret très court, s'adressait aux instituteurs.
Ils semblaient, dès lors, les intermédiaires naturels
entre les chefs du gouvernement et les masses, les
apôtres populaires des idées de liberté, de sagesse et
de progrès.

Le gouvernement provisoire leur confiait le soin
d'instruire, — bien hâtivement, hélas ! — de ses droits

et de ses devoirs politiques, le nouvel électeur. Dans
le manuel de H. Martin, le dialogue s'engage sur le
ton de la plus simple cordialité entre l'instituteur et
le citoyen.

On trouve dans ce petit pamphlet, réduits à leur
expression la plus sommaire, la plupart des principes
qui avaient été développés dans le livre *de la France*.
En plus cependant, un souffle d'espérance fier et
joyeux, un coup d'aile vers de nouvelles destinées,
quelque chose de la confiance..... de l'illusion des
meilleurs.

Sans insister sur l'expression particulière que
H. Martin donne ici de ses doctrines politiques, je
me contenterai de citer une page du *Manuel :* elle
a son importance parce qu'elle se rattache à cet
ordre d'idées, dans lequel persistèrent H. Carnot,
J. Reynaud et leurs amis, et que je signalais tout à
l'heure : à savoir que l'*éducation et la fortune* (pour
employer les termes de la fameuse circulaire), n'é-
taient pas nécessaires pour faire un bon député.
Elle donnera le véritable sens de cette formule si
discutée.

Au cours du dialogue, le citoyen demande : « Quels
représentants faut-il envoyer à la Constituante ?
Sont-ce les plus spirituels et les plus riches ? Ceux
qui ont le plus de savoir ou ceux qui parlent avec le
plus d'éloquence ? » L'instituteur répond :

« L'esprit est bon : la science et l'éloquence sont
bonnes ; la richesse n'est pas mauvaise quand on en
use bien, mais il y a quelque chose de mieux. Louis-
Philippe et ses partisans ont eu tout cela et ils sont

tombés ! et ils ont mérité leur chute ! Il y a quelque
chose qui est au-dessus de l'esprit, de la science, de
la richesse, c'est le sens droit et le bon cœur. La République doit être le règne des braves gens et des
hommes de bonne volonté. Il faut au représentant du
peuple des mœurs simples et une probité sans tâche
pour être à l'abri de toutes les séductions ; de la bonté
pour se dévouer à l'amélioration du sort de ceux qui
souffrent ; du courage pour combattre les dangers qui
peuvent menacer la République ; un bon jugement
pour démêler le moyen d'écarter les dangers et de
constituer l'Etat. S'il a d'autres qualités encore, tant
mieux. Mais, c'est assez s'il a ces qualités, et qu'il ait
donné ou qu'il donne par ses actions, par ses paroles
ou par ses écrits, des gages suffisants à la cause de
la République, c'est-à-dire du peuple ; car, désormais
sachez-le bien, si la République pouvait cesser
d'être, la France mourrait avec elle... »

Cette page d'un sens si droit, d'une conviction si
honnête, je dirai même si antique, où respire l'âme
toute bonne de H. Martin, où l'on ne peut guère reprocher que l'erreur d'un cœur généreux, mal préparé aux difficultés de la vie pratique, cette page fut
incriminée par les partisans de la réaction. Cet appel
au bon sens, à l'honnêteté populaire paraissait alors
subversif. Le *pays légal* s'effrayait de voir se dresser
devant lui, une autre légalité puissante, incommen-
surable, forte comme l'équité. Les hommes de bonne
foi qui s'adressaient, en ces termes simples, à la
bonne foi de tous parurent des criminels, de redoutables perturbateurs de la morale publique, les des-

tructeurs des bases mêmes de la société. C'était le temps où l'excellent H. Carnot passait pour un montagnard farouche et où on lui prédisait un 9 Thermidor. La *campagne des manuels* habilement menée contre lui l'accula à la démission. Il quitta le pouvoir sans que ni lui, ni ses amis eussent compris la cause de sa chute. Trop de candeur les perdait.

CHAPITRE VI

LE CANDIDAT — LE PROFESSEUR EN SORBONNE

Cette même candeur, cette même probité politique, H. Martin les porta bientôt sur le terrain
électoral. Elles y rencontrèrent le même accueil. La
fidélité de H. Martin aux principes de toute sa vie
lui fut imputée à crime. Il échoua pour n'avoir pas
voulu faire aux erreurs du jour, des concessions qui
lui paraissaient funestes.

Nous avons vu que H. Martin avait pris part,
dans le département de l'Aisne, à la campagne des
banquets. Il était entré dans le mouvement libéral
qui, nulle part, n'était plus accentué que dans ces
régions riches, instruites, dont la représentation
avait toujours été à la tête des partis avancés dans
le Parlement. Odilon Barrot, député de l'Aisne, avait
été un des chefs de cette campagne. Il fut lui-même
rapidement dépassé.

Le nom de H. Martin était dès lors populaire dans
le département de l'Aisne. On avait oublié le jeune
romantique, fugitif de la maison paternelle, pour ne

se souvenir que de l'historien autorisé de l'ancienne France, du lauréat de l'Institut, de l'adepte résolu de la cause libérale. La famille elle-même s'était inclinée devant tant de persévérance et devant des succès si éclatants. Le père, tout entêté qu'il fût de ses idées rétrogrades, s'était laissé charmer au récit de la nouvelle gloire de son fils.

Non sans une certaine roideur patriarcale, il avait consenti à rouvrir les portes de la maison à l'enfant prodigue. Une fête de famille quelque peu solennelle, où tous les parents furent convoqués, célébra cette rentrée en grâce, — H. Martin apportant, avec une modestie glorieuse, les titres qu'il s'était acquis à l'indulgence paternelle.

D'ailleurs, si la famille l'avait boudé quelque temps, de solides amitiés l'avaient toujours suivi. Il retrouvait, au milieu de ses compatriotes, de nombreuses sympathies appuyées sur une parfaite conformité de principes, et de caractères. Son ami, Félix Davin, avant de mourir, était revenu fonder à Saint-Quentin un journal libéral, *le Guetteur,* autour duquel des forces très vives, très actives de la démocratie locale s'étaient immédiatement groupées.

Des hommes de haute valeur, de grande moralité, de conviction profonde étaient alors à la tête de ce parti, dans l'Aisne. C'étaient, tout d'abord, les Dufour, dont les vieilles traditions politiques se rattachent aux meilleurs souvenirs de la bourgeoisie saint-quentinoise ; Edouard et Théophile Dufour en étaient alors les deux représentants. Venaient ensuite Ch. Lemaire, érudit et philosophe ; Calixte Soupplet,

dont les hautes qualités d'administrateur n'ont pu
être appréciées, hors de son pays; enfin, Malézieux,
actuellement encore député de l'Aisne [1], et, qui dès
lors se préparait, par ses voyages et par ses études
économiques, au rôle considérable qu'il devait jouer
dans les rangs de l'opposition libérale pendant les
dernières années de l'Empire.

La correspondance de Th. Dufour avec Quinet,
récemment publiée, nous introduit au milieu de ce
cercle d'amis sûrs, de républicains austères, de
patriotes enthousiastes. On y voit de quelle trempe
étaient ces cœurs fiers et résolus qui ne plièrent
jamais; qui jamais n'abandonnèrent leur cause, qui
jamais, même aux plus sombres jours de l'Empire, ne
renoncèrent à leur foi en l'avenir de la liberté et de
la République. Pas un d'entre eux qui ne fût disposé
à souscrire la belle parole d'espoir qui fait le fond
de toute cette correspondance. Th. Dufour écrivait
en 1857 :

> L'instinct des grandes choses n'est pas affaibli chez
> nous, croyez-le bien; il n'est pas même assoupi, il n'est
> qu'égaré; au dehors je vois le despotisme partout; au-
> dedans je ne rencontre que la liberté. Assisterai-je au
> réveil, à l'éclosion? Verrai-je l'insecte aux ailes d'or?
> je ne sais. Mais d'autres le verront. J'en suis sûr.

Ceux qui parlaient ainsi dans le plus profond de la
nuit, alors qu'aucune lueur n'avait fait pressentir la

---

[1] Le département de l'Aisne vient de désigner M. Malézieux,
comme successeur de Henri Martin au Sénat. (*Note ajoutée au cours
se impression.*)

nouvelle aurore, quelle foi, quelle force ne devaient-
ils pas avoir, en 1848, lorsque la république apparaissait au monde dans la fleur de sa jeunesse et
avec toutes les séductions de l'espérance !

C'est au milieu de pareils amis, que H. Martin
venait reprendre sa place en sollicitant, de ses compatriotes, le mandat de député.

Voici dans quels termes il s'adressait à eux :

AMIS ET CONCITOYENS DU DÉPARTEMENT DE L'AISNE,

Né et élevé parmi vous, attaché par les liens les plus
chers à votre patriotique contrée, je reviens vers vous
dans ces jours glorieux et difficiles, et vous demande
l'honneur d'être inscrit sur la liste des candidats que
vous portez à la représentation nationale.

Homme de cabinet et non de tribune, je n'ai point à
faire valoir, auprès de vous les talents brillants de l'o-
rateur ; mais j'ai consumé les plus belles années de
ma vie en patientes études sur l'histoire de notre patrie, sur les intérêts, les droits et les devoirs de la
France. Si je n'ai pris qu'une part bien obscure à la
politique active, je n'ai jamais cessé de participer du
cœur à toutes les fortunes de la patrie, et je me suis
efforcé de la servir par d'autres moyens ; durant les
jours d'abaissement, j'ai tâché de la rappeler au souvenir d'elle-même, en lui retraçant le tableau des
grandes destinées que la Providence lui a fait parcourir depuis vingt siècles.

Il y a quelques mois à peine, je terminais parmi
vous un livre où je résumais mes vœux et mes espérances pour la France et pour l'humanité ; je concluais
en invitant la nation française à reprendre son immortelle devise : Liberté, Egalité, Fraternité, et à provoquer l'association fraternelle des nations.

L'aurore d'une ère nouvelle commençait alors à

poindre, et ces banquets, qui resteront à jamais fameux dans l'histoire, donnaient le signal du réveil. Quel réveil, amis ! Il semble que la France, pour réparer quinze ans de torpeur léthargique, ait vécu un siècle en trois jours !

Aujourd'hui, la patrie, engagée dans une crise suprême, appelle tous ses enfants à son aide : ce n'est plus assez de la conseiller de loin ; ce n'est plus assez de penser pour elle ; il faut agir, agir chacun dans la mesure de ses facultés et de ses forces.

Je viens à vous, sans intérêt personnel, sans ambition, sans autre mobile que le sentiment du devoir, et prêt à retourner tout entier à mes paisibles travaux, le jour où cette république que j'avais tant rêvée sera consolidée sur les bases de l'ordre et de la justice. Ceux qui comprennent la situation de notre chère patrie, savent bien que le temps des ambitions vulgaires est passé, et que le jour des hommes de dévouement est venu.

Je résumerai en peu de mots mes croyances. J'ai subi le gouvernement monarchique-constitutionnel : je n'ai jamais cru en lui ; je n'ai jamais vu dans cette association de principes contraires que l'anarchie organisée. Les pouvoirs peuvent et doivent être divisés quant aux fonctions, mais unis quant à la base. Sinon, la puissance nationale est inévitablement annulée : nous l'avons bien vu. Point de force sans unité ; point d'unité véritable sans égalité ; point d'égalité si l'élection n'est le principe de toute-puissance politique.

J'ajouterai que la République n'est pas seulement le meilleur gouvernement, mais le seul gouvernement possible. Ceux qui redoutaient hier encore son avènement, sentent bien qu'il n'y a plus aujourd'hui derrière elle que d'effroyables précipices. Aller hardiment en avant, aujourd'hui, ce n'est pas témérité, c'est prudence, c'est nécessité. Si la République pouvait périr, la France périrait avec elle.

Comment doit-elle être organisée, cette République devenue heureusement nécessaire ?

On ne peut essayer d'indiquer ici que quelques données très générales.

L'initiative de la décision finale des lois, et, en général, des grandes mesures nationales, la prépondérance, en un mot, doit appartenir, dans la future constitution, aux représentants du peuple, à l'*assemblée* qui, élue par tous, exprime directement le sentiment de la masse nationale.

Il est essentiel d'organiser un grand corps qui représente l'expérience et la maturité publique, *un sénat* qui apporte à l'assemblée nationale le tribut de ses lumières dans tout ce qui concerne les intérêts d'état et la préparation des lois, sans qu'il puisse y avoir confusion d'attributions ni rivalité entre ce corps et l'Assemblée nationale, ni rien qui rappelle le funeste système de bascule.

Le *pouvoir exécutif*, de son côté, doit être armé d'une force suffisante pour diriger l'activité publique avec énergie et rapidité, et pour réaliser les volontés de l'Assemblée nationale, non pour rivaliser avec elle. L'unité sera plus parfaite, à ce qu'il semble, et les conflits plus certainement évités, si le pouvoir exécutif, et peut-être aussi le Sénat, sont élus par l'Assemblée des représentants, substituée aux pouvoirs de l'unité nationale, que s'ils étaient comme cette assemblée, choisis directement par la nation. Il faut reconnaître toutefois que ces graves questions ont besoin d'une profonde étude.

L'élection doit être introduite, autant que possible, dans les fonctions publiques indirectes ou avec garanties spéciales pour les fonctions qui exigent des capacités et des études particulières, combinée dans certains cas avec le choix du pouvoir exécutif.

Diminuer le nombre des emplois, multipliés sans

mesure par la politique corruptrice du gouvernement déchu ;

Epurer et reconstituer les grandes administrations de la guerre et de la marine ; *organiser la jeunesse en un grand corps intermédiaire entre la garde nationale et l'armée active ;*

Préparer au gouvernement national des agents éclairés et instruits, par la fondation d'une école administrative et diplomatique ;

Rendre toutes les fonctions accessibles à tous, non pas seulement en droit, mais en fait ;

Pour cela, gratuité universelle de l'instruction primaire, élargie et complétée ; instruction secondaire et supérieure donnée gratuitement, par l'Etat, aux enfants nés sans fortune, qui annoncent des facultés distinguées ;

Transformer le système d'impôts ; travailler à reporter sur le revenu des citoyens aisés la charge qui pèse sur le nécessaire du pauvre ;

Encourager l'agriculture par les primes aux cultures fourragères, par une assurance nationale universelle contre les fléaux de la nature, par le reboisement, par le défrichement, par l'irrigation ;

Pousser à la combinaison de l'agriculture et de l'industrie ;

Favoriser énergiquement les progrès du principe d'association entre les travailleurs ; et entre les travailleurs et les directeurs du travail ;

Créer des institutions nationales de crédit qui rapprochent des mains du travailleur l'instrument du travail aux conditions les plus modérées, et qui préviennent le retour des crises et des paniques commerciales ;

Favoriser le commerce en allégeant à l'intérieur les impôts qui entravent la consommation, en relevant au dehors la marine marchande ;

Dans nos rapports avec l'Europe, aider partout au

développement des nationalités indépendantes, sans nous *immiscer dans leur gouvernement intérieur*, et nous opposer à toute intervention du despotisme étranger chez les nations, nos sœurs [1] ;

Poursuivre enfin toutes les réformes sociales compatibles avec le respect de la propriété et de tous les droits ; et substituer partout les heureux effets du gouvernement de tous par tous, du gouvernement de la fraternité, à l'exploitation égoïste de tous par quelques-uns, caractère du gouvernement déchu ;

Telle doit être l'œuvre de la République.

Grande œuvre ; œuvre laborieuse ! — Elle sera impossible, si chacun de nous se renferme exclusivement dans son droit, dans sa liberté ; comprenons le devoir que nous impose l'égalité, elle sera possible ; soyons frères, elle sera facile.

J'ajouterai : Soyons patriotes. Quelles que soient nos opinions particulières, soyons Français avant tout ! Malheur à qui préfère sa secte à sa patrie ! Rallions-nous tous sans réserve à l'assemblée qui va représenter le peuple souverain, et que ceux d'entre nous qui ne verraient pas tous leurs vœux satisfaits, songent que, sous une République, l'avenir est éternellement ouvert, et les institutions toujours modifiables suivant le progrès des lumières et des idées.

HENRI MARTIN.

Quel que fût le mérite réel de cette profession de foi, quelle que fût la sincérité de pareilles déclarations, quelle que fût la portée de ce programme, (trente ans d'efforts n'en ont pas assuré la complète réalisation), quels que fussent enfin le renom et

---

[1] « Depuis que nous écrivions ces lignes, nous avons appris qu'une monarchie absolue s'était écroulée. Il n'y a plus aujourd'hui qu'un seul despote en Europe ! » (*Note de M. H. Martin*).

la popularité de H. Martin, ni lui ni ses amis ne furent élus. Seul, Théophile Dufour fut envoyé à la Constituante.

Le programme de H. Martin parut trop modéré. Les souvenirs des personnes qui ont pris part à la lutte sont très précis : la véritable cause de l'échec de H. Martin (qui ne manqua l'élection que de quelques centaines de voix), la cause de son échec fut la déclaration qu'il avait faite en faveur de la dualité des chambres dans le Parlement On vivait alors sur les souvenirs de la Convention. Le rôle du Sénat et de la Chambre des Pairs, sous l'Empire, la Restauration et le Gouvernement de juillet, avait dégoûté l'opinion publique. On voulait que la volonté souveraine du peuple ne fût entravée par aucun intermédiaire et qu'elle se traduisît, aussi bien dans le pouvoir exécutif que dans le pouvoir législatif, par une action pour ainsi dire immédiate. On crut donc qu'il était conforme à la logique de la nouvelle thèse démocratique, de remettre l'une et l'autre autorité à des corps ou à des magistrats liés étroitement au peuple par l'élection et par le serment.

L'unité de représentation paraissait alors un axiome. Les hommes à l'esprit sage que l'étude de l'histoire avait instruits ; ceux qui craignaient d'une part ou de l'autre, soit des entraînements, soit des surprises ; les hommes qui pensaient que la stabilité des nouvelles institutions reposait autant sur une certaine combinaison des pouvoirs que sur la force finale et inéluctable de la majorité, tous ces hommes, qui signalaient de loin le danger, en demandant que le pouvoir exécutif lui-même ne fût qu'une émanation indirecte du suffrage populaire, tous ceux-là passaient pour des porteurs de mauvais présages, qui pis est, pour des réactionnaires.

On avait vu le peuple tellement fort, tellement maître de lui, dans ces derniers événements, on se croyait si assuré que personne n'oserait plus jamais entreprendre de dompter le lion ou seulement de jouer avec lui, et qu'à la première tentative, il suffirait de son rugissement, — cette conviction était si bien fixée dans les âmes, qu'elle en bannit la prudence et la raison.

Dans le département de l'Aisne, notamment, la liste réellement républicaine fut battue. Ce département envoya à la Constituante des hommes de libéralisme récent, d'opinion incertaine, malgré leur adhésion bruyante à la République, des membres de l'ancienne opposition monarchique, des Odilon Barrot, des Quinette, des Quentin-Bauchart, des Vivien, qui, après avoir hésité quelque temps entre les divers partis, ne tardèrent pas, les circonstances aidant, à trouver leur ligne et, trompeurs ou trompés, à se mettre à la suite du prince président.

Ce fut là le premier déboire politique de H. Martin. L'échec de ses amis lui allait au cœur plus encore que le sien propre. Il sentait qu'on allait à la dérive, que la tramontane était perdue. Il revint à Paris, lassé, mais encore plein de courage, se remettre à la disposition du Gouvernement provisoire, puisque, momentanément du moins, le pouvoir restait entre les mêmes mains.

Ses amis ne le laissèrent pas inactif. Cette grande
œuvre de l'enseignement national, à laquelle nous
avons vu qu'il s'était, dès la première heure, consacré réclamait de nouveau son concours. Il fallait,
non seulement que le peuple apprît à lire, qu'il se
mît à même de connaître ses devoirs et ses droits,
mais aussi qu'il acquît une certaine expérience par
la connaissance de son passé et de son histoire.

Or, même dans les plus hautes sphères de l'enseignement, l'histoire nationale était loin d'être étudiée,
d'être interprétée dans son véritable esprit. Pendant
les dernières années du règne de Louis-Philippe, au
Collège de France et à la Sorbonne, des chaires
éloquentes s'étaient tues.

Il fallait reprendre l'enseignement de l'histoire à
sa source. Il fallait que la véritable connaissance
de notre passé se répandît sur le monde universitaire
dans toute la pureté et dans toute la sincérité de
l'esprit scientifique moderne. Il fallait surtout que
nos traditions ne fussent pas méconnues, que l'on
comprît bien que, de la France ancienne à la France
nouvelle, il n'y a pas rupture, mais progrès ; il fallait exposer l'évolution lente de notre indépendance,
de notre unité, de notre liberté.

Quel homme était mieux préparé que H. Martin
pour remplir cette mission? H. Carnot avait, dès les
premiers mois de son arrivée au pouvoir, conçu le
projet de lui confier la chaire d'histoire moderne à
la Sorbonne. Il est vrai que H. Martin n'avait aucun
des titres universitaires qui, d'après les règlements,
pouvaient lui permettre de professer en Sorbonne.

Il fut cependant désigné pour la chaire ; mais sous la condition qu'il prendrait rapidement le grade de docteur.

On le vit donc, écolier de quarante ans, se remettre aux études. Il prit d'abord la licence ès lettres, puis prépara ses thèses de doctorat. Les sujets qu'il choisit indiquent l'esprit dans lequel il pensait maintenir son enseignement. La thèse latine, que j'ai citée déjà, était intitulée : « *De Nationum diversitate servanda, salva unitate generis humani.* » C'était une thèse de nationalité et d'anti-cosmopolitisme. Sa thèse française avait pour titre : « *De la monarchie de Louis XIV.* »

En parcourant ce livre, qui n'est d'ailleurs qu'un chapitre un peu hâtivement écrit de l'histoire de France, on voit assez que H. Martin n'était nullement de ceux qui pensaient que le triomphe des idées nouvelles permît de jeter la pierre à l'ancien régime tout entier. C'est, au contraire, dans un esprit d'impartialité absolue, que la politique si contestée et si contestable de Louis XIV, est étudiée et jugée. On pourrait même dire, que le républicain de 1848 a, pour le despote de 1648, toutes les indulgences. L'histoire s'est d'ordinaire montrée plus sévère. Ici encore, H. Martin apparaît tel qu'il fut dans tous les temps, le défenseur énergique des fondateurs de l'unité nationale. Une certaine affinité naturelle le disposait à la plus sincère admiration pour le grand siècle. Il reportait sur le monarque, quelque chose du sentiment que cette glorieuse époque lui inspirait.

H. Martin avait été désigné pour la chaire d'histoire moderne, le 5 avril 1848. Son enseignement ne dura qu'un trimestre. Avant même que ses thèses de doctorat eussent été présentées et soutenues, avant qu'il se fût pour ainsi dire assis dans sa chaire, il fut forcé d'en descendre [1]. La réaction était, désormais, maîtresse du terrain politique. Il n'était déjà plus permis à une voix libre de se faire entendre.

Le sujet que H. Martin avait choisi, était pourtant de ceux qui méritaient une sérieuse étude et de longs développements. Le professeur se promettait d'expliquer la politique extérieure de la Révolution française.

C'est encore la préoccupation signalée plus haut, qui détermine le choix de H. Martin. Il désire, avant tout, montrer quel lien indissoluble unit l'ancienne et la nouvelle France. Or ce lien s'aperçoit surtout dans la continuité de notre politique extérieure.

Les hommes de la Révolution n'ont fait que suivre la tradition des Henri IV et des Richelieu. Leur scrupule à ce sujet alla même si loin (ainsi qu'on l'a démontré récemment [2]) que non seulement ils se

---

[1] Les registres de la Sorbonne ne contiennent au sujet de l'enseignement de Henri Martin que la courte mention suivante :

« Sous le décanat de V. Le Clerc, Henri Martin, né en 1810, chargé du cours d'histoire moderne à la Faculté des lettres, le 5 avril 1848.

› Docteur en 1849.

› Le cours n'a duré qu'un trimestre, et à la date du 1er décembre 1848, M. Wallon, en sa qualité d'agrégé près la Faculté, était nommé chargé du cours d'histoire moderne. ›

[2] Voir les beaux travaux de M. Sorel publiés dans la *Revue historique* et qui vont paraître complétés et réunis en volumes.

réclamèrent des mêmes doctrines et des mêmes arguments, mais qu'ils eurent recours aux mêmes hommes. De peur de rompre, si peu que ce fût, le cours ancien des choses, ils allèrent jusqu'à choisir bon nombre de leurs agents diplomatiques parmi les diplomates du règne précédent, parmi les sectateurs les plus fidèles de la tradition française.

En se consacrant à de telles études, à un tel enseignement, H. Martin se préparait à rendre encore à son pays un service de l'ordre le plus élevé, et qui pouvait non moins que la propagande politique la plus active, contribuer à l'établissement définitif des institutions républicaines.

M. Charles Martin nous a rappelé tout à l'heure les effets de tant de sagesse, de tant d'activité, d'une si juste clairvoyance des nécessités du moment. La cause républicaine qui paraissait d'abord unie aux thèses périlleuses du socialisme et du communisme, se dégageait peu à peu de ses attaches compromettantes. On commençait à comprendre qu'elle pouvait devenir le juste gouvernement de tous par tous, que dans son équitable fraternité, pouvaient se perdre et se confondre toutes les nuances, tous les dissentiments, s'évanouir toutes les discordes.

La *Société des Amis de la Constitution,* à laquelle H. Martin, rendu à la vie privée, ne marchandait pas ses services, faisait de grands progrès dans les provinces. On pouvait compter sur de bonnes élections en 1852; la chute du prince semblait proche; on commençait à respirer, et « Charras déchargeait ses pistolets ».

Décembre éclata. Pour vingt années encore, H. Martin se vit rejeté de la vie publique. C'est de nouveau le travailleur, le penseur, l'écrivain qui va offrir à sa patrie des services qu'elle ne veut plus recevoir du citoyen.

CHAPITRE VII

LE SECOND EMPIRE — LA POLITIQUE EXTÉRIEURE :
LA QUESTION ITALIENNE — *DANIEL MANIN*

Henri Martin, tel que nous venons de le dépeindre, n'était pas homme à capituler devant l'Empire. Puisque la générosité du vainqueur allait jusqu'à lui épargner la déportation ou l'exil, il rentra dans la vie privée, solitaire, tout à sa douleur, tout à ses études, mais, il faut ajouter aussi, tout à son invincible espérance.

C'est un fait important de l'histoire du second Empire que pas un des vaincus de décembre ne se fît d'illusion sur la durée probable du nouveau régime. Pas un d'entre eux qui n'ait prédit, pour une date plus ou moins éloignée, la chute, et la chute honteuse. Pas une conscience droite qui ait consenti à admettre comme définitive l'éclipse du droit. La France, même un instant amoureuse de son nouveau maître, au fond ne l'estimait pas. On sentait bien que la liaison ne pouvait durer et que le pays, un beau matin, lui-même, se sauverait de son sauveur.

Mais on pensait aussi qu'il fallait laisser le temps accomplir son œuvre. On pensait que, le jour venu, il suffirait d'un coup d'épaule pour renverser un édifice si précaire. Qui eût pu prévoir et craindre le déplorable dénouement de la guerre, de l'invasion et du démembrement ?

H. Martin était un des plus affermis dans l'espoir de la délivrance. La connaissance du passé lui avait appris que les régimes *forts* sont souvent les régimes faibles, que le bon sens et la justice l'emportent à la fin. Il attendait avec la tranquillité et le sang-froid de l'histoire.

Ce flegme même n'était pas sans étonner, sans irriter quelques-uns de ses amis ; ils appréhendaient peut-être que ce grand jour de la liberté, trop retardé, ne se levât sur leurs tombeaux. Je citerai, à ce propos, un curieux passage d'une lettre de Th. Dufour, qui permet d'apprécier la différence du caractère des deux amis :

Non, — écrit Dufour, en 1860, — non, quoi qu'en dise H. Martin, nous n'avons pas un *dictateur*, le mot est trop haut pour nous, nous avons un empereur, un maître, un Caligula radouci, et c'est tout ce que nous sommes dignes d'avoir. Dictateur ! c'est pourtant avec cela que l'on prend patience et qu'on se croit libre ! Mais dictature héréditaire, dictature dynastique, dictature sans fin, ni limite, qu'est-ce autre chose que le despotisme pur ? La dictature ne se prend pas, elle se donne, elle se définit surtout ; un peuple livre tout à son dictateur, si ce n'est précisément le droit et la liberté de faire le dictateur. Or, celui que nous avons n'a pas été fait ; *il s'est fait*, il s'est imposé. Du même coup qu'il se créait despote, il nous créait esclaves ;

rien de moins... Henri Martin est trop historien, il voit trop haut et trop loin, il ne compte plus par années, il compte par siècles. Ses évolutions sont immenses, il affranchit l'avenir, mais il enchaîne le présent.

La légitime impatience d'une âme haletante après la liberté, comme était celle de Th. Dufour, peut expliquer l'espèce de reproche qu'il fait ici à Henri Martin.

On ne peut méconnaître pourtant que l'appréciation de celui-ci ne fût juste. Il reconnaissait dans le pouvoir de Napoléon, non pas le despotisme, mais la dictature ; or, quel est le caractère essentiel de la dictature ? Th. Dufour le déclare lui-même : c'est d'être *temporaire*. Le despotisme est *héréditaire, dynastique*. Eh bien ! dans l'esprit de l'historien, l'établissement du second Empire n'avait rien de durable. Pour un moment, la France aveuglée s'était jetée dans les bras d'un maître. Mais les yeux s'ouvriraient ; alors le pays reprendrait pleine possession de ses droits ; le *dictateur* disparaîtrait en même temps que s'évanouirait le consentement populaire qui, pour un instant, l'avait soutenu.

C'est, cette fois encore, le grand principe de la souveraineté populaire qui dirige Henri Martin. Il ne la désavoue pas, même alors qu'elle se trompe. Ayant la conviction inébranlable que la France ne peut disparaître de la surface du globe, ni la liberté de l'histoire de France, il laisse s'accomplir la tranquille et magistrale évolution de l'opinion publique. Au jour venu, la marée invincible balaiera, d'un seul coup, les digues fragiles que l'erreur ou la violence essaieront de lui opposer.

La divergence que nous venons de signaler entre des esprits également libres, également fiers, également intraitables, se manifesta encore au cours de l'Empire dans un ordre d'idées différent, et non moins grave : il s'agissait de décider si, oui ou non, le parti républicain devait s'associer à la politique extérieure de Napoléon III, du moment où on la considérait comme conforme aux anciennes doctrines du parti et aux intérêts généraux de la France. Il y eut encore, à ce sujet, une grande hésitation. H. Martin, avec la plupart de ses contemporains et de ses amis, se prononça pour la solution la plus large.

Il faut reconnaître d'ailleurs que la suite des événements ne paraît pas leur avoir donné raison. Ils étaient trop disposés peut-être à considérer la France à part de son gouvernement. Ils pensaient, à tort, que toute la puissance de l'une pouvait s'engager au gré des calculs de l'autre. C'était une erreur.

La vraie force de la propagande française, dans les temps modernes, est une force morale dont notre puissance matérielle n'est pour ainsi dire que l'appoint. Toute entreprise qui, chez nous, ne rallie pas la grande majorité des volontés et des dévouements, tourne à l'aventure ; elle avorte tristement à mi-terme. La logique même du caractère français annule un effort qui n'ose aller hardiment jusqu'aux limites de la logique. Ce n'est pas avec une armée de mercenaires qu'on renouvelle les exploits de la période révolutionnaire. Les premiers succès eux-mêmes tournent au désavantage de ceux qui les ont remportés. Ce sont des victoires à la Pyrrhus et qui épuisent.

Dans cette question d'Italie notamment, que la politique du second Empire emprunta, très habilement, au programme du parti républicain, dans cette question, les avis des principaux chefs de l'opposition étaient divers. Les uns s'étaient décidés à persévérer dans leur opinion et à réclamer, de qui que ce pût être, la revendication de l'indépendance italienne.

Parmi ceux qui s'opposaient à cette manière de voir, deux opinions : les uns, gens d'expérience et de pratique, peu disposés à se laisser tromper par la fascination de la politique sentimentale (M. Thiers était le plus illustre d'entre eux), les uns, dis-je, s'opposaient à l'expédition, en invoquant des arguments d'ordre pratique. Ils avertissaient le pays du danger que pouvait lui faire courir, — au milieu de la froideur de l'Europe, — la constitution, au-delà des Alpes, d'un empire jeune, remuant, ambitieux et, par la nécessité même de sa situation, ingrat.

Les autres, voyant les choses de plus haut, refusaient à un gouvernement, né de la violation de la liberté, le droit de s'immiscer dans les choses de la liberté. Ils craignaient, si je puis dire, que sortant de telles mains, de mains si souillées, la besogne ne fût mal faite. Ils refusaient de coopérer, même à une entreprise qu'ils croyaient juste, avec un gouvernement dont la raison d'être était l'injustice.

Je ne puis mieux faire que de citer ici encore une page de Th. Dufour. Elle découvrira un aspect du rôle de l'opposition qui a jusqu'ici quelque peu échappé, et qui est tout à son honneur, puisque, dans cette circonstance encore, les conseils de la prudence se sont trouvés d'accord avec les prescriptions de la conscience la plus délicate.

Dieu sait, — écrit-il, en mai 1859, — Dieu sait si je fais des vœux pour l'Italie ; je donnerais dix fois mon sang pour elle, tout vieux qu'il est. Cependant je sens au-dedans de moi un poids, une honte, un étouffement qui m'oppressent. On a beau parler d'affranchissement, d'indépendance et précisément parce qu'on en parle, ces mots, dans la bouche du despotisme me deviennent odieux ; ils ne sont qu'un mensonge et ne servent qu'à troubler ce pauvre cerveau de la France déjà si troublé et si incertain... Oui, c'est parce que j'aime l'Italie, cette sœur, cette mère, cette inspiratrice de la France, que je voudrais qu'elle ne reçût pas une liberté douteuse, mais qu'elle prît la liberté, qu'elle l'instituât et qu'elle en sût vivre. Si le canon qui va la délivrer, vous fait tressaillir, celui du 2 décembre me fait tressaillir aussi. Je l'entends encore et je ne l'oublierai de ma vie.

Et plus loin :

Otez-moi, si vous pouvez, le joug de dessus les épaules, et peut-être pourrai-je relever la tête ; à présent je ne suis rien, je ne me sens ni citoyen, ni Français même ; la *Marseillaise* me déchirerait les lèvres... Certes, nos soldats sont braves, héroïques, je les admire et je les accompagne partout ; mais les volontaires de 92, dont vous me parlez, étaient héroïques aussi, et de plus, ils étaient libres. C'est à eux qu'il appartenait de régénérer l'Italie ; ils en avaient le droit. Car ils portaient plus que leur baïonnette, ils portaient une idée et la liberté même au bout de leurs fusils.

Il faut reconnaître que ces sentiments si purs, si fiers, qui nourrissaient l'âme du solitaire de province, n'étaient nullement partagés par nombre de ses amis politiques. A Paris, le feu de la lutte déjà engagée aveuglait un peu sur le résultat final. « Un grain de poudre, comme dit encore Dufour, avait suffi pour affoler tous ces Français. »

Un conciliabule réunit plusieurs des membres du parti républicain, chez l'un d'entre eux dont le nom si honorable mérite d'être rappelé, M. Planat de la Faye. Il fut décidé, qu'autant qu'on le pourrait, on s'associerait à la politique de la délivrance italienne. Le souvenir des relations que l'on avait eues avec d'illustres réfugiés italiens, notamment avec Manin, ne contribua pas peu à déterminer les esprits. Manin avait laissé sur tout ce cercle l'impression de sa grande et pure gloire de patriote, de son infortune publique, de ses douleurs privées, héroïquement supportées. C'eût été, en quelque sorte, trahir les devoirs de l'amitié et manquer à l'illustre mort que de ne pas embrasser la cause pour laquelle il avait combattu, pour laquelle il avait tant souffert.

Et précisément l'on pensa que rien ne pouvait mieux que le spectacle de cette grande existence éclairer l'esprit incertain de la masse. On pensa que la véritable propagande en faveur de la liberté italienne ne pouvait mieux se répandre que par la connaissance des souffrances endurées et des nobles efforts tentés par le parti national. On espérait, non sans raison, éveiller par un tel récit, comme un écho du douloureux murmure d'émotion qui s'était élevé par toute la France à la lecture des *Prisons* de Silvio Pellico.

Henri Martin fut chargé de raconter au public la vie du grand patriote. Tous les documents nécessaires étaient réunis entre les mains de M. Planat de la Faye. L'historien n'avait pour ainsi dire qu'à écrire. Les heures étaient comptées ; on le poussa, ou l'aida, on le laissa respirer à peine, et il improvisa en quelques semaines son livre : *Daniel Manin.*

La préface de ce livre, quoique brève, est importante, parce qu'elle est la véritable et définitive expression de la pensée de H. Martin, sur la question des nationalités, et notamment sur la question de la nationalité italienne.

L'auteur affirme d'abord « que le principe de nationalité, *nié par les sectaires cosmopolites,* est le seul qui puisse et doive servir de base au droit public de l'Europe nouvelle ».

Il ajoute dans une phrase, dont la rédaction, quoique volontairement ambiguë, me paraît avoir une portée très grande et viser la situation politique même de la France, « que les questions relatives à l'organisation intérieure, à la constitution politique, au progrès des États, tout en étant parallèles à la question des nationalités *lui sont cependant subordonnées* et demeurent insolubles si elle n'est résolue ».

Il s'élève ensuite contre le « despotisme irréformable et incorrigible de l'Autriche » et affirme que l'ordre ne pourra exister en Europe, « tant que l'Italie *qui est une nation* ne formera pas, quel que soit son régime intérieur, un seul corps politique vis-à-vis du dehors ».

Il termine enfin en déclarant son intention de montrer, par l'exemple de la vie de Manin, quels hommes l'Italie renaissante a pu produire, en signalant dans cette noble existence « la personnification la plus énergique et la plus pure et du principe de nationalité et de l'alliance fraternelle des peuples gallo-latins ».

Nous n'avons pas à résumer le livre lui-même. Quoiqu'on puisse y signaler quelques taches dues à la rapidité de la composition, il est généralement d'un grand souffle, d'un style grave, noble, touchant, digne du sujet, digne du héros.

C'est toujours un spectacle dont l'humanité peut être fière que celui d'une existence toute entière consacrée à l'accomplissement d'une seule tâche ; et ce spectacle prend quelque chose de plus élevé et de plus émouvant, de plus *humain,* hélas ! lorsque de si longs efforts, une persévérance si soutenue, n'aboutissent pas dans le cours d'une seule vie ; lorsque le guide d'une nation dans son exode vers la liberté meurt, les bras levés au ciel, et sans avoir touché la terre promise.

La vie de Manin a eu toutes les grandeurs, tous les héroïsmes, tous les déboires, toutes les douleurs.

Il naquit à Venise, en 1804. Qu'on se représente la tristesse d'un fils de Venise faisant ses premiers pas, saisissant, si je puis dire, ses premières pensées, dans le récent asservissement de sa patrie. Qui pouvait oublier ce qu'avait été Venise : Venise la conquérante, Venise la patricienne, Venise la commerçante et la colonisatrice? Manin fut élevé dans une famille qui n'avait pas pardonné aux Bonaparte l'odieux pacte de 1797. Il suça, avec le lait, la haine de toutes les servitudes. A vingt et un ans, il était engagé dans la lutte contre l'Autriche. Il montrait dès lors un caractère d'héroïsme pratique, une sorte de passion maîtresse d'elle-même, qui est un des signes de la grandeur chez l'homme et qui assure au politique, à défaut du succès, les glorieuses infortunes.

En 1848, lui et son ami Tommaseo étaient prisonniers. Leur nom fut le cri de ralliement de la révolution vénitienne ; leur délivrance, son premier triomphe.

Depuis ce jour, la vie de Manin est intimement liée à celle de la nouvelle patrie italienne. Car il ne faut pas l'oublier, Manin n'est pas seulement Vénitien, n'est pas seulement républicain, il est avant tout Italien. Il conseille l'union ; et c'est l'indépendance de tous qu'il réclame. Il est prêt à subordonner l'action de Venise à celle des Piémontais.

C'est seulement au moment où Charles-Albert, défaillant, laisse tomber le drapeau de l'indépendance que Manin et Venise avec lui le relèvent, poursuivent la lutte, prêts à *faire d'eux-mêmes* (fara da se).

Manin cependant implore partout du secours; il compte sur la France; il l'appelle, la cause de la

liberté lui paraissant liée intimement à la cause de
l'indépendance des peuples. Mais c'est en vain. En
vain les sympathies du parti républicain se tournent
vers l'Italie; en vain le consul de France affirme les
bonnes intentions de son gouvernement; en vain la
flotte française paraît dans les eaux de Venise; en vain
une brigade d'infanterie reçoit l'ordre d'embarque-
ment à Toulon : à la dernière heure tout s'écroule.
Un artifice diplomatique arrête une volonté qui n'é-
tait pas sûre d'elle-même. Venise est abandonnée à
ses propres forces.

Quelles étaient, au moment où l'intervention française paraissait si proche, où elle était réclamée
en France même, par des patriotes ardents, quelles
étaient les véritables intentions de Manin; que comp-
tait-il faire de l'Italie? — Il demandait une *Confédération des États italiens;* « une confédération, pour
prendre ses propres paroles, qui fasse de l'Italie une
puissance une et indivisible; qui la constitue en in-
divisibilité politique, qui fonde toutes les diverses
familles ou États italiens en une seule personnalité
morale, laquelle puisse prendre et prenne de fait
place parmi les autres nations. » Quant à Venise, il
désirait qu'elle s'établît en république démocratique.

La moins bonne de toutes les combinaisons lui paraissait être l'établissement du royaume de la Haute-
Italie, parce qu'il rendait la constitution de la confédération très difficile, en rompant l'équilibre dès le
principe. (Lettre du 8 septembre, citée par H. Martin,
p. 184).

Le 11 avril, le siège commençait. Il dura quatre

mois et se termina le 24 août par l'abdication du gouvernement provisoire. La mémoire de ce grand fait historique ne peut se séparer de celle de Manin. Le patriote vénitien vaincu, s'embarqua, le 27 août, sur le *Pluton*. Il vint chercher en France un asile et un tombeau.

Cette terre d'exil fut doublement pour lui la terre des douleurs. Réduit à une véritable misère, trop fier pour accepter des secours même de ses amis, las, brisé, malade, il assista successivement, en Italie, au triomphe brutal de l'Autriche ; en France à la ruine de la liberté ; dans sa famille, tout près de lui, à la mort lente, parcellaire, si l'on peut dire, et horriblement douloureuse de ce qu'il avait de plus cher au monde, de sa fille, Emilia.

Cependant, les yeux toujours tournés vers l'Italie, il attendait. La première apparition des armes piémontaises dans la guerre de Crimée le remplissait d'orgueil ; il suivait attentivement de l'œil les efforts de Victor-Emmanuel. Il décidait, ses amis, les républicains les plus ardents, à se soumettre à la discipline pour l'indépendance et à se grouper autour de cette force nouvelle. .

En France surtout, il employait le peu de loisirs que sa santé et la nécessité de vivre lui laissaient, à une active propagande. D'ailleurs le seul spectacle de sa vie était une leçon. Il s'adressait au public, à la presse, à la diplomatie ; il faisait en sorte que la *question italienne* ne sortît pas de la préoccupation des hommes d'État. « Non, nous ne nous résignerons pas, écrivait-il, en 1854, à Lord J. Russell ; non nous ne

resterons pas tranquilles, tant que nous n'aurons pas
atteint le but que nous poursuivons, tant que nous
n'aurons pas obtenu l'*indépendance* et l'*union* de
l'Italie... Qu'on y songe bien, la question italienne
est désormais une question européenne de premier
ordre ; il faut qu'elle soit résolue d'une manière conforme à nos indomptables aspirations de nationalité.
Jusque-là, et quoi qu'on fasse, nous nous agiterons
toujours et il y aura toujours en Italie un foyer de
trouble, une occasion de guerre qui menaceront le
repos de l'Europe et ne lui permettront pas de compter sur une paix durable. »

Lorsqu'il mourut, le 22 septembre 1857, D. Manin
pouvait se rendre cette justice qu'il avait plus que
personne hâté la solution de la grande affaire de
toute sa vie.

Il avait donné l'exemple de l'abnégation patriotique au profit d'un patriotisme plus large, en si-
gnant la déclaration de la *Société nationale italienne* : « Nous serons pour la maison de Savoie,
tant que la maison de Savoie sera pour la cause italienne, dans toute la mesure du raisonnable et du
possible. » Il avait, — aidé de ses amis, — créé un
courant d'opinion qui allait s'associer aux calculs des
gouvernements et unir, dans un même élan, peuples et souverains pour la revendication des droits
d'un peuple opprimé. Il avait préparé la force intérieure et la force extérieure. Une fois les Italiens
maîtres d'eux-mêmes et la France avec les Italiens,
la cause de l'indépendance était gagnée. Il mourut
quelques mois trop tôt. Mais son nom reste attaché

aux plus nobles souvenirs de cette longue épopée.

Daniel Manin fut un grand patriote.

Rien ne pouvait, mieux que la connaissance de sa vie, contribuer à glorifier la résistance italienne et à convertir les esprits à l'idée de l'intervention française.

Mais une autre question se pose immédiatement : Cette intervention, si elle conserve en présence de tels souvenirs, le caractère de générosité que l'histoire ne pourra lui refuser, peut-elle être considérée comme un acte de politique habile ; répond-elle à cette condition d'utilité et de profit qui paraît être la véritable loi des combinaisons diplomatiques ?

Depuis 1848, cette question n'a pas cessé d'être discutée. Il est inutile de rappeler ici les arguments très puissants invoqués par les adversaires de l'intervention. La valeur de ces arguments s'est trouvée, il faut le reconnaître, confirmée par la suite des événements.

La constitution du royaume italien a certainement modifié l'équilibre de l'Europe, dans un sens qui ne paraît pas des plus favorables aux intérêts français. Certaines causes d'aigreur ont été répandues entre les deux nations que la communauté d'origine et d'aspiration, la fraternité du champ de bataille semblaient avoir unies pour longtemps.

Il est donc facile aujourd'hui de crier à l'aveuglement des prophètes de l'indépendance. La campagne qui se termina à Villafranca peut être considérée comme une grave faute politique.

Pourtant, même au point de vue des intérêts les

plus immédiats, le principe de l'intervention semble
pouvoir se justifier. Il est vrai que la situation fausse,
dans laquelle l'Empire se trouvait à l'égard de la
démocratie européenne, a eu pour résultat de faire
découler d'un principe, juste en lui-même, des conséquences fâcheuses. Mais la suite de l'histoire de
l'Europe, telle que nous la connaissons, ne me paraît laisser aucun doute sur l'utilité de la politique
empruntée par le second empire à l'école libérale,
et que l'école libérale avait eu le tort, selon moi,
lorsqu'elle était aux affaires de ne pas essayer de
mettre elle-même à exécution.

Tout ce qu'on peut dire, en effet, contre cette politique, c'est qu'elle se produisit dix ans trop tard.
Non seulement parce qu'en France la situation était
changée du tout au tout, et que ce n'était plus dans
le même esprit que les mêmes choses allaient être
faites; mais parce que l'Italie, non plus, n'était plus
la même. L'abandon dans laquelle on l'avait laissée
lorsqu'elle comptait sur nous, avait été pour elle une
grande désillusion. Des germes de défiance étaient
semés entre les deux peuples. L'Italie se replia sur
elle-même. Elle chercha en elle-même sa force.

Il ne faut pas oublier que l'idée des patriotes de la
péninsule, aux environs de 1848, était uniquement une
idée d'indépendance. Il n'était pas question d'*unité,*
mais seulement d'*union*. Mille rivalités locales, mille
préjugés, de nombreuses et respectables traditions
semblaient alors s'opposer invinciblement à toute
combinaison tendant à l'unité.

Venise notamment, ne se souvenait guère que de

son passé de *Reine de l'Adriatique*. Elle ne voulait recevoir le mot d'ordre de personne, et jamais, le combat une fois terminé, elle n'eût consenti à se soumettre à la domination de Charles-Albert.

Le mot qui était sur toutes les lèvres, — on l'a bien vu tout à l'heure par les paroles de Daniel Manin, — c'était le mot *confédération*. On eût tout au plus admis une sorte d'hégémonie de la papauté, qui paraissait alors entrer dans les voies libérales. Mais il eût fallu des années, des siècles peut-être, pour que le travail d'unité, qui a coûté tant d'efforts à notre pays, s'achevât au delà des Alpes, si la dure expérience de dix nouvelles années de souffrances n'eût assoupli toutes les fiertés, effacé toutes les dissidences, réuni tous les courages dans une seule et même entente contre la domination étrangère.

Le grand républicain, Manin, donna le premier l'exemple d'une pareille abnégation. Ce fut, nous l'avons rappelé déjà, le dernier et mémorable service dont l'indépendance italienne lui fut redevable.

Mais de ce que cette situation intérieure eût été plus favorable aux intérêts de la France, si son gouvernement eût cru devoir agir dès 1848-49, s'ensuit-il que l'occasion passée, la France devait s'abstenir encore, en 1859 ?

Cette question est certainement plus difficile, puisqu'il faut tenir compte de tous les obstacles qu'allait rencontrer dans son action un pouvoir d'origine aussi suspecte et de conduite aussi trouble que l'était le gouvernement impérial. Je ne suis pas loin de penser, qu'en pure théorie, les hommes de principe rigide

H. M.   12

qui refusaient toute connivence avec la politique de
l'empereur, même au profit de la cause italienne, que
ces hommes avaient raison.

Mais si nous faisons abstraction de cette idée, ou
plutôt si nous nous mettons dans la situation des conseillers de l'empereur, nous serons amenés à penser
que, même en 1859, l'intervention était nécessaire,
et qu'elle pouvait être profitable.

Elle était nécessaire. N'oublions pas, en effet, cet
autre mot de D. Manin : « Non, nous ne nous résignerons pas ; il y aura toujours une question italienne. » Et l'exemple des vingt dernières années
était plus éloquent encore, que les plus éloquentes
déclarations. L'agitation était en permanence en Italie et, par conséquent, en Europe.

Eh bien ! il s'agit de savoir, si en présence d'un tel
état de choses, en présence de la puissance qui paraissait alors dominante de l'Autriche, en présence
de la force naissante, mais qui pouvait, elle-même,
devenir dangereuse de la maison de Savoie, il était
habile de froisser de nouveau l'Italie, de la rejeter de
nouveau dans le désespoir ; et non seulement dans le
désespoir, mais dans la recherche de nouvelles alliances.

De 1859 à 1866, le délai n'est pas si long. Il est facile
de voir, — à supposer même que les choses fussent
restées en l'état, — quel parti le jeune et ambitieux
royaume qui prétendait se déclarer en Allemagne le
champion de cette même thèse de la nationalité et
de l'unité, quel parti il eût tiré des espérances, toujours en éveil, de la jeune Italie. Cette indépendance

que nous avons faite, elle se serait faite toute seule, ou plutôt un autre l'eût faite à son profit.

Il est vrai que nous nous y sommes mal pris ; que les désillusions de Villafranca et de Rome ont pesé lourdement sur les sentiments du peuple italien. Mais ce sont là des erreurs qui appartiennent au gouvernement malheureux qui, une fois l'affaire engagée, n'osa ni la contenir dans les limites qu'il s'était tracées, ni la poursuivre jusqu'à son dernier développement.

Ces erreurs sont-elles irréparables ?

On a bien vu, dans de certaines circonstances douloureuses que, du moins au cœur des meilleurs parmi les politiques italiens, le sentiment de la confraternité latine n'était pas éteint. L'Italie, qui nous doit en partie son indépendance, ne doit maintenant son unité qu'à elle seule. Peut-être quelque jour ne sera-t-elle pas fâchée de trouver encore, du côté de la France, une amitié solide et un appui vigoureux, car la tâche qui lui incombe n'est pas achevée et ce n'est pas la France qui, pour elle, a jamais été l'ennemi héréditaire.

CHAPITRE VIII

SUITE DE LA POLITIQUE EXTÉRIEURE — LE LIVRE :
LA RUSSIE ET L'EUROPE

Ce même principe des nationalités qui avait amené une partie de l'Ecole libérale, à se prononcer, en 1859, dans le sens de l'indépendance italienne, l'inclina, quelques années plus tard, vers une autre opinion non moins discutable, et dont les résultats furent, d'ailleurs, tout platoniques. Il s'agissait cette fois d'une cause traditionnellement chère à la démocratie française : il s'agissait de la Pologne.

Le règne de l'opinion publique n'a pas été sans embarrasser plus d'une fois les gouvernements qui désiraient lui obéir, comme il ébranle ceux qui prétendent lui résister.

Entre les hommes placés au pouvoir, possédant les moyens les plus sûrs d'information, ayant la conscience de l'importance et de la diversité des intérêts qui leur sont confiés, mais parfois aussi, pressés par la multiplicité urgente des affaires, aveuglés par la préoccupation de détail, entourés par

des conseils, qui ne sont pas toujours désintéressés,
— entre ces hommes et la foule qui voit de loin, apprécie en gros, juge vite, se laisse aller aux entraînements du cœur et aux générosités parfois imprudentes du premier mouvement, entre ces deux centres d'action, et entre les diverses sortes de résolution qui en émanent, des divergences doivent naturellement et fréquemment se produire.

L'histoire de notre siècle fournit plus d'un exemple de pareils désaccords. Il est arrivé que la force de l'opinion a décidé certains gouvernements à des actes qu'ils considéraient comme regrettables. Il est arrivé que des gouvernements ont essayé, — le plus souvent à leur dam, — d'enrayer cette force presque invincible du sentiment populaire. Par contre, il s'est rencontré des circonstances dans lesquelles le concours des deux volontés s'est établi pour une œuvre commune. La véritable supériorité des hommes d'État n'est le plus souvent rien autre chose que le talent de s'emparer du courant de l'opinion et de se laisser porter par lui. Le plus difficile des problèmes politiques consiste à réserver à l'une et à l'autre des deux forces, une part justement proportionnée dans l'administration des affaires publiques.

Or, si nous considérons particulièrement les mouvements de l'opinion populaire, il est incontestable que, dans les deux pays qui, depuis un siècle, marchent, en Europe, à la tête du libéralisme, le sentiment apparaît comme le facteur déterminant de la politique. Tandis que les hommes d'État s'entêtaient dans les doctrines d'égoïsme et d'intérêt national, les peuples prenaient l'avance et se ruaient tête baissée, dans la voie de l'attendrissement réciproque et de la fraternité universelle. Cette tendance se manifesta pour la première fois en faveur des Grecs. C'est alors qu'on vit les gens d'imagination, les poètes, les femmes, conduire les diplomates, les généraux, les armées à la conquête et à la proclamation de l'indépendance d'un peuple opprimé.

Ce même sentiment chevaleresque porta plus d'une fois les nations ou les démocraties européennes les unes au secours des autres, malgré la résistance des gouvernements. On s'attendrit sur les malheurs de l'Irlande, de Venise, des peuples Danubiens, des Napolitains ; on s'enrôla pour le secours des Crétois révoltés, on vola au secours de la Hongrie ; on signa des pétitions ; on fit des manifestations et des meetings ; on recueillit des collectes ; on organisa des banquets. Le théâtre, le roman, l'histoire ou flétrirent les violences des persécuteurs, ou recherchèrent dans le passé les titres et les droits des persécutés.

Mais la grande opprimée, celle qui fit couler le plus de larmes sincères, et fit répandre aussi le plus de paroles vaines, celle dont le nom se trouve uni à toutes les réclamations du sentiment populaire, la malheureuse, la douloureuse, la pitoyable par excellence, la *grande crucifiée* du xixᵉ siècle, c'est la Pologne.

Il y avait, en effet, — à l'origine de cette longue plainte épanchée par les générations successives sur le sort de la nation démembrée, — une cruelle réalité et le plus inouï coup de force que la politique ait jamais accompli de sang-froid. Un tel attentat était un exemple et un danger pour tous les faibles ; pour tous les forts, un exemple et une tentation.

Pourtant l'émotion produite par le démembrement ne fut pas contemporaine de l'événement lui-même. La politique du xviiie siècle, même celle qui fut hostile à l'acte lui-même, en calcula les inconvénients pratiques et les dangers, plutôt qu'elle n'en mesura la portée morale. Je ne remarque même pas que la Révolution française, si disposée cependant à s'attendrir sur les malheurs des peuples frères, et à jeter de par le monde la contagion de la liberté, se soit beaucoup émue du crime qui s'accomplissait sous ses yeux. En tous cas, sa politique n'en parut nullement impressionnée, et je ne sache pas que dans les traités que ses armées victorieuses imposèrent à l'Europe, le nom de la Pologne ait été seulement prononcé.

Cependant au lendemain du troisième démembrement, les exilés polonais, attirés naturellement par l'éclat de gloire et de liberté que la Révolution répandait alors en Europe, accoururent à Paris, s'enrôlèrent dans les armées de la République, couchèrent sous la tente, avec les soldats et les officiers qui allaient devenir généraux ou monarques. Leur valeur brillante, leurs infortunes attendrirent les cœurs. Napoléon crut de bonne politique de tendre, comme une arme, vers la Prusse et vers la Russie, la menace du rétablissement de la Pologne.

Au lendemain d'Iéna, Dombrowski levait sur la Vistule, un corps d'armée qui ne fut pas sans produire une utile diversion. On put croire que celui

qui paraissait alors le maître de l'Europe se hâterait
de payer ce service. Mais les velléités généreuses
ne durèrent pas dans l'âme du conquérant. Elles se
traduisirent, dans les faits, par l'établissement, si
anodin, du grand-duché de Varsovie. Les patriotes
polonais n'obtinrent aucune autre récompense.

Pourtant l'Empereur, redevenu bientôt l'adversaire
du Tsar, sut toujours entretenir dans le cœur des Polonais qui le servaient et qui, comme tant d'autres,
subissaient l'ascendant de son génie, l'espérance plus
ou moins prochaine de la grande réparation. Ils mou-
rurent pour lui, sans perdre la foi dans sa promesse
et dans son étoile : Ainsi le nom légendaire de Napoléon se trouva joint invinciblement à la légende de la
Pologne. Quelques paroles habilement préparées et
venues de l'extrémité de l'Atlantique, portées par le
grand écho de l'exil et du martyre, donnèrent à cette
légende commune un corps. Peu à peu, elle s'imposa
à tous les esprits, et l'Europe libérale, abattue sous
les traités de 1815, en 1820 se releva, à la fois bonapartiste et polonaise.

On sait quelle importance, la question polonaise
prit bientôt auprès des âmes ardentes, auprès de la
jeunesse, auprès des poètes, auprès des femmes, auprès du peuple. Les chaumières se tapissèrent des
portraits de Poniatowski et de Dombrowski. L'écroulement du pont de Leipzig et la charge des lanciers
polonais à Somo-Sierra, n'ont pas encore déserté les
murs qu'ils ont couverts dès cette époque.

L'enthousiasme, peu à peu, gagna les têtes froides,
les philosophes, les politiques. On finit par considérer

la cause de la restauration de la Pologne comme
l'une des grandes œuvres de réparation que devait
s'imposer la diplomatie moderne. Les paroles d'espoir
parties de France portèrent rapidement la confiance,
la témérité au cœur des Polonais. Ils s'habituèrent
à compter sur cette sœur lointaine qui ne laissait
pas, malgré toutes difficultés, de s'intéresser à leur
sort.

Un nouveau soulèvement accompagna la révolution de 1830. L'inertie du gouvernement de Louis-
Philippe et l'écrasement qui fut la suite de l'abandon, n'abattirent pas encore les courages. Les
réfugiés polonais accourus à Paris, reprirent le
cours de leurs intrigues vaines et leur propagande
stérile. Jamais pourtant leur cause n'avait paru
plus belle. Un des leurs, et le plus éloquent, qui recevait, en France, l'éclatante hospitalité du Collège
de France, proclamait la politique polonaise, « la politique du XIXᵉ siècle ». Les Chambres françaises, par
des adresses toujours renouvelées, rappelaient le gouvernement à ce qu'il était toujours prêt, lui-même, à
considérer comme son devoir. Le peuple s'ébranlait
au simple mot de Pologne. Cent fois répété, il devint
l'un des mots d'ordre du libéralisme dans son attaque
contre le gouvernement de Louis-Philippe. En 1848,
des masses populaires énormes descendirent dans la
rue et firent, devant l'Hôtel de Ville de Paris, la plus
enthousiaste des manifestations en faveur de cette
même cause. A cette époque enfin, l'Assemblée Nationale, saisie de la question polonaise, acclamait
à l'unanimité l'ordre du jour suivant, déposé par

M. Drouyn de Lhuys, le futur ministre des Affaires
étrangères de l'Empire :

« Pacte fraternel avec l'Allemagne, — Reconstitution de la Pologne libre et indépendante, — Affranchissement de l'Italie. »

Un prince de la famille des Bonaparte avait déclaré à la tribune « que la question polonaise était
une question éminemment française, éminemment
démocratique ». Et il ajoutait : « La reconstitution de
la Pologne est nécessaire à la République. »

Les choses en étaient à ce point, au moment où
l'héritier de l'Empereur, l'écrivain des *Idées Napo-
léoniennes,* s'emparait du pouvoir.

Ce fut alors un bondissement de joie de tous les
cœurs polonais. Enfin le jour tant attendu se levait.
Le Messie, le sauveur, le réparateur apparaissait
avec l'autorité de sa « mission providentielle ». Un
nouvel ordre des choses allait naître en Europe.

Je n'exagère rien. Qu'on parcoure les écrits des
Polonais de 1850, que l'on contemple la singulière
image répandue à profusion, par les comités : le
« Napoléon pleurant sur la carte de l'Europe » ; que
l'on suive les diverses évolutions de la carrière de
Mickiewicz ; et l'on ne doutera pas un seul instant
que le véritable sentiment qui anima les exilés, au
lendemain du 2 décembre, fut l'enthousiasme.

L'illusion ne fut pas de longue durée. Le gouvernement de Napoléon, comme tous les pouvoirs monarchiques d'origine récente, chercha d'abord à se
faire accepter par les puissances européennes. Re-
buté, il se rejeta en arrière. C'est alors qu'il songea

à s'appuyer sur les principes démocratiques. L'Empereur se souvint de cette thèse des nationalités que le prétendant avait soutenue, — comptant se servir d'une force qui comptait se servir de lui.

Il se trouva ballotté ainsi entre deux courants contraires qui le portaient alternativement de l'une à l'autre rive, pour le laisser, enfin, au milieu dans l'incertitude et dans l'indécision, exposé au premier souffle de la tempête.

L'histoire de la politique du second Empire est toute entière renfermée dans cette situation double, dans cette double recherche. C'est ainsi que s'expliquent la succession des influences diverses auprès du trône, la suite des ministères et jusqu'à l'attitude du maître, qui se faisait énigmatique pour ne pas paraître embarrassée.

Il faut ajouter à cette première cause de faiblesse, une autre nécessité dans laquelle se trouvait l'Empire, celle de faire grand. Le souvenir de l'oncle pesait sur le neveu. Un lambeau de l'auréole d'Austerlitz l'enveloppait et l'aveuglait. La légende qui avait servi de piédestal, supposait des attitudes de statue. Si l'on ne pouvait faire, du moins on voulait paraître. Le grand mot du règne — et ce n'est qu'un grand mot, — était le *prestige*. L'on avait tant promis : à l'armée, la guerre ; aux intérêts, la paix ; au peuple, la réforme sociale ; aux conservateurs, le maintien de l'ordre antique. On se donnait à soi-même, le pouvoir et l'on se promettait la gloire. C'était trop. L'outre gonflée, rejetée d'un extrême à l'autre, devait crever un jour.

Il eût fallu à cette situation, difficile entre toutes,
un homme d'une portée d'esprit supérieure — égale à
son crime. Louis Bonaparte n'était pas cet homme.

L'histoire l'a déjà jugé. Elle peut dire aujourd'hui,
sans passion, mais non pas sans tristesse, ce qu'était
l'aventurier dont tout le génie s'était dépensé à saisir le pouvoir. H. Martin a écrit, sur le vainqueur de
décembre, une page qui, dans sa haute impartialité,
me paraît contenir un jugement définitif. Je la citerai
tout entière :

Louis-Napoléon, écrit-il à l'occasion du coup d'Etat,
est devenu l'Empereur Napoléon III ; il a maintenant,
par le titre, comme par le fait, la plénitude de ce
pouvoir suprême auquel il a eu, toute sa vie, la conviction fataliste de parvenir. Qu'en fera-t-il ? et qu'est-
il pour savoir en user ? Ses partisans le proclament
d'avance un grand homme ; quelques-uns de ses adversaires passent d'un extrême à l'autre, en ce qui
le concerne ; ils ne le haïssent pas moins ; mais ils
le prennent pour un profond génie machiavélique,
après l'avoir pris pour un être absolument inepte.
Chez ses amis et même chez une partie de ses ennemis, on induit de son habileté à conspirer, son habileté
à gouverner ; on se laisse fasciner par ses premiers
succès, que d'autres succès plus éclatants vont suivre,
grâce à un concours de circonstances inouïes. Si son
œil n'a point d'éclairs, si sa physionomie est sans
mouvement, c'est, dit-on, l'indice d'une forte volonté
qui sait dominer toutes les impressions de l'âme. Louis-
Philippe parlait bien, mais beaucoup et trop ; Napoléon III écoute beaucoup et parle peu. On peut voir de
la profondeur dans ce mutisme qui cache le plus souvent l'irrésolution ; nous ne disons pas qui cache le
vide ; car les idées ne manquent point à Napoléon III :

les idées obstinées, les idées fixes. Mais cette obstination rêveuse et vague n'est pas la persévérance active et pratique qui sait exécuter ce que l'esprit a conçu, qui sait préparer, coordonner et suivre jusqu'au bout, les moyens d'exécution. Dans cette nature complexe et contradictoire se mêlent étrangement le conspirateur consommé dans l'art de la contradiction et le rêveur romanesque ; c'est l'association de défauts, opposés entre eux, la plus dangereuse qu'une nation puisse rencontrer dans son chef ; il y a là les vices d'un usurpateur, sans les qualités. Il est inévitable que cet homme jette la France dans les situations les plus périlleuses sans avoir la capacité de l'en tirer : s'il a d'abord des succès, il les devra aux circonstances bien plus qu'à son action personnelle, et les circonstances ne sauraient toujours être propices.

Tel est l'homme sur qui reposent les destinées de la France, et même, à un certain moment, les destinées de l'Europe. C'est en lui que bien des opprimés mettent leurs espérances, c'est lui que l'habileté redoutable d'une politique nouvelle va s'appliquer à envelopper de ses filets.

L'embarras provenant de la situation fausse que je signalais tout à l'heure, Napoléon ne le ressentit nulle part davantage que dans ses rapports avec la Russie.

Depuis le temps des traités de 1815, la Russie avait pris en Europe une situation particulière. Elle ne figurait pas seulement au milieu des autres puissances comme une grande nation, forte de son sol immense, de son unité, de sa jeunesse, forte de ses espérances ; elle prétendait les dominer de la hauteur de son idéal et planer au-dessus d'elles, dans

la région des principes mystiques et de la conservation sociale.

La politique n'a certes jamais traversé une période
plus caractéristique que celle qui s'ouvre en 1815 et
qui se clôt en 1866. Jamais les mots de *droit,* de
justice, ne furent plus fréquemment prononcés,
jamais les théories politiques et sociales n'eurent sur
les déterminations des gouvernements une influence
plus directe. Jamais, pour l'arrangement des intérêts
terrestres, le nom de Dieu ne fut plus fréquemment
invoqué.

Eh bien ! dans cette lutte entre les principes, dans
ce combat de l'*ange blanc* et de l'*ange noir,* — pour
parler une langue qui, en ces temps singuliers, fut un
instant celle des diplomates — dans ce grand duel
du conservatisme et du libéralisme, la Russie parut
au premier rang.

Nul plus qu'elle ne représentait les anciennes doctrines, les vénérables traditions ; c'est sa voix qui
décidait dans les affaires douteuses, où le droit — le
droit des souverains, bien entendu — pouvait se
trouver obscurci. Il faut se rappeler le mot d'Alexandre Ier à Chateaubriand : « La Providence n'a pas
mis à mes ordres huit cent mille soldats pour satisfaire mon ambition, mais pour protéger la religion,
la morale et la justice et pour faire régner ces principes d'ordre sur lesquels repose la société humaine. »
Et ces paroles étaient sincères dans la bouche d'un
prince qui, en plein conseil, chaque fois que quelque difficulté se présentait, interrompait la discussion et s'adressait à Dieu directement. Il faut se rap-

peler encore ce mot de l'autre empereur, du *tzar* par excellence, de Nicolas : « Humiliez-vous, nations, Dieu est avec nous ! »

Ce caractère demi-religieux que les Tzars, obéissant à des influences diverses, s'étaient donné, l'Europe avait fini par le reconnaître en eux. Il ne se passait plus un fait de quelque importance, pour lequel on n'implorât la décision ou la ratification moscovite. L'Allemagne était toute prête à laisser prendre au Russe, dans ses propres affaires, le rôle de grand justicier. Un simple mot de Nicolas suffisait pour arrêter des armées prêtes à s'entr'égorger. En France, la monarchie de juillet avait toujours senti peser sur son repos, le silence redoutable du légitimiste de la Néva. Elle n'avait osé ni relever cette offense, ni secouer ce dédain.

Ainsi une nation à demi-barbare, admise depuis un siècle à peine au commerce des autres puissances de l'Europe, leur donnait, du haut de son jeune orgueil, des leçons de sagesse et de vertu, les rappelait au respect des lois antiques et des traditions.

Le second Empire, à peine né, se heurta, lui aussi, à cet immense pouvoir d'opinion de la Russie. Le *bon ami* ne voulait pas se déclarer le *bon frère*. Mais, cette fois, le parvenu n'était pas d'humeur à se renfermer longtemps dans l'humiliant silence de son prédécesseur. Sa rancune chercha bientôt à reconnaître ce que tant de hauteur cachait de puissance réelle. L'occasion ne devait pas se faire longtemps attendre.

En même temps que le neveu avait profité du

pesant héritage de gloire que l'oncle lui avait laissé,
il avait recueilli aussi le legs moins glorieux de la
défaite finale. Waterloo et Sainte-Hélène restaient
invengés. De là une nouvelle idée fixe, qu'il est
bon de signaler parmi celles qui hantèrent l'esprit
de l'Empereur : il voulait *déchirer les traités
de 1815*.

Oh ! cette idée n'était nouvelle, ni en France ni én
Europe. Les divers régimes qui s'étaient succédé,
des faits comme la séparation de la Belgique et de
la Hollande, comme la révolte de la Grèce, mille
autres accidents diplomatiques avaient porté plus
d'une atteinte à ces fameuses conventions. Cependant je ne sais quel prestige s'attachait encore à ces
parchemins, dormant sous les triples serrures des
armoires de fer, et c'était comme un rôle à prendre
en Europe que celui de contempteur des traités de
Vienne. Napoléon III crut que ce rôle était à sa taille.
Il le revendiqua.

Cette formule : *déchirer les traités de 1815,* re-
paraît comme fatidiquement dans les diverses phases
de la politique extérieure du second Empire. Mais
il faut ajouter que la victoire elle-même ne permit
pas de l'écarter une fois pour toutes.

C'est qu'en réalité elle était si complexe que, pour
la réaliser, il eut fallu remuer l'Europe de fond en
comble ; et le régime impérial, tout en se disant révolutionnaire, n'avait ni la volonté, ni la force d'entreprendre une pareille révolution.

Du moins la formule, habilement employée, avait-
elle l'avantage momentané de soulever l'opinion

libérale européenne, et de la ramasser en un commun effort.

Se déclarer le chef de cette grande ligue populaire, de cette franc-maçonnerie des revendications nationales, c'était une imagination qui souriait à Napoléon III. En 1854, quoiqu'il combattît aux côtés du vainqueur de Waterloo, il ne fut pas loin de la croire réalisée ; puisque son adversaire était le grand despote, l'autocrate par excellence, lui donc, Napoléon, devenait, par contre, l'autocrate de la démocratie, le despote révolutionnaire, vengeur de la liberté.

Les choses malheureusement ne sont pas aussi simples.

L'imagination ne tient aucun compte des distances. Son vol est aussi rapide que le vol de l'aigle. Mais la réalité est lente et la diplomatie boiteuse. On le vit bien dans cette affaire de Russie.

Au cours d'une guerre longue et douloureuse, que les uns pouvaient croire entreprise au nom des nouveaux principes, tandis que les autres en rattachaient l'origine au développement des situations acquises et des anciennes traditions, au cours de la guerre et au lendemain de la victoire, on n'osa toucher une fois sérieusement à la question polonaise.

Il est vrai que M. Drouyn de Lhuys, — dans une dépêche du 26 mars 1855, adressée à l'Autriche, — fit quelques ouvertures qui tendaient à provoquer un soulèvement en Pologne. Mais c'est à l'Autriche, à l'un des co-partageants, à l'Empire dont la capitale avait donné son nom aux traités de Vienne, que pareille requête était adressée. L'ouverture ne fut pas comprise. La diplomatie routinière emportait ainsi son premier triomphe. Elle détruisait d'un souffle imperceptible l'édifice de nuages qu'avait conçu le rêveur des Tuileries.

Ce fut là pour les Polonais et les amis de la Pologne, le commencement de la désillusion. Les voiles ne tardèrent pas à leur être arrachés violemment des yeux.

Au lendemain de la chute de Sébastopol, la politique de la Russie fut changée du tout au tout. L'ange blanc replia ses ailes et les resserra, si je puis ainsi parler, dans le fourreau du *recueillement*.

Le dernier service rendu par le comte de Nesselrode, au moment où il abandonnait le pouvoir, fut de tracer à son successeur, Alexandre Mikaïlovitch Gortschakoff, la ligne politique dont tout l'honneur a été attribué à celui-ci. Les conseils du vieux comte étaient pleins de modération et de prudence. La Russie, selon lui, devait s'incliner devant le fait accompli. Oui, elle était prête à accepter les succès de l'esprit nouveau. Elle transigeait avec certaines révolutions. C'était elle maintenant qui conseillait aux vieilles dynasties de resserrer leurs rangs, pour faire place à une nouvelle sœur. Pour celle-ci, consacrée par la victoire, la Russie se disait prête à ouvrir toutes ses faveurs, à déployer tous ses sourires. La diplomatie du Tzar offrait à la vanité de Napoléon ses bons offices. Elle mettait une sorte de coquetterie à renier son propre passé. Coquetterie perfide, coquetterie sage, qui entraîna celui qu'elle caressait, dans des voies pleines de ténèbres et fécondes en péril.

La Russie oubliait tout. Elle oubliait son orgueil, elle oubliait sa défaite. Elle ne se souvenait que d'une seule chose, — et ce point était indiqué nettement dans un document que je pourrais appeler le testament politique du comte de Nesselrode : c'est qu'elle était monarchique et *anti-polonaise.* « Notre rapprochement avec la France, disait-il, comme moyen de dissoudre la coalition contre nous et d'empêcher qu'elle ne survive à la guerre, doit rester subordonné à ces deux principes fondamentaux, et ne revêtirait le caractère d'une alliance plus étroite que si des conjonctures favorables le prescrivaient. »

Que restait-il donc à Napoléon ? On ne consentait même pas à laisser luire à ses yeux l'espérance dont un autre diplomate plus habile l'englua : « Nous ne pourrions pas non plus faire cause commune avec Napoléon, s'il voulait conquérir la rive gauche du Rhin ; car nous ne devons pas oublier que, dans la crise actuelle, la Prusse, seule de toutes les puissances, a fermement manifesté l'intention de ne pas nous être hostile. »

C'était avec un pareil esprit de réserve que la Russie se rapprochait de la France; et tandis que Napoléon, — oublieux de Tilsitt, — recevait les assurances d'une entente cordiale, le pouvoir était mis en Russie, aux mains du collègue de M. de Bismarck à Francfort, de « cet autre chancelier », dont la politique pacifique allait assister, impassible, au bouleversement de l'Europe et au remaniement, cette fois, complet du système d'équilibre qui datait de 1815.

Cet état de choses durait depuis des années déjà, quand une nouvelle insurrection polonaise éclata brusquement au grand émoi des chancelleries (1863). Elle se produisait justement à point pour fournir une « entrée de jeu » au récent ministre du roi Guillaume, à celui qui n'était encore que le député, on disait le *chevalier de la Marche*. Il eut la bonne fortune et l'habileté de la ramasser dans le sang.

Mon intention n'est nullement de raconter, après tant d'autres, l'histoire de ces tristes années. On sait de reste comment les choses se passèrent ; on sait l'aide prêtée par la Prusse à la répression de l'insurrection ; on connaît les protestations platoniques de lord Russell ; on n'a pas oublié la fantastique proposition de Napoléon tendant à la réunion d'un Congrès *pour l'arrangement de toutes les questions pendantes ;* on se souvient enfin du coup de théâtre, comme détaché de la comédie des *Propos interrompus,* où certaine dépêche anglaise, annoncée à Saint-Pétersbourg, n'arriva jamais, parce qu'entre la coupe et les lèvres M. de Bismarck s'était interposé.

La diplomatie joua cette partie et la gagna. Non-seulement elle la gagna, mais elle sut, par un coup de maître, la rattacher à une autre difficulté non moins épineuse, qui, la première une fois écartée, ne lui parut plus qu'un jeu, *l'affaire des duchés.*

Sans donc insister sur le détail de l'affaire de Pologne, je rappellerai seulement que, dans ces circonstances, un conflit grave, et on peut le dire décisif, se produisit entre les aspirations généreuses des masses démocratiques et les calculs alambiqués de la diplomatie.

La diplomatie, je le répète, l'emporta. La vigoureuse poussée des sentiments populaires se trouva amincie, éparpillée, perdue dans les mille canaux du travail des chancelleries. La force entière d'une marée montante de passion et de justice n'eut d'autre effet que d'alimenter le moulin à dépêches des bureaux et de fournir le son et la farine à la curiosité des journalistes bien renseignés.

Pourtant les sentiments populaires s'étaient manifestés, cette fois, avec une unanimité telle qu'ils paraissaient devoir triompher. Leur insuccès n'en fut que plus cruel. Il parut même irrémédiable. Le ressort du sentiment appliqué à la politique fut brisé de ce coup. L'ère romantique de la diplomatie européenne se trouva close. Le succès désormais reste assuré aux calculs savants ; il est le produit des rouages silencieux et polis entretenus dans les cabinets, ayant, pour unique moteur, la force.

Les esprits libéraux qui allaient être — après la Pologne elle-même, — les vrais vaincus de cette défaite, comprirent, comme d'instinct, la grandeur de la partie qui se jouait. Ils unirent leurs derniers efforts, et ils donnèrent l'un après l'autre dans ce suprême combat, où la grande pensée fraternelle de la « République chrétienne » périt écrasée sous le sabot des cosaques de Mouravieff.

En France, pas un seul ne garda le silence. Michelet, Quinet, Carnot, même Lanfrey, esprit modéré s'il en fût, tous ceux qui s'intéressaient à

la cause du peuple et à la cause des peuples réclamèrent pour la vie de la Pologne : et cette indépendance, cette vie, ils la réclamèrent, de la façon
la plus radicale, au nom des principes, comprenant
que si les principes ne l'emportaient pas cette fois, il
fallait y renoncer ; qu'ils n'étaient plus que lettre
morte et leur mémoire une vaine ostentation.

L'un d'eux, détachant absolument cette sainte cause
(comme ils l'appelaient) de toute promiscuité avec
les voies du siècle, avec la diplomatie, s'écriait :

Que les gouvernements aient leurs procédés diplomatiques, leur marche progressive dans le développement des questions de fait, c'est leur affaire et non la
nôtre... L'opinion a, elle, sa marche à part... Pour elle,
il n'y a pas le droit contre le droit, point de traités de
1815. Le mouvement actuel dans sa force et sa netteté,
ne s'arrête pas, en réagissant contre le mal, à telle ou
telle phase du mal ; il remonte à la source même ; il
est la négation de tout ce qui s'est fait depuis 1772 [1].

Je citerai encore ce passage de Lanfrey, le moins
rêveur des théoriciens de l'opposition :

Mais, demande-t-on au nom de quel droit doit se
produire cette intervention des puissances dans les
affaires de Pologne ? — Au nom d'un droit supérieur à
tous les traités, au nom des droits de l'humanité.
C'est ici ou jamais le cas de stipuler pour le genre
humain, comme disait Montesquieu.... Invoquer en un
tel sujet les conventions diplomatiques, ce serait
amoindrir le caractère de cette répression. Il faut que
lord Palmerston sache qu'il y a pour un gouvernement

---

[1] H. Martin, *Pologne et Moscovie*, p. 25.

d'autres « obligations » que celles qui sont créées par la diplomatie. Il y a des devoirs sacrés qui sont communs à toutes les nations civilisées et auxquelles on ferait injure en les écrivant sur un protocole [1].

On le voit, cette préoccupation était celle de tous ; tous pensaient qu'au souvenir de l'immense iniquité dont la honte pesait sur l'Europe, qu'en présence des spectacles sanglants qu'étalaient alors les bords de la Vistule, qu'au récit de tant de vaillants faits d'armes et de si nobles actions dont le bruit volait sur les lèvres des hommes, un noble élan, un élan de croisade allait tout à coup s'emparer de l'Europe, et qu'à la brutale irruption de ces nouveaux soldats d'Attila, elle allait opposer la force de son union et la triomphante vigueur de son intervention militaire.

C'est au premier rang de cette phalange que combattit Henri Martin. C'est en s'inspirant de ces sentiments qu'il écrivit les deux ouvrages dont il me reste à parler pour terminer l'étude de son rôle politique sous l'Empire : *Pologne et Moscovie* [2] et *la Russie et l'Europe* [3].

Le premier de ces livres n'est rien qu'une brochure dans laquelle furent rassemblés les articles publiés dans le journal *le Siècle,* au cours même des événements. La réunion de ces articles était destinée comme chacun des articles lui-même, à entraîner l'opinion publique et le gouvernement dans le sens de la politique d'intervention.

---

[1] *Études et portraits politiques*, 1864, in-8°, p. 317.
[2] Paris, Furne, 1863, in-8°.
[3] Paris, Furne, 1866, in-8°.

Pour employer le langage même de la préface,
« cette série parue, du 6 février au 24 juin 1863, n'a
guère d'autre valeur que de marquer de degré en
degré l'horreur croissante de la tragédie que l'Europe
et la France, hélas! n'ont point prévenue et jusqu'ici
n'arrêtent point ». Ce ton est celui des soixante pages
qui forment ce petit volume. Il peut paraître aujour-
d'hui légèrement démodé et emphatique. Mais il était
alors au diapason général. Cette brochure de Henri
Martin prend sa place parmi tant d'autres qui parurent en ce temps-là, et dont la collection empli-
rait presqu'une bibliothèque. Il n'y a pas lieu d'y
insister : les quelques idées propres à Henri Martin
qui se trouvent seulement indiquées dans ces pages
écrites de verve, ont été reprises, étudiées, détaillées
dans le livre important, paru trois années plus tard,
et intitulé la *Russie et l'Europe*.

J'observerai seulement que, dès 1863, cette question de la Pologne, — de la Pologne rendue libre par
la fédération européenne, — passionnait H. Martin,
comme elle passionnait tous ceux qui avaient à cœur
les hauts intérêts européens. Elle était entre lui et ses
amis l'objet de fréquentes discussions, de correspondances souvent curieuses. On me saura peut-être gré
de citer ici, à titre de document, une lettre écrite par
H. Martin à son ami, M. Peruzzi. Le parti libéral italien se préoccupait, comme on le verra dans cette
lettre, des instincts rétrogrades, ou si l'on veut catholiques, que l'on reprochait à la Révolution polonaise. Henri Martin répond à cette objection. Cette
lettre mettra en lumière un côté quelque peu oublié

de la question polonaise. Sa lecture aura cet autre
avantage, de faire pénétrer dans l'intime conviction
de l'auteur de *la Russie et l'Europe*.

16 novembre 1863.

MON CHER AMI,

Nous voici dans une nouvelle phase de la grande
crise. La forme change, le fonds ne peut changer. J'ai
trop étudié ce fonds depuis un an pour croire à la
possibilité d'une transaction pacifique, et quant aux
bruits qui courent d'un rapprochement de notre gouvernement avec la Russie, motivé sur son irritation
contre l'Angleterre, tout ce que je puis dire, c'est que
la moitié énergique de la France veut la guerre contre
la Russie ; que si l'autre moitié, la moitié passive, ne
la veut pas, ou hésite, c'est uniquement par crainte
d'une coalition, mais que la haine contre le Russe
est universelle, et que l'Empereur ne la bravera point ;
préféra-t-il cette voie, il n'y peut rentrer, elle est
coupée par un abîme. La Russie ne lâcherait pas la
Pologne, même pour Constantinople ; la Russie ne
renoncera pour rien au plan Pogodine, c'est-à-dire à
l'extirpation de la civilisation polonaise.

Une chose me préoccupe et m'inquiète — une chose
où je sens un danger grave pour l'Italie. Marchant sur
un terrain qui tremble sous ses pas, entourée de
pièges, d'embarras, d'obstacles de tout genre, s'usant
à attendre, obligée de dévorer l'avenir pour ne pas
sombrer dans le présent, tout faux pas peut avoir
pour elle des conséquences terribles, surtout le faux
pas qui l'éloignerait de sa ligne droite et de ses appuis naturels.

Fille de ce grand principe des nationalités que la
Révolution a inscrit sur son drapeau, l'Italie, lorsqu'elle a fait des représentations en faveur de la Pologne, s'est bien gardée de réclamer au nom des traités

de 1815, elle n'a pas donné dans ce piège. L'Italie ne
les reconnaît pas plus que la Pologne, pas plus qu'aujourd'hui la France, qui vient d'en proclamer solennel-
lement l'abolition. La cause de l'Italie et celle de la
Pologne sont absolument pareilles en principe ; elles
ne peuvent vivre toutes deux que par la mort de l'Europe de 1815 ; leurs intérêts sont donc communs.

Mais j'aperçois, on aperçoit ici un nuage sur ce qui
semble d'abord si clair. On sent que vous êtes disputés
entre deux idées contraires, une objection qui s'est
présentée aussi à la démocratie française et qu'elle a
écartée d'instinct dès le premier jour et sans discussion, en passant sur le corps à Proudhon et à quelques
autres, une objection dont le *parti d'action* chez vous
ne paraît pas tenir plus de compte, est évidemment
prise au sérieux par les hommes d'Etat italiens et
pèse sur votre politique. La Pologne, comme Proudhon avait essayé de l'établir chez nous (et je dois
dire qu'il a reconnu depuis son erreur, et qu'il se dispose à la réfuter lui-même), la Pologne appartiendrait
au passé, elle ne serait qu'une résurrection de fana-
tisme catholique et d'oligarchie nobiliaire. Comme
conséquence, relativement à l'Italie, elle serait un
nouvel adversaire et un nouveau péril. Elle serait une
arme au service du Pape.

S'il en était ainsi, nous serions dans le chaos. Mais
il n'en est pas ainsi ; et il n'y a pas à prendre au sérieux les sottises de M. Constantin Czartoryski que
son cousin Ladislas vient d'être obligé de désavouer à
Londres. J'étudie, depuis le commencement de cette
année, le mouvement actuel et l'histoire du passé. Tout
atteste que les terribles leçons du passé n'ont pas été
perdues, que la Pologne a le sentiment des calamités
que lui ont attirées les Jésuites et l'esprit d'intolérance.
Le cachet de la révolution actuelle, c'est cette première levée de Varsovie en 1861, où les prêtres catholiques, les rabbins juifs et, ce qui est peut-être plus

fort, les ministres protestants *allemands,* ont marché
ensemble *bras dessus bras dessous.* Cela ne s'est pas
démenti depuis. Et il est, du reste, à remarquer que
la Pologne est, après la Hongrie, le pays de l'Europe
d'où il est venu le moins de manifestations en faveur
du pouvoir temporel.

Pour quiconque a étudié la question, la petite Pologne est impossible. Il peut ne point exister de Pologne,
ce qu'à Dieu ne plaise! il n'en peut exister une petite.
Or, la grande Pologne, c'est la réunion de la Ruthénie
à la Pologne propre et à la Lithuanie ; et la Ruthénie
ce sont plusieurs millions d'hommes du rite grec, soit
uni, soit séparé ; des millions d'hommes qu'on n'aura
qu'avec des garanties pour leur culte, et qui ne vote-
ront pas pour le temporel du pape. En outre, vous
avez l'élément juif, si nombreux, si actif, *si polonais*
aujourd'hui.

La nouvelle Pologne sera catholique, juive, grecque,
protestante, tout à la fois, et, avant tout, individua-
liste et libérale, quand elle ne sera plus forcée d'être
révolutionnaire. Et son gouvernement révolutionnaire,
notons-le en passant, emploie à la fois blancs et rouges,
Czartoryski et Mieroslawski, mais ne se livre ni aux
uns, ni aux autres, et surtout pas aux noirs. L'esprit
collectif et anonyme qui dirige, est un esprit tout
d'avenir, bien qu'il soit obligé de s'habiller en *Franc
juge* du moyen âge; monde renversé où les brigands
disposent de l'échafaud et où la justice est obligée de
lui opposer le poignard !

Si la Pologne renaît, l'esprit nouveau y dominera; à
part leur tendance propre qui les y porte, les Polonais
savent bien qu'ils n'ont d'appui sérieux que dans le
parti populaire et que la démocratie seule veut vraiment la guerre en leur faveur. Le parti catholique,
conservateur avant tout, a peur de tout mouvement;
il parle un peu pour eux, mais n'agirait pas.

Il ne peut y avoir de transaction, d'arrangement, je

ne dis pas solide, mais d'apparence quelconque dans la question polonaise, parce qu'il n'y a pas de terrain possible. L'Empereur ne peut faire que la guerre ou rien du tout. S'il ne fait rien, quelle sera notre situation à tous, quel sera l'état de l'Europe ? La prépondérance passée de la France à la Russie, au moment même où la Russie se montre indigne, non pas d'être le premier, mais d'être le dernier membre de la famille européenne, et où elle manifeste ouvertement sa vraie nature tartare; le système de ruine et de destruction continuant en Pologne à travers les bouffonneries pseudo-libérales et les amnisties dérisoires qui pourront suivre la fin de l'insurrection, mais non la fin des proscriptions; en France, le pouvoir affaibli, dépouillé de tout prestige, en présence d'une démocratie relevée et croissante, qui se sent prédestinée à une lutte à mort contre le moscovitisme, à cette lutte que l'Empire n'aurait ajournée que pour la rendre plus périlleuse et plus furieuse.

En France, comme ailleurs, l'expérience des fautes passées n'a pas été perdue : si les Polonais, si étourdis et si divisés autrefois, sont devenus politiques et unis, la démocratie française, aussi, a acquis de l'esprit pratique. Relativement à l'Italie, elle écoute les hommes qui ont été initiés à la politique de Manin et de Cavour; elle n'est nullement hostile aux monarchies constitutionnelles de notre voisinage et surtout à la vôtre ; elle entend aux transactions nécessaires. Mais si dans les incidents qui auraient précédé l'inaction définitive de notre gouvernement, l'Italie n'avait pas été du côté de la Pologne, et que son gouvernement, tout en plaidant, comme il l'a fait et bien en vain, la cause de l'humanité, eût paru se rapprocher de ce qui est considéré chez nous comme l'irréconciliable ennemi de la nouvelle Europe, comme une espèce d'antechrist politique, il n'y a pas de doute que la démocratie française changerait de sentiments et qu'elle tenderait à redevenir le point d'appui des partis opposés chez vous à l'établissement constitutionnel, ce qu'elle avait tout à fait cessé d'être. Elle serait de nouveau rejetée vers les extrêmes dont ses dispositions actuelles l'éloignent, ce qui pourrait avoir de très dangereuses conséquences pour tous.

Il faut toujours partir de ceci, qu'en France, en dehors du gouvernement, il n'y a de force sérieuse que dans l'opinion démocratique.

J'ai passé l'hypothèse de l'inaction finale du gouvernement français, — pourtant, si j'inclinais à y croire, il y a quinze jours, je n'y crois pas aujourd'hui. Admettre qu'il n'y ait rien du tout derrière un tel langage, c'est bien fort. Ne rien faire après avoir ainsi parlé, ce serait un Waterloo moral. Le fameux discours a un double caractère, douceur pour le dedans, raideur envers le dehors. Pendant les élections, le pouvoir nous jetait les gros mots à la tête ; aujourd'hui, il devient d'une modération jusqu'ici sans exemple, nous ne sommes plus des factieux, des révolutionnaires, des incorrigibles, nous sommes seulement des *esprits prévenus* dont il faut dissiper les préventions ; par contre, les souverains sont mis en demeure d'une façon assez hautaine : il y a là quelque chose de *très calculé*, quoique je ne pense pas que cela ait été calculé longtemps à l'avance.

En résumé, entre le danger de faire et le danger de ne pas faire, je crois que l'Empereur, au pied du mur, a choisi le plus honorable, et qui est encore, j'en suis convaincu, de beaucoup le moins dangereux des deux pour lui. S'il agit au dehors, il peut, il doit traiter avec la liberté au dedans ; s'il ne fait rien, c'est autre chose ; compression ou libéralisme lui seront également funestes ; il n'y a plus d'issue.

S'il s'engage dans l'action, il le fera certainement avec la pensée d'une solution générale ; mais il peut bien viser à ce que le drame ait plusieurs actes ; et si,

par exemple, dans le premier, l'Autriche était neutre,
et qu'il débutât par une guerre restreinte, il ferait
alors à l'Autriche les grandes propositions qu'avant
l'action, qu'aujourd'hui, sans doute, elle n'accepterait
pas. Pour Venise, au moins je ne crois pas qu'on
puisse douter qu'il ne la veuille pour vous, rien de
durable en Europe ne pouvant se faire qu'à cette condition, et quant à Rome, le mouvement ascensionnel
de la démocratie et la pression croissante qu'elle exerce
à cet égard finiront par l'emporter.

Je ne me lancerai pas plus avant dans les hypothèses sur les énigmes de notre sphynx ; j'en reviens
à mon *delenda Carthago*. La Russie est l'ennemie publique : faible aujourd'hui, sous des apparences gigantesques, elle deviendra forte avec le temps, si on la
laisse se consolider et prendre du corps, et forte alors
contre nous tous, contre toute liberté et toute civilisation européenne.

Un duel à mort entre elle et la France est au bout de
tout cela ; ou la guerre par notre gouvernement actuel
et dans les conditions actuelles ; ou la guerre, plus
tard, sous une autre forme, et, peut-être si elle a trop
tardé, le duel entre le Comité de Salut Public et Gengiz-
Khan, et Dieu sait tout ce qui serait broyé entre les
deux !

J'en viens maintenant au volume intitulé *la
Russie et l'Europe*. Il parut, avec quelque retard,
en 1866, alors que le sort de la Pologne était déjà
décidé, alors que d'autres événements se préparaient
qui devaient singulièrement rejeter dans l'ombre
cette préoccupation politique de nos ancêtres libéraux de 1830 et 1848.

Le livre était composé de deux parties : une première purement historique et scientifique, une se-

conde surtout politique. La première partie peut se
résumer en un seul mot : L'Empire des Tzars est un
empire asiatique. À l'appui de cette thèse, H. Martin
invoque les faits plus ou moins bien connus qui se
rattachent à la fondation et au développement de la
Moscovie; il se réfère surtout au détail si incertain
des constatations ethnographiques. Pour lui, il ne
fait pas doute que les Russes actuels sont de purs
Finnois, des descendants des compagnons de Tamer.
lan et de Gengis-Khan; il ne veut pas même reconnaître en eux des Slaves. Car leur donner ce titre, ce
serait leur donner le droit de prendre leur place dans
la grande famille indo-européenne. Ce sont des Tou--
raniens, des peuples à instinct nomade, variable, peu
perfectibles et chez lesquels le goût des aventures
sans frein et la soif horrible du sang reparaissent
fatalement, malgré les apparences plus pacifiques
empruntées aux exemples d'une Europe, qui croit
être une éducatrice et qui n'est, en réalité, qu'une
proie.

Vous n'êtes pas des Européens ! c'est la grande
injure que les partisans de la Pologne jetaient à la
tête des Russes démembreurs et massacreurs. Et
ceux-ci se montraient sensibles à ce reproche. Plus
il était entouré d'apparat scientifique, plus il les
piquait. Catherine elle-même, la grande Catherine, avait daigné réfuter officiellement une affirmation pareille jetée en passant par un écrivain du
XVIII° siècle, et Mirabeau qui, paraît-il, n'était pas
de l'avis de son illustre contemporaine, observait
ironiquement « que les Russes n'étaient Européens

qu'en vertu d'une définition déclaratoire de leur souveraine, copiée presque mot à mot de Montesquieu ».

Cette question fut toujours en Russie et même en Europe, parmi les savants, l'objet d'un vif débat. Je n'oserais dire qu'elle ait jamais été traitée sans passion. Elle n'en est que plus difficile à résoudre.

Tout au plus, pourrait-on dire que la Russie est un vaste *pandæmonium* où Asiatiques et Européens, Finnois, Slaves, Germains, Grecs et Juifs, Arias, Touraniens et Sémites se trouvent confondus. Mais cette solution éclectique qui ne favorise aucune opinion préconçue, ne satisfera personne, et il est à croire que, pendant longtemps, l'une ou l'autre thèse exclusive trouvera des apologistes et des détracteurs ; d'autant que rien n'est plus difficile que de déterminer le sens exact de ces mots *Asiatiques* et *Européens*.

Quoi qu'il en soit, H. Martin, entraîné par des sentiments très honorables, et il faut le dire aussi, par une conviction scientifique absolument sincère proclame le caractère uniquement asiatique de la domination russe.

Puisqu'elle n'est pas européenne, elle est donc anti-européenne. Qui n'est pas avec moi, est contre moi. « La Pologne (et c'est par cette proposition que commence la seconde partie), la Pologne sera un jour rétablie jusqu'au Dniéper, *s'il y a encore une Europe.* »

On le voit, par ce seul mot, ce que H. Martin conçoit, c'est une sorte de panslavisme au profit de la

Pologne. Non-seulement il demande la restauration de cet antique royaume chrétien ; mais il le veut grand, puissant, capable d'opposer une digue énergique au débordement de l'Asie sur le monde civilisé ; capable de produire de nouveaux Sobieski et d'intervenir, si l'heure sonnait encore, au profit du monde occidental, dans un nouveau siège de Vienne.

Ces prémices une fois posées, il reste à décider comment un pareil résultat, si contraire au développement des faits historiques durant le dernier siècle, peut être atteint. C'est à l'examen de cette question que la partie politique du volume est consacrée.

Cette seconde partie peut être regardée aujourd'hui, sinon comme tout à fait *utopique,* du moins comme hors d'usage. Les événements se sont succédé dans une direction absolument opposée à celle que des esprits de la valeur de Henri Martin et de ses amis, considéraient comme celle de la justice. En se mettant à leur point de vue, on pourrait dire que l'histoire de l'Europe depuis 1866, — date à laquelle ces pages ont été écrites, — n'est qu'une suite toute naturelle des démembrements et de l'écrasement définitif de la Pologne.

Ce que Henri Martin comprit très bien, c'est qu'une grande partie allait se jouer : « Le vieux monde, dit-il en terminant, est ou sera tout entier engagé : la lutte chantée par la mystique épopée de la Perse, la lutte d'*Iran* et de *Touran,* se renouvelle à la fin des âges sur une échelle immense » : et il ajoute : « Jamais la Providence n'a posé au genre humain dans de si colossales proportions, la question de sa destinée, et cette question ce n'est pas la fatalité, ce n'est pas une abstraite et impersonnelle *force des choses,* c'est la liberté humaine bien ou mal employée, la volonté humaine bien ou mal résolue qui le décidera. »

Seulement, pour l'auteur, dans ce grand conflit, l'avocat du diable, l'ange du mal, l'instrument de la force contre le droit, c'est le Russe ; l'ange blanc serait cette fois la fédération européenne. Le salut n'est nulle part ailleurs que dans l'alliance de l'Allemagne unifiée et de la France. Si l'Europe se coalisait, pour arracher de son sein les éléments d'une Pologne restaurée, si elle faisait un grand effort pour se dérober aux griffes rapaces des aigles qui la menacent, elle pourrait, assurée désormais de son salut et de son repos, reprendre le travail de la civilisation. Si elle ne peut faire un pareil effort, sa tranquillité sera menacée toujours et qui sait, à la première division intestine, l'étranger, l'Asiatique, se ruant sur elle, la détruira.

Pour le Français, il y a donc dans ce problème deux éléments à considérer : d'une part, l'état de l'Europe, d'autre part, l'état de la France.

En Europe, la grande question est la question allemande. J'ai dit ce que désirait Henri Martin : une Allemagne libre et unie, soustraite aussi bien à l'hégémonie de la Prusse, qu'à celle de l'Autriche. Je ne pourrais affirmer qu'il considérât comme prochain la réalisation de ce programme. Déjà l'astre de Bismarck avait envahi le ciel de la politique

européenne, et on sent bien que cette aurore inquiétait le vieux libéral, ami de la Pologne, et qu'il
dérangeait ses honnêtes calculs. Il ne se trompait
pas sur la haute valeur de l'homme ; il ne se trompait pas sur son scepticisme politique ; il disait :
« Nous ne croyons pas à M. de Bismarck plus de
préjugés que de scrupules, et nous pensons qu'il
traiterait au besoin le parti de la Croix, comme il
a traité le Danemark ; et la Russie comme l'Angleterre. »

Il comprenait tout ce que l'Allemagne féodale et
bureaucratique couvait de haine contre la France
démocratique. Mais quoi ? il espérait encore : il espérait en *la liberté*.

Et c'est ici qu'il se retournait vers la France, et il
lui disait : Entre tes mains repose le sort de l'Europe, le sort du monde. Pour accomplir l'œuvre dont
toi seule seras l'ouvrière, sois forte, et surtout sois
libre.

Sois forte ! Henri Martin se séparait ici encore, de
ses amis, les libéraux. Tout en déplorant comme eux
la folle aventure du Mexique, qui avait si vainement
gaspillé nos ressources militaires, il suppliait qu'on ne
marchandât à l'armée ni l'argent, ni les hommes ; il
demandait que la France fût toujours prête ; il reprenait presque mot pour mot les termes de la belle
page qu'il avait écrite en 1847, et que nous avons
citée déjà. Il demandait non-seulement une armée
permanente nombreuse, avec des cadres solides et
larges, mais la constitution d'une garde mobile,
toujours exercée aux armes, avec le soutien d'une

garde nationale, prête à défendre efficacement le sol
de la patrie, si quelque jour il se trouvait menacé. Il
demandait que l'éducation physique de la nation fût
poussée dans un sens viril, de même que son éducation intellectuelle et morale ; il suppliait qu'on
démentît par les faits cette parole, qu'inspirait à
un général l'épuisement des générations contemporaines : « Qu'il fallait consommer dix hommes pour
faire un zouave ! »

Il demandait surtout que la France fût libre. Il
demandait que puisqu'elle prétendait se déclarer en
Europe le champion du droit, elle fut aussi le soutien de la démocratie, et qu'elle répandît, en même
temps que des paroles d'équité, la propagande de la
liberté : « Tout pouvoir, disait-il, qui ne sera point
la tête d'une démocratie vraiment libre, ne saurait
mener la France à ses destinées, parce qu'il se dé-
tournera trop souvent du but essentiel pour des vues
particulières, parfois très dangereuses au pays et à lui-
même. Il faut que nous soyons radicalement l'opposé
de notre ennemi pour pouvoir disposer contre lui
de toutes les forces contraires à son principe. Tant
que nous ne serons pas la liberté organisée, tant que
nous flotterons entre l'arbitraire et la liberté, nous
ne surmonterons pas la Russie » (p. 269).

On le voit, toutes ces idées, en 1866, étaient bien hors
de saison. Je persiste à penser qu'une époque s'était
rencontrée où elles eussent pu descendre du domaine
du rêve dans celui de la réalité. Ma conviction est,
qu'à une certaine date de l'année 1848, la démocratie et le principe des nationalités pouvaient trouver

leur place dans le monde. Les peuples se donnant la main eussent pu arracher, d'un seul coup, à la vieille Europe, et leur indépendance et leur unité. La France se serait mise à la tête de ce mouvement. Elle en eût pu recueillir et l'honneur et le profit.

Mais les temps étaient bien changés. L'Europe s'était rassise sur son passé. La France elle-même lui avait (après bien des dissensions intestines) montré l'exemple du découragement et de la servitude. Nous n'avions plus rien à proclamer et nous n'avions plus rien à réclamer. Il fallait avoir le courage de faire de nouveau, sur nous-mêmes, une opération dont notre propre existence pouvait se trouver menacée, avant de parler aux autres de remèdes, qui ne provoquassent pas la dérision du « *médecin, guéris-toi toi-même* ».

L'heure donc était tout à fait passée, et les gens de 1848 retardaient. Déjà on pouvait, d'un mot irrespectueux, les appeler *vieilles barbes*. Rien n'était plus démodé que leur franchise d'allure, leurs paroles simples et leur perpétuelle invocation des principes.

C'est ce qui fit l'insuccès du livre si consciencieux d'Henri Martin. On le lut peu. On le critiqua à peine. Tout au plus si les patriotes polonais reconnurent dans ce défenseur opiniâtre de leur cause, l'ami des jours de deuil. Ils adressèrent à Henri Martin une lettre collective qui est un des honneurs précieux de cette honorable existence. Ils lui disaient :

Les Polonais de toutes les parties de leur ancien État,

viennent vous remercier publiquement de vos efforts
constants pour venir en aide à la patrie. Vous avez ouvert une voie nouvelle pour servir sa cause. Vous avez
consacré plusieurs années à étudier notre histoire nationale que nos ennemis avaient falsifiée... Dans cette
voie des grandes réparations, vous avez conquis la
première place par le caractère élevé de vos travaux.
Votre nom est devenu un synonyme de l'unité européenne par la fédération... Puisse ce souvenir, ajou-
taient-ils, vous être un témoignage de la vive reconnaissance des habitants des diverses parties de
l'ancienne république polonaise...

Cette lettre, couverte de centaines de signatures,
était accompagnée d'une bague, sur laquelle était
gravée la devise : « *libres avec les libres, égaux avec
les égaux* ». C'est là, certes, un honorable témoignage de la reconnaissance des peuples. Mais la date
de ce document est plus éloquente encore que le
texte et ouvre les yeux sur bien des illusions. Elle
est du *11 août 1870*.

Quelques jours à peine et la France, et ses hommes
politiques, et ses amis, et tous ceux qui avaient pu
rêver de la voir un jour reprendre en Europe sa juste
influence, tous ceux-là allaient rencontrer, pour elle-
même, d'autres préoccupations et de plus poignants
soucis.

Depuis 1870, il n'a plus été une seule fois question
de la Pologne. Henri Martin fut un des derniers à
élever la voix en sa faveur. On dit même que, par la
suite, il avait reconnu « son erreur ». Il était disposé,
ajoute-t-on, à admettre la Russie au banquet fraternel des peuples européens. Je ne doute pas que sa

prévoyance n'ait été jusque-là ; je doute pourtant
qu'il se soit laissé entraîner sans une certaine nuance
de regret.

Il y a, dans l'affaire polonaise, une question de
haute équité internationale, un fond sentimental si
l'on veut, auquel une âme comme celle de Henri
Martin n'a jamais pu se trouver insensible.

Les raisons politiques, si graves qu'elles fussent,
n'ont probablement jamais entamé le roc ferme de
ses convictions d'honnête homme. Elles ont, tout
au plus, déterminé ses préférences d'homme d'Etat.
Bien des voiles ainsi tombèrent de ses yeux. On ne
peut dire qu'il avait été aveugle. Si seulement on eût
suivi ses conseils, on eût été prêt à tout événement.
Mais il avait eu trop de confiance en la force de résistance et d'expansion de sa patrie. Il n'avait pas
apprécié l'énergie du poison qu'elle avait reçu.

Il ne la connut que plus tard, alors qu'il dut
écrire une dernière brochure politique, dont il suffira
d'énoncer le titre : *Les Napoléons et les frontières
de la France.*

LIVRE III

LES ÉTUDES HISTORIQUES

CHAPITRE IER

LES ORIGINES DE L'HISTOIRE DE FRANCE : *MÉLANGES D'ARCHÉOLOGIE CELTIQUE*

Si importantes que fussent ses préoccupations et ses occupations politiques (et de ces dernières la moindre n'était pas une collaboration assidue au *Siècle*), elles étaient loin d'absorber tout le temps de Henri Martin. La politique était alors pleine de déboires et de sacrifices. Il consacra la meilleure partie de son activité aux études littéraires et scientifiques.

Non seulement sa vie publique, mais sa vie privée avait connu de cruelles douleurs. Au cours de l'année

1861, il avait perdu un fils, âgé de moins de trente ans, déjà peintre de talent, et dont plusieurs œuvres, où respire quelque chose de l'âme du père, ont été conservées. Ce coup fut rude pour l'âme d'Henri Martin. Lui, dont les écrits se renferment dans une abstraction si haute et si discrète, dont la personnalité s'est toujours écartée du grand jour, il n'a pu étouffer tout à fait son cri de douleur. Il laisse entendre dans un passage de ses *Mélanges d'archéologie cellique,* que ce deuil qui le frappa contribua à le jeter dans la carrière des voyages et des recherches archéologiques.

En effet, l'activité littéraire de Henri Martin prend, à partir de cette époque, une direction nouvelle. Le grand travail de l'*Histoire de France* était achevé dans son ensemble. Il s'agissait uniquement d'en reprendre les détails, et de les mettre, par une surveillance incessante, au courant des études plus récentes et des lectures toujours plus étendues de l'auteur. Henri Martin pouvait aussi s'appliquer plus particulièrement à l'examen minutieux de certaines parties. L'historien laissait maintenant la place à l'érudit.

Son érudition, Henri Martin résolut de l'appliquer toute entière à la recherche de nos antiquités nationales.

J'ai déjà eu l'occasion d'indiquer par suite de quelle haute préoccupation, Henri Martin se trouva porté vers ces études. Non seulement il suivait la pente naturelle de tout esprit investigateur, heureux de pénétrer de plus en plus profondément dans ces

arcanes, qui paraissent impénétrables, de notre antiquité préhistorique ; non seulement il était poussé
par le devoir de l'historien désireux d'ajouter de
nouveaux traits, et des traits parfois décisifs, à la
figure du caractère national ; mais il y avait encore
en lui une pensée plus élevée, une pensée qu'il avait
empruntée à son ami J. Reynaud, une pensée religieuse.

Les deux amis s'étaient toujours plu à imaginer
que les mystères de l'antique religion druidique
cachaient un fond de doctrines qui n'était pas loin de
se trouver d'accord avec leurs propres opinions. Ils
cherchaient dans le passé, une glorieuse justification
de leur croyance, la marque décisive de sa conformité avec le caractère de l'âme gauloise, de l'âme
française. Aussi désiraient-ils vivement faire la
preuve d'une affirmation qu'ils avaient peut-être
émis un peu hâtivement : pour J. Reynaud, c'était
l'honneur de sa doctrine ; pour H. Martin, c'était la
justification de sa théorie historique de l'ancienne
France.

Jean Reynaud, ici encore, fut l'initiateur. Dans
l'article *Druidisme,* de l'*Encyclopédie moderne,* il
exposait à sa façon, procédant plutôt par hypothèse
que par une exacte connaissance des documents, ce
qu'il entrevoyait dans la doctrine religieuse de nos
ancêtres gaulois. Le vague même des renseignements
acquis lui permettait d'y reconnaître tous ses rêves.
La puissance de son imagination lui faisait découvrir
dans d'obscures allusions un sens et une portée précise. En somme, selon Jean Reynaud, les druides

avaient une haute conception de l'immortalité de
l'âme; ils avaient, avant lui, déterminé la vaste cir-
culation de la vie, le cercle des voyages accompli
sous des formes diverses par les âmes humaines. Ils
avaient établi le libre arbitre absolu de l'homme, le
laissant maître de sa destinée présente et future, ils
avaient donné, pour but final à ses efforts, l'absorption définitive et délicieuse dans le sein de Dieu.

Ces idées influèrent sur toute la carrière historique
de Henri Martin. Elles servirent de point de départ
à ses études celtiques. Il est aujourd'hui admis, qu'il
ne sut pas se dégager assez de ces idées premières et
qu'elles ont contribué à fausser quelques-unes de ses
appréciations; qu'elles l'ont amené à donner à certains aperçus plus ingénieux que fondés une importance très contestable.

Il me serait bien difficile d'entrer ici dans une discussion pour laquelle je ne me sens aucune compétence, et dont les éléments sont encore loin d'être
réunis. Ce n'est pas le lieu, d'ailleurs, de suivre dans
la critique amère qu'ils ont faite de l'œuvre de Henri
Martin, certains érudits affligés d'une myopie cha-
grine et qui ne perçoivent que des ténèbres, là où
des esprits de plus haute portée ont cru saisir de ces
troubles lueurs qui sont peut-être un reflet de la
vérité. Il peut y avoir de l'audace, de l'imprudence
dans certaines des imaginations de J. Reynaud et de
H. Martin. Il n'y a, le plus souvent, que de l'impuissance, dans les critiques de plus d'un de leurs
contradicteurs.

Le demi-siècle d'efforts que les savants de tous les

pays ont consacré à ces études, depuis le temps où
H. Martin, l'un des premiers, les abordait, ont permis
à la science de faire bien des progrès et ont rejeté
dans l'ombre bien des hypothèses. Il ne coûtait pas à
Henri Martin lui-même de reconnaître qu'il s'était
trompé.

Mais il reste au moins, de la part de travail qu'il a
fournie pendant les dernières années de sa vie, une
œuvre utile et profitable, des résultats scientifiques
de la plus réelle importance; il eut là surtout un
rôle actif d'initiateur, d'impulseur que nul autre que
lui, ne pouvait prendre avec autant d'autorité.

Ce rôle, Henri Martin le saisit à partir de l'année 1860 et ne l'abandonna qu'avec la vie. Et c'est
cette part de ses travaux que j'essaierai de mettre en
lumière ici (d'une façon malheureusement tout à fait
insuffisante), à propos du livre qu'il publia en 1872,
mais, qu'en réalité, il avait écrit de 1860 à 1870, les
Études d'archéologie celtique.

C'est en effet dans ce volume, et dans les comptes
rendus de la *Société d'anthropologie,* que se trouvent réunis les plus considérables travaux publiés
par Henri Martin sur ces questions. A partir de
l'année 1859, il ne cessa de les étudier et leur consacra même, en réalité, le meilleur de son temps.

Qu'il nous soit permis donc de constater tout d'a-
bord que H. Martin a été un ouvrier de la première
heure. Cette science de l'anthropologie qui embrasse
dans un cadre mal délimité et peut-être un peu vaste
tout ce qui touche à la manifestation animale de
l'humanité sur la terre, était à peine fondée, que

H. Martin, comme instinctivement devenait l'un de
ses premiers pionniers. Il avait compris de bonne
heure que l'histoire de l'homme ne se trouve pas
seulement dans le monument écrit, mais qu'elle laisse
ses traces les plus profondes dans l'humanité elle-
même, c'est-à-dire dans la forme et le progrès du
corps (de là, la science qu'on pourrait appeler l'ana-
tomie historique) ; dans la dispersion des races : (de
là, l'ethnographie) ; dans la variabilité des langues :
(de là, la linguistique); enfin dans les objets ayant
touché de près à l'humanité, et ayant gardé son em-
preinte : (de là, l'archéologie préhistorique).

Il se trouva donc attiré de bonne heure, sinon vers
l'ensemble de ces diverses études, du moins vers
celles qui offraient, avec ses précédents travaux, des
points de contact. L'ethnographie, l'archéologie et la
linguistique eurent ses préférences. C'est à ces
diverses branches de l'anthropologie qu'il s'applique
dès les années 1859-1860.

On savait bien peu de chose, à cette date, sur ces
matières obscures, et les méthodes étaient bien pré-
caires. Broca étudiait encore. Mortillet avait à peine
fait paraître ses premiers travaux. Et si les publications d'Edwards, d'Amédée Thierry, de Quatrefages,
avaient ouvert la voie, la science elle-même était loin
d'être fondée.

Henri Martin fut un des premiers à comprendre que
des résultats durables ne pouvaient être obtenus que
par des études faites sur place ; qu'il était important
de voir, et de voir beaucoup pour apprendre un peu.
il eut, l'un des premiers, recours à la méthode si

particulièrement fructueuse en toute science, mais
surtout en archéologie, de la comparaison. Il inau-
gura la période des voyages.

La préoccupation qui le poursuivait sans cesse, de
déterminer dans le temps et dans l'espace, le champ
de la civilisation celtique, lui fit entreprendre dès
cette époque une série d'excursions scientifiques qui,
toujours dirigées dans le même esprit, finirent par
lui donner sur ces matières si délicates une érudition
presqu'universelle. Accueilli partout avec l'empressement que comportaient sa haute situation scientifique
et l'aménité de son caractère, il pouvait, en des heures
rapides, recueillir tout le suc de la science réuni par
les efforts locaux. Il savait marcher, il savait écouter et il savait voir; ne marchandant ni sa fatigue,
ni son attention, il rassemblait le résultat des recherches accomplies, il provoquait de nouvelles fouilles
et leur donnait une direction plus sûre et plus profitable.

C'est ainsi que dans les vingt dernières années de
sa vie, il parcourut tous les pays d'Europe où il
pouvait espérer rencontrer quelque trace de l'antiquité celtique. Non-seulement il fouilla la France et
particulièrement la Bretagne ; mais il passa en Angleterre, en Ecosse, en Irlande ; il étudia les pays scan-
dinaves, si riches en trésors archéologiques ; il visita
dans ce même esprit les contrées méridionales,
l'Italie, le Portugal, la Grèce ; mit même le pied sur
le continent africain, où des monuments mégalithiques l'attiraient. Il projetait un voyage en Egypte
quand la mort vint le surprendre en pleine force et

imposer le repos à cet infatigable chercheur, à ce
curieux toujours en éveil, à ce *poursuiveur* jamais
las de la science et de la vérité.

C'est le résultat de la première partie de ces
recherches — de ces recherches ambulatoires, si je
puis dire — qui se trouve consigné dans le volume
des *Etudes d'archéologie celtique.* Ce n'est point là
en effet de l'érudition de pédant, du travail à la
loupe ; c'est de la science debout, de l'observation
toute de flair et de coup d'œil. Ces études ont précisément les qualités et les défauts qui conviennent à ce
genre particulier, si conforme à la nature intuitive et
à l'esprit pénétrant d'Henri Martin.

On serait fort étonné tout d'abord d'apprendre que
ce volume contient peut-être les pages, sinon les
mieux écrites, du moins les plus pittoresques qu'il
ait laissées. Ces notes de voyage, prises au jour le
jour, reflètent bien mieux que l'austérité des livres
de doctrine ou d'exposition, la nature aimable, l'esprit fin, le fonds de bonne humeur facilement atten-
drie qui caractérisaient la personnalité de Henri
Martin. On y rencontre même un dessin souvent
précis, le sens de la couleur et du trait. Tel des
paysages indiqués en quelques lignes et d'une plume
distraite, laisse pourtant dans la mémoire une em-
preinte durable. C'est un écrivain qui sait regarder
et qui fait qu'on regarde : ce voyage d'archéologue a
ses surprises d'artiste. On ne s'ennuie pas avec cet
aimable compagnon de route, à la causerie abondante
et savoureuse, à la bienveillance infatigable, au sens
sûr, à l'esprit ingénieux.

Je citerai, à tout hasard, l'esquisse d'un paysage
d'Irlande emprunté à la troisième étude du volume.
Ce sont les environs de Limmerick :

Le Shannon sépare les deux anciens royaumes du
sud et de l'ouest; de l'autre côté du fleuve on est dans
le comté de Clare, et l'on se dirige par la route d'Ennis
sur Galway. Le chemin est d'abord agréable et boisé ;
il cotoie et même traverse des parcs aux arbres séculaires et aux fraîches eaux ; mais bientôt tout change ;
la végétation s'amoindrit et disparaît. On voit se dérouler, sans bornes, des plateaux grisâtres et pierreux,
où quelques maigres cultures s'efforcent çà et là de
lever la tête d'entre les éclats de rocs qui encombrent
partout le sol aride ; la Crau de Provence, si stérile
qu'elle soit, avec la lumière qui l'inonde et les harmo-
nieuses lignes d'horizon qui la bordent, ne saurait
donner une idée de cette tristesse infinie qui vient à la
fois des choses et des hommes ; le pays entier a l'air
d'une ruine ; les habitations croulantes et désertes
mêlent leurs débris aux débris qu'a faits la main de la
nature ; l'abandon et la mort planent sur les chaumières modernes comme sur les cromlechs et les
menhirs des aïeux qu'on aperçoit de loin debout dans
la morne solitude. On a vu l'Irlande dans tout son
charme et son éternelle jeunesse à Killarney ; on la
voit dans toute sa désolation aux plaines de Galway.
Dans les autres parties de l'île, on aperçoit bien, de
distance en distance, les pauvres restes des maisons
délaissées par les émigrants ; mais ici on dirait que la
population presque entière s'est levée pour fuir cette
terre de malheur [1].

Cette page certes a du prix ; on en rencontre plus
d'une qui la valent au cours du volume. L'impression,

_____

[1] *Les antiquités irlandaises*, p. 119.

H. M   15

en somme, est agréable. Ce livre scientifique est de lecture plus facile qu'on ne pourrait le croire.

Je ne voudrais pas cependant insister plus qu'il ne convient sur ces mérites de forme. L'auteur ne fait pas de la promenade pour la promenade, ni de l'art pour l'art. Ce qui l'attire, ce qu'il poursuit dans ces contrées froides et amères du nord de l'Europe, où nous conduisent la plupart des études comprises dans ce volume, ce sont les monuments très anciens, les pierres levées, les cromlechs, les dolmens ; ce sont aussi les types des races, les dernières traces des langues à demi effacées, les traditions, les chants populaires, les vestiges presque perdus et que l'œil le plus exercé peut seul reconnaître, de civilisations qui n'ont laissé d'elles aucun autre souvenir.

Dans le pays de Galles notamment, en Irlande et en Ecosse, il s'attache aux restes encore vivants de la tradition bardique. Il espère leur arracher quelque *secret,* quelque formule mystérieuse dont on pourra faire remonter l'origine aux temps qui précédèrent sinon la conquête romaine, du moins l'établissement du christianisme.

Il poursuivit notamment avec le soin le plus assidu les souvenirs et les manuscrits qu'avait laissés Edward Williams, ou plutôt Iolo Morgang, le dernier des bardes, l'éditeur des triades, traduites par M. Ad. Pictet et auxquelles Henri Martin attachait une si haute importance. Il eut la douloureuse surprise d'apprendre, au moment même où il croyait le rencontrer, la mort de M. Willam Ab Ithel, autre barde qui avait connu Iolo, et qui s'était donné la tâche de publier ses manuscrits. Henri Martin espérait reprendre lui-même cette œuvre interrompue. L'activité d'une vie toujours occupée l'a empêché de réaliser ce vœu, et il est à craindre que les nombreux documents qu'il avait réunis dans ce but, ne restent désormais inemployés.

Que l'on parcoure ce curieux volume des *Études celtiques :* on y rencontrera mille autres sujets dignes d'intérêt, mille autres surprises. Soit, qu'à la suite de Henri Martin, on s'attarde à la description de quelque monument, aujourd'hui détruit ou gravement entamé, soit qu'en sa compagnie et en celle de son ami, de la Villemarqué, on parcoure les plages de la *mer brumeuse,* et qu'on examine dans les plus minutieux détails, chacun des monuments de notre Bretagne ; soit qu'on s'essaie à la première lecture, à l'explication, maintenant encore si pénible, des rares monnaies gauloises ; soit qu'on assiste à la session du congrès archéologique siégeant à Copenhague ; soit qu'on étudie le conflit des anciennes races blondes et brunes, ou qu'on pénètre enfin, au cours de l'étude intitulée le *Mystère des Bardes de l'île de Bretagne,* dans ce qu'il considérait comme le tréfonds de la doctrine druidique et qu'on relise les obscures triades, où vices et vertus, vie et mort, splendeurs et ténèbres sont expliqués dans le rythme ternaire, — partout on trouve où s'instruire, où s'intéresser. On se passionne.

On se passionne avec l'auteur, on se passionne même contre lui. On trouve ses hypothèses trop hardies, sa foi en l'idéal trop sûre, sa perspicacité trop sagace ; on ne peut admettre tel rapprochement imprévu qu'il produit entre la race *dananéenne* de l'Irlande et les Danaens de l'histoire grecque ; on ne peut admettre qu'il y ait eu dans le lointain occident quelqu'obscure tradition du culte çabiréen. L'identité d'une divinité irlandaise *Neith* et d'une divinité égyptienne, de nom à peu près semblable, nous paraît improbable.

Nous discutons, nous sourions même.

Avancez : il discute, il sourit aussi. Sans cesser de défendre pied à pied son opinion, il écoute la vôtre, la résume, et, si vous triomphez, l'adopte, triomphant lui-même et comme il ferait d'une conquête. C'est ainsi que ses idées sur ces matières se formèrent, se précisèrent, s'épurèrent par la contradiction, de même que sa grande œuvre, l'Histoire de France, se perfectionna au feu de la critique.

Et c'était l'exception quand ses contradicteurs ne devenaient pas ses amis. Ils étaient bientôt attirés par la chaleur de sentiment et de bonne foi qui se dégageait de ce brave cœur. Il est tels de ses adversaires qui, après avoir été des plus vifs parmi les critiques de l'histoire, après avoir ébranlé les doctrines de Henri Martin dans les questions celtiques, pourtant sont devenus ses amis, et, — ils ne trouveront pas ce mot hors de sa place, — ses obligés.

Ces remarques me conduisent tout naturellement à la seconde série d'observations que je désirais présenter au sujet du rôle joué par Henri Martin dans les études celtiques. J'ai dit que non seulement il avait beaucoup produit par lui-même, mais qu'il avait beaucoup encouragé, beaucoup aidé, beaucoup fait faire.

C'étaient en effet des études singulièrement délaissées en France, au moment où il les aborda, que celles qui touchaient aux questions de haute ethnographie nationale. Depuis le livre d'Amédée Thierry, rien de capital ne s'était produit. Et encore il convient d'observer que cet ouvrage, d'ailleurs remarquable à tant de titres divers, ne s'appuyait guère que sur les documents écrits, à nous laissés par l'antiquité classique. L'étude des races elles-mêmes, l'examen des monuments, la connaissance de la langue et la comparaison des monnaies ne lui avaient fourni que de trop rares éléments.

Dans tous ces sens divers, il restait beaucoup à faire. Henri Martin le comprit. Il dirigea ainsi l'étude de notre primitive histoire dans sa vraie voie, et le premier volume de sa grande histoire, tant de fois remanié, et repris à fond en 1874, nous paraît être un résumé de ces diverses études qui, jusqu'ici, n'a pas été dépassé.

Il y a donc ici un premier mérite qu'il convient de reconnaître dans Henri Martin. On peut en signaler d'autres. Il suivait avec la plus grande assiduité les séances de la Société d'anthropologie. Le président actuel de cette Société ne l'a pas oublié, alors que, sur la tombe de Henri Martin, il rappela le concours actif que l'illustre défunt avait toujours prêté à cette œuvre, lorsqu'il le dépeignit, parcourant avec ses collègues les montagnes des Vosges, les collines des Ardennes, à la recherche des souvenirs

préhistoriques ; allant dans les congrès étrangers
représenter la science française ; donnant partout
la preuve vivante de l'activité et de l'initiative de
notre école. La Société témoigna sa reconnaissance
à Henri Martin en le désignant comme président
pendant le cours de l'année 1878, au moment où
tous les savants de l'Europe venaient étudier chez
nous-mêmes nos travaux, et qu'ils examinaient la
magnifique collection réunie dans les salles annexes
du Trocadéro.

Parmi les discussions importantes dans lesquelles
H. Martin eut à prendre part au sein de la Société
d'anthropologie, je n'en mentionnerai qu'une : c'est
la question des origines aryennes. Tous ceux qui ont
approché H. Martin savent qu'il y revenait souvent.
Il la discutait avec l'entrain le plus ardent, avec la
passion la plus vive et avec cette bonne foi et cette
loyauté admirables qui écartaient toute aigreur chez
ses contradicteurs. Il s'y attachait avec d'autant plus
d'opiniâtreté, que ce mystère des origines aryennes
se confond avec celui des origines celtiques. Dès
1859, Broca, reprenant, en la développant, une thèse
de William Edwards, distinguait deux races différentes chez les Gaulois : l'une, de taille moyenne, au
front bombé, à la tête ronde, aux cheveux et aux
yeux bruns ou noirs qu'il appelait *celtique;* l'autre,
de grande taille, à la tête longue, aux yeux clairs et
aux cheveux blonds qu'il baptisait du nom de *Kymrique.* En effet, les études ultérieures du savant an-
thropologiste, à la fois sur les populations actuelles
et sur les ossements de leurs ancêtres, lui montrè-

rent que le type noir qu'il considérait comme étant celui des Celtes, correspond à celui qui a toujours prédominé dans la région où César plaçait la Celtique. L'autre au contraire, le grand type blond, constitue la grande masse de la population de l'ancienne Belgique. Plus tard, Broca ayant étudié un grand nombre de débris humains de l'époque préhistorique, dite de la pierre polie, et conservés dans les dolmens, n'hésita pas à affirmer que l'établissement des Celtes dans la Gaule remontait à cette lointaine période. Mais lequel de ces deux types représentait celui de la race qui avait importé en Gaule la langue et les mœurs aryennes?

Henri Martin éprouvait une grande répugnance à se figurer ses chers Celtes sous l'aspect du type petit et brun déterminé par Broca. Pour lui, ces bruns étaient antérieurs sur notre sol à ses Aryo-Celtes, venus de l'Orient, de l'Asie, et qui, à ses yeux, appartenaient à ce type grand et blond, belge ou kymrique de Broca. De là de longues et brillantes discussions pendant les séances de la Société d'anthropologie, discussions à la fin desquelles chacun demeurait sur ses positions.

Mais, voilà qu'en 1878, un voyageur, élève de Broca pour l'anthropologie, rapporta de l'Asie centrale des crânes nombreux et de plus nombreuses mensurations faites sur le vivant ; de l'étude de ces matériaux, il se dégagea ce fait que le type brun, de taille moyenne, et à tête ronde, le type appelé Celtique par Broca, et qui avait d'ailleurs été retrouvé tout le long de la vallée du Danube et dans l'Europe orientale, constituait la masse principale des habitants sédentaires du Turkestan, de ceux qui étaient établis dans ces régions de toute antiquité, bien avant les invasions tatares. Un des crânes, recueilli par M. de Ujfalvy, présentait notamment une ressemblance frappante, incontestable avec ceux de la Bretagne et de l'Auvergne. Tout cela émut vivement Henri Martin et l'amena à présenter, le 6 mars 1879, à la Société d'anthropologie, les considérations suivantes :

On a souvent, ici et ailleurs, discuté sur l'origine et les vrais caractères des Aryas. Considérée au point de vue linguistique, la famille aryenne est une ; au point de vue anthropologique elle est double. Il y a des Aryas bruns et des Aryas blonds. Les Aryas blonds existent, non pas seulement en Europe, où ils ont apporté les langues aryennes et où toutes les traditions les font venir de l'Orient, mais, il y a aussi des Aryas blonds dans l'Asie centrale, au nord des Aryas bruns de l'Inde et de la Perse. Quelle est celle de ces deux races qui a donné à l'autre le système des langues que nous nommons aryennes ?... J'avais cru que les Tadjiks et leurs congénères de l'Asie centrale étaient en masse des dolichocéphales blonds, de même que les Aryas de l'Inde et de la Perse méridionale sont de race brune, sauf quelques exceptions indiquées par les lois de Manou, qui interdisent aux hommes des hautes castes le mariage avec les familles blondes. — Il résulte, au contraire, des observations de M. de Ujfalvy que les Tadjiks et leurs congénères aryens sont mêlés de blonds dolichocéphales, de bruns brachycéphales et de châtains intermédiaires, mélange qui paraît remonter à la plus haute antiquité. Ceci joint à d'autres indices, pourrait faire penser que la race qui a produit la langue sanscrite et la civilisation indienne serait aussi celle à laquelle aurait appartenu la langue aryaque, la langue primitive et qui l'aurait communiquée aux tribus blondes, ses anciennes voisines dans l'Asie centrale. Après l'émigration de la masse des Aryas bruns vers le sud et l'émigration de la plupart des Aryas blonds vers l'ouest, des restes de ces deux familles primitives seraient demeurés mélangés dans l'Asie centrale.

Il subsiste toutefois une grande difficulté. S'il s'agissait de langues secondaires, communiquées d'un peuple à l'autre, ainsi que le latin a été communiqué aux Gaulois, d'où est issue une langue de troisième degré, le français, cela serait aisé à admettre ; mais le cas est bien différent ; l'aryaque est une langue mère, dans la plus haute et la plus primordiale acception du mot ; les ancêtres de nos blonds d'Europe, Celtes ou Kymris (ne discutons pas en ce moment sur les mots), Teutons, Hellènes, Thraces, Lithuaniens, Slaves, etc., ont parlé en commun cette langue mère dans leur berceau ; puis, ils en ont tiré leurs langues diverses, toutes se rapportant à ce type commun. Une langue mère c'est, pour ainsi dire, l'âme même d'une race ; comment concevoir qu'on l'ait reçue d'une race étrangère ? Faudra-t-il admettre que les bruns et les blonds étaient déjà mêlés lorsque s'est formée la langue aryaque ? Il est certain qu'entre ces deux races de types physiques différents, il y a de grands rapports moraux et que les Aryas de l'Inde ont bien plus d'affinité avec les Aryas européens qu'avec les Sémites, leurs parents plus éloignés dans la grande race blanche. Si, toutefois, les bruns et les blonds étaient déjà mêlés lors de la formation de la langue et de la société primitive, comment se sont-ils séparés en deux grandes masses pour aller, les uns au sud, les autres à l'ouest ? Tout est mystère ici.

Et le mystère n'est point encore expliqué. Depuis

1879, divers auteurs ont prétendu en Allemagne apporter la solution du problème ; il ne semble guère qu'ils y aient réussi et, en tout cas, pas un n'a posé la question avec autant de netteté et d'impartialité que l'a fait Henri Martin.

Ce n'est pas seulement à Paris que l'active érudition de Henri Martin cherchait des aides, des maîtres ou des contradicteurs. Que de sociétés de province, que de particuliers eurent de même à se louer de lui ! Combien d'efforts il encouragea ! Que de travaux obscurs il mit en lumière ! Combien de livres utiles purent par son intermédiaire paraître au jour, combien de collections se formèrent ou se firent connaître, combien de missions profitables furent accordées sur ses démarches !

Il n'est certainement pas un des celtisants de France qui n'ait été en relations étroites avec Henri Martin. Dans ses journées si occupées, il trouvait toujours des minutes, des heures à dépenser pour cette étude. Il disait à l'un de ses amis, un Breton, M. de Closmadeuc, membre de la Société Polymathique du Morbihan : « Que ne suis-je votre compatriote ! que ne suis-je né en Bretagne ! Je sens qu'aucun pays ne me tient tant au cœur ! »

Souvent au cours de ses conversations, il éveillait le souvenir de ses excursions dans les terres gauloises : soit la grande impression d'un lever de lune sur les champs désolés de Carnac, où les pierres, debout comme les sentinelles romaines de la légende, étendaient leurs grandes ombres ; soit le chant grave et monotone des chœurs de mendiants bretons réunis pour lui, sur la place d'un village de la montagne Noire, par son ami de la Villemarqué.

Tout à la fin de sa vie, partant pour ce voyage de Grèce qui fut une des dernières joies de sa robuste vieillesse, il écrivait à M. de Closmadeuc : « Ne craignez pas que j'oublie nos Druides pour Zeus olympien ou pour Pallas Athènè. *Je suis un Celte incorrigible* et voudrais seulement rapporter le soleil des Hellènes comme nos aïeux rapportaient les vignes du Latium... » Et au retour, il écrivait encore : « Me voici de retour d'Athènes *plus Gaulois que jamais ;* tout en étant pénétré de la Grèce au point de ne pouvoir plus regarder les dieux et les déesses de l'époque romaine... »

Celte incorrigible... plus Gaulois que jamais... telle la nature l'avait fait, tel il resta jusqu'à la fin, malgré bien des désillusions, je dirais presque bien des déboires. Cet enthousiasme pour notre vieille Gaule, on le lui reprocha plus d'une fois ; on ne lui ménagea pas la critique, l'ironie à ce sujet. Il se vengeait de ces moqueurs en s'appliquant à la connaître davantage, à l'aimer de plus en plus, à la protéger jusque dans son tombeau.

C'est, en effet, sur son initiative qu'ont été prises les deux mesures les plus favorables à la connaissance de l'histoire de nos ancêtres de la Gaule : d'une part, la création d'un cours d'*Antiquités et de philologie celtique au Collège de France ;* d'autre part, le classement des monuments mégalithiques comme monuments historiques et la création d'une commission spéciale dépendant du ministère de l'Instruc-

tion publique, et destinée à la conservation de ces
monuments.

Ainsi donc on peut dire que personne ne contribua
plus qu'Henri Martin au développement des études
celtiques. Il y contribua par son travail personnel,
il y contribua par ses encouragements et son activité pratique. Les résultats de ses recherches peuvent être contestables ; ceux de sa bienveillance ne
le sont pas.

Il eut toujours pour nos ancêtres mystérieux, hôtes
des forêts de chênes séculaires, un sentiment de
haute reconnaissance, et comme une poignante vénération qui s'élevait souvent en lui (pourquoi ne pas
dire le mot) jusqu'à la fureur poétique. Le *Druide,*
comme on l'appelait par une ironie qui pourrait
être un éloge, le *Druide* apparaissait quelquefois
en lui, avec majesté. Tous ceux qui l'ont entendu
poursuivre, jusque dans des hypothèses qui étaient
comme des rêveries ou comme des souvenirs, l'image
obscure des anciennes civilisations, restaient frappés
de cette espèce de génie qui l'agitait.

Ce génie, il le sentait lui-même ; il essaya même
une fois de le saisir. Et c'est un fait qui ne doit pas
surprendre, que Henri Martin ne soit retourné à ses
premiers penchants littéraires et dramatiques, que
pour remettre en œuvre la vie de ces hommes
anciens, au milieu desquels on aurait pu croire qu'il
avait vécu.

Depuis les essais oubliés de sa jeunesse que nous
avons signalés en débutant, Henri Martin n'a livré à

la publicité qu'une seule œuvre purement littéraire ; c'est un drame en vers qui a pour titre : *Vercingétorix*.

Certainement, si jamais rien de vibrant a remué dans son âme, c'est au prononcé de ce nom qui réveillait les deux grands sentiments, les deux grandes passions qu'elle renfermait : le respect des aïeux et le culte de la patrie.

Il crut pouvoir faire passer son émotion dans l'âme des auditeurs ; il pensa que la scène française s'enorgueillirait du spectacle grandiose de la lutte et de la défaite du premier héros de notre histoire.

Ainsi, par un épanchement tout naturel de son âme, il écrivit ce drame où il s'efforça de faire respirer l'âme même de la patrie. Il l'ébaucha probablement au cours de sa jeunesse, au temps où la scène paraissait l'attirer ; mais il le retoucha et le publia en 1865. Il est inutile d'insister sur une œuvre qui peut passer pour une erreur de l'historien.

Elle fut représentée une fois, tout récemment. Un chroniqueur a raconté, avec esprit, le *dépaysement* du grave et vénérable Henri Martin, égaré sur les planches du théâtre. Il n'était pas plus à l'aise sur le terrain du drame lui-même. Le *Vercingétorix*, tel qu'il l'a conçu, était beaucoup plus un sujet d'opéra qu'un sujet de tragédie. Les grands sentiments, les réprobations ou les acclamations populaires, les mouvements de la scène, que l'auteur a combinés avec un certain art, tout cet ensemble forme une pièce à grand spectacle, mais dont le

dramatique est banni. La langue poétique d'Henri
Martin est faible; sa versification, pénible et embarrassée. Il ne retrouve même que rarement en
vers une certaine éloquence abondante que sa prose
possédait naturellement. D'ailleurs, pourquoi insister? La gloire de Henri Martin n'est pas là. Elle
nous laisse un champ assez vaste dans l'étude de ses
autres travaux.

CHAPITRE II

I

Cependant la vie de Henri Martin, vie surtout littéraire et qui ne présente, pour ainsi dire, d'autres incidents que la préparation et la publication de ses nombreux ouvrages approche du terme. Il touche à la vieillesse. Dans cette dernière phase de son existence, il devra manifester une activité que les circonstances l'avaient jusque-là forcé de renfermer en lui.

C'est le moment d'aborder l'étude de l'ouvrage qui a occupé la plus grande partie de sa jeunesse et de son âge mûr, du monument imposant qui restera comme son grand titre de gloire, en un mot, de l'*Histoire de France*.

On peut dire de cette publication importante qu'elle a eu pour effet de rejeter dans l'ombre tout le reste de l'œuvre de H. Martin. C'est à peine si le public connaît les travaux, pourtant si dignes d'intérêt, dont j'ai donné une analyse, dont j'ai essayé de discuter et de reconnaître les mérites.

La faute en est à l'*Histoire*. Elle domine, elle écrase la mémoire de H. Martin, plus même qu'elle n'a écrasé sa vie. Il porta, lui, allègrement le poids d'un travail aussi considérable, et sans que le cours ordinaire de ses occupations en parût le moins du monde dérangé.

Je ne craindrai pas de m'étendre sur cette œuvre considérable, et j'essaierai de la mettre à sa vraie place, dans le développement de la littérature historique de notre siècle. Je voudrais que ce chapitre, digne de la grande bonne foi de l'écrivain qu'il étudie, fût non pas une apologie, mais une appréciation et une critique.

Au moment où, pour la première fois, Henri Martin put entrevoir, dans le lointain de son avenir, la réalisation de l'œuvre dont il osait à peine concevoir le plan, ce n'était pas une médiocre entreprise que d'écrire une *Histoire de France*. Voyons plutôt où en étaient les choses.

Dans le développement littéraire de la France, la période de la Révolution et de l'Empire avait été comme une lacune, comme un trou. L'action avait détourné et retenu toutes les forces vives de la société. Ce n'était plus l'heure de penser ou d'écrire; c'était l'heure de combattre. Tel qui, comme Mirabeau ou Camille Desmoulins, n'eût été, quelques vingt ans auparavant qu'un littérateur de mérite, un pamphlétaire tôt embastillé, était devenu par la surprise des événements, un révolutionnaire, un apôtre, un chef de parti ou de gouvernement et, d'une de ses paroles, avait démoli des Bastilles.

Rivarol, les salons une fois fermés, relève ses manchettes pour entrer dans la mêlée. Condorcet, successivement triomphant et proscrit, meurt, en regrettant peut-être que ses études l'aient assez éloigné de la réalité des choses pour lui laisser ignorer le nombre d'œufs qu'il faut pour une omelette ; les . Chénier, les Daunou, les Laréveillère–Lepeaux, et combien d'autres, oublient les « muses » pour le « Forum ». La littérature perd à ce mouvement ce que gagne la politique.

Une évolution, en sens inverse, devait se produire quelques années après : en 1789, les circonstances avaient jeté dans l'action des hommes qui, jeunes, n'avaient rêvé d'autre gloire que celle du littérateur ou du philosophe ; trente ans plus tard, des circonstances contraires et non moins imprévues, ramenèrent vers la littérature, des esprits qui s'étaient préparés à l'action : de sorte qu'on peut dire de cette période de notre histoire, que ses révolutions ont été faites par des hommes de lettres, et sa littérature écrite par des politiques et par des soldats.

Pendant l'époque révolutionnaire, y compris le règne de Napoléon, les rares écrivains dont les œuvres sont destinées à survivre ne sont pas en France. Ils sont au loin : à Saint-Pétersbourg, à Londres, en Suisse ; ce sont des désœuvrés, des bannis, Châteaubriand, Staël, Maistre ou Bonald. C'est l'*école de l'exil*. Tous ceux qui n'ont pas quitté la France sont occupés ou à l'administrer, ou à l'agrandir, ou à la défendre.

Quand le moment de l'action fut passé, on se reprit à penser, à écrire.

Mais c'est alors qu'on s'aperçut combien les choses étaient changées. Encore les émigrés avaient emporté à la semelle de leurs souliers quelque peu du sol de la vieille France.

A leur retour, ils trouvèrent la face de la terre bouleversée. Dans les idées, dans les mœurs, dans la langue, la Révolution avait fait son œuvre. On n'en était plus aux bouquets à Chloris, pas plus qu'on n'en était aux coiffures à la frégate, aux talons rouges, ou aux épées en quart de civadière.

Notamment ce qu'on pourrait appeler la société littéraire du xviiie siècle avait totalement disparu. Les salons, ces délicieux salons, dans lesquels s'étaient nourris, d'une tasse de café, d'une galette et d'une épigramme, les Galiani, les Chamfort, les d'Holbach, les Morellet, les salons s'étaient dispersés au vent des tempêtes. Les académies étaient mortes. Car l'Institut nouveau, frac neuf et palmes vertes, n'était plus l'Académie. Les couvents, ces paisibles et laborieuses retraites de l'étude, étaient fermés. Tant de centres d'instruction et de production, tant de congrégations et de confréries où l'on s'enrôlait autrefois, où se faisait l'apprentissage et le compagnonnage, où l'on passait maître à la fin, par le suffrage de ses pairs, tout cela s'était disloqué, démembré. Sur les ruines de l'ancienne société, il ne restait plus que l'individu debout, seul.

Cependant, puisque les choses de l'esprit étaient désormais le grand objet de l'activité humaine, on se remit au travail. Mais dans une situation si nouvelle on dut employer des méthodes nouvelles également.

On voulut savoir, tout d'abord, où l'on en était. La tradition étant rompue, il fallait, pour que le labeur des siècles précédents profitât, en renouer les fils par un travail de revision, de récapitulation, de vulgarisation. On avait tout à apprendre. Et on voulait apprendre tout à tous. Chacun ayant désormais sa charge dans la responsabilité de la vie sociale, devait recevoir sa part du bienfait de l'expérience acquise. La science, toute transformée par l'effort inouï des dernières années du XVIII° siècle et des premières années du XIX°, demandait à se condenser en des résultats clairs, synthétiques, abrégés, faciles à retenir, faciles à répandre.

De là une première tendance de cette époque. C'est celle qui porte beaucoup de bons esprits vers les études d'ensemble, les œuvres de revue, embrassant une science, la science toute entière. C'est l'époque du *compendium,* du résumé, du dictionnaire. On se spécialise peu. Saint-Simon consacre un des chapitres de ses *Opinions et Discours* à prouver la *nécessité d'écrire une nouvelle Encyclopédie pour préparer la réorganisation sociale.* Suivant ce programme, ses élèves J. Reynaud et P. Leroux entreprennent l'*Encyclopédie Nouvelle,* où toutes les connaissances humaines doivent tenir en huit volumes. Ce sont bien là les œuvres d'une époque qui, se conformant aux révolutions de la politique, tend à démocratiser la science.

Outre cette tendance à la récapitulation, il convient d'en indiquer immédiatement une autre. J'ai observé déjà que dans la société, telle que la Révolution l'avait faite, l'individu restait isolé. Il n'avait plus le soutien de la tradition, mais il n'en portait plus le poids. Il se sentait libre. Confiant en ses forces, rapidement satisfait de sa jeune expérience, il prétendait aller de l'avant, découvrir des terres nouvelles : faire beaucoup, en osant beaucoup.

Pour ne parler que des sciences sociales, de la politique, combien les événements récents n'avaient-ils pas bouleversé les notions acquises, les données qui paraissaient les plus indiscutablement établies ! Qui eût seulement songé, avant la Révolution, à appliquer au temps présent, telle ou telle théorie avancée par Aristote, soutenue par Machiavel et qui ne paraissait guère avoir pu trouver sa réalisation que dans des états sociaux disparus? Et Aristote, et Machiavel, et Montesquieu lui-même, de combien de coudées n'étaient-ils pas dépassés ! Quel champ d'expériences nouvelles ! Quels nombreux objets d'études livrés par les vingt dernières années à l'observation et à la méditation des penseurs et des écrivains !

Ce n'était pas seulement le fond des choses qui se trouvait ainsi transformé. La vieille langue se mourait, comme était mort le monde qui l'avait parlée.

On s'en servait encore comme d'un habit démodé,

dont on a hâte de se défaire. Le vêtement ajusté, taillé par les générations élégantes des âges précédents et repassé sur toutes les coutures, paraissait étroit à des générations jeunes, habituées à la large expansion du grand air et de la pensée libre.

On faisait à l'expression le grand reproche que l'on adressait aux idées. On l'accusait de sécheresse. Cette langue raffinée avait été traitée, soignée, saignée jusqu'à l'épuisement. Elle était tout nerf. Mais elle n'avait plus que des nerfs.

Ainsi donc, un double mouvement de réaction : dans les idées, dans la langue.

Ce double mouvement, des esprits d'élite songeaient à l'appliquer à l'histoire.

L'histoire était, en effet, une des principales préoccupations de la nouvelle école. Elle avait été pour les hommes de la Révolution la grande inspiratrice, la grande initiatrice. C'est à coup de documents et de dissertations historiques que le vieil édifice vermoulu avait été détruit. On avait sondé ses bases, scruté ses matériaux, on avait reconnu l'instabilité du sol sur lequel les anciennes traditions reposaient. Montesquieu, effrayé peut-être de son œuvre, n'avait pas osé achever l'*Esprit des lois*. Il s'était arrêté après son commentaire si respectueusement hardi de la loi salique. C'est en vain qu'il avait protesté, dans sa prudente préface, de son désir de ne rien avancer qui pût s'appliquer aux choses de son temps et de son pays : il avait creusé une mine, dans laquelle d'autres avaient mis la poudre.

Que pouvaient les meilleurs remparts contre ces machines de guerre : l'*Esprit des lois,* l'*Essai sur les mœurs,* et même contre les œuvres, en apparence plus inoffensives, des Raynal, des Dubos, des Mably ?

Or l'histoire, d'elle-même, s'était transformée. Son horizon s'était étendu à l'infini. Les yeux étaient dessillés maintenant. Dans les esprits de tous, se fixa désormais l'idée qu'Aug. Thierry expliquait quelques années plus tard en ces termes : « Il n'est personne parmi nous, hommes du xixᵉ siècle, qui n'en sache plus que Velly ou Mably, plus que Voltaire lui-même, sur les rébellions et les conquêtes, le démembrement des empires, la chute et la restauration des dynasties, les révolutions démocratiques et les révolutions en sens contraire. »

À vrai dire, l'ancienne France avait laissé quelques belles œuvres d'histoire, mais non pas ce qu'on peut appeler une littérature historique. Le moyen âge n'avait eu que des annalistes et des chroniqueurs. Au sortir de la longue impuissance des siècles barbares, l'imitation des Italiens et des historiens de l'antiquité, avait enlevé toute vigueur au génie national.

Même ce grand xviᵉ siècle dont l'énergique vitalité politique était faite pour créer les historiens et les nourrir de la moelle de lion, n'avait pas produit ce qu'on pouvait attendre. De Thou crut mieux faire de mettre son impartial et traînant récit en latin. On l'admire beaucoup. En français, il serait fastidieux.

Richelieu, malgré sa passion pour la gloire et son désir d'en appeler à la postérité, n'eut autour de lui que des scribes : Dupleix, Duchesne, Silhon. Le plus grand historien de cette époque, c'est Corneille. Dans ses drames, il raconte l'âme de ses contemporains : les soldats et les politiques, Rohan et Richelieu, le père Joseph et Turenne.

Sous Louis XIV, la langue se perfectionne, mais le cœur baisse. Pas un homme d'État, pas un publiciste, je dirai presque pas un citoyen, sauf en exil. Un des meilleurs livres de ce temps, livre écrit d'une plume gauche, mais trempée de verve et de fiel, est l'*Histoire de Louis XIII* par le réfugié Levassor. Ne parlons pas de l'histoire officielle. Elle a pu rabaisser jusqu'à son niveau, la majesté du style de Bossuet. Je ne sais rien de plus mince, de plus éloigné de la vive et poignante compréhension de l'existence des sociétés humaines, que les écrits historiques et politiques de ce grand homme.

Malgré le talent, l'application, l'érudition des jésuites Daniel et Griffet, ce n'est pas de ces gens qu'on peut attendre une parole virile.

Voltaire fut notre premier historien. L'*Essai sur les mœurs* est une grande œuvre. Grande par la conception, qui, pour la première fois, embrasse l'ensemble du monde, grande par l'érudition qui est prompte, juste et d'une abondance extrême, grande par la simplicité. Ce n'est plus l'histoire *à traits,* telle que la concevaient et l'écrivaient les beaux esprits du temps. Elle n'est plus un thème à beaux discours et à sentences. C'est l'histoire pour l'histoire, dans

toute la pureté du *narrandum,* les faits mis l'un
après l'autre, s'éclairant d'eux-mêmes par la lumière
qu'ils dégagent. Et dans l'appréciation si réservée,
si contenue, que de sens; dans l'exposition si lucide,
quelle simplicité! Sur bien des points touchés et re-
touchés depuis lors, la phrase définitive se trouve là,
jetée négligemment. Cependant l'œuvre est tronquée,
mal équilibrée, préoccupée (moins pourtant qu'on ne
l'a dit) de la critique superficielle du christianisme.
Par ce côté, elle tombe dans la polémique et écarte
bon nombre de lecteurs. Puis Voltaire qui voit clair
dans le passé ne voit pas dans l'avenir. La valeur de
l'œuvre est diminuée par son succès même : elle a
perdu l'actualité des questions qu'elle a tranchées.

Je ne parle pas de cet admirable petit chef-d'œuvre :
l'*Histoire de Charles XII.* C'est le modèle du récit
alerte et militaire, bagage jeté et tambour battant.
Ce morceau n'a pas l'envergure de la grande histoire; il n'en a pas le poids : c'est le roitelet de la
légende, qui se cache sous l'aile de l'aigle et file plus
haut, leste.

Dans cet heureux siècle, l'*Esprit des lois* donne la
réplique à l'*Essai sur les mœurs.* Le premier était
tout en surface, le second est tout en profondeur.
Jamais une main aussi puissante n'avait rassemblé
d'aussi loin les principes et les raisons des choses.
Jamais l'histoire n'avait fait un pareil effort : mais
l'effort se sent.

L'*Esprit des lois* est un livre écrit à bras tendu.
L'auteur luttait non-seulement contre la difficulté,
mais contre lui-même. Il ne voulait pas tout dire;

en matière de vérités, il gardait cette *main fermée*
dont parle Fontenelle. De là ce badinage, parfois
un peu pénible, qu'il mêle à la gravité de l'histoire
et que Voltaire a défini d'un mot qui est un jeu
de mots.

Mais aussi quelle originalité dans la puissance!
C'est la première fois que toute l'humanité et toute
la nature comparaissent pour rendre compte simultanément des combinaisons de la politique. Les événements sont saisis dans leurs rapports simples; et
de l'immense réunion de faits particuliers rassemblés
par une érudition énorme, se dégage peu à peu la
connaissance des jeux et des mécanismes par lesquels, inconsciemment, agit l'humanité.

Cependant ce livre *sur l'histoire* n'est pas de l'histoire. Montesquieu passe par-dessus le récit des faits
pour toucher du premier coup à leur explication.
D'autre part, si, plus perspicace que nul autre de ses
contemporains, il devine la puissance et l'avenir du
système politique de l'Angleterre, il n'a pas le sentiment dramatique des forces vivantes de la société.
Il s'attache trop à la mécanique. On ne voit pas le
sang circuler dans l'œuvre ingénieuse et forte, précise et luisante de ce prodigieux Vaucanson de la
science sociale.

Je n'insisterai pas sur les contemporains de ces
grands hommes qui conçurent le plan d'écrire une
Histoire de France. Henri Martin dit : « On ne peut
» nier le jugement ni le labeur consciencieux de
» Villaret et de Garnier, ces graves continuateurs
» du frivole abbé Velly. » C'est tout ce qu'ils mé-

ritent. Quant à Anquetil, son œuvre trop vantée d'abord, trop rabaissée ensuite, est écrite selon les règles de la vieille méthode et se complait dans l' « intrigue du cabinet ». C'est le Mélas de l'histoire.

Chateaubriand en fut, par quelque côté, le Napoléon.

La première, son imagination découvre les masses, les anime et, dans les profondeurs du passé, les éclaire, d'un rayon splendide. Comme dans ces tableaux de Martin, où l'effet est produit par la gradation des lumières, par la richesse éblouissante du décor, par l'ondulation rhythmique des foules, de même dans les œuvres de Chateaubriand, la pompe d'une imagination puissante et d'une expression dramatique jette son manteau de pourpre sur l'insuffisance de l'érudition et sur la pauvreté de la réflexion. Il fait chanter pour la première fois aux barbares vêtus de peaux de bê'es, compagnons du doucereux Clovis de la légende, le chant rude qui arrachait des larmes à Aug. Thierry ; et quand il faut, d'un mot, expliquer quelque grand événement tragique, il trouve des phrases comme celles qu'il écrivit sur l'année de la Saint-Barthélemy : « Cette année 1572 sortit des entrailles du temps toute sanglante. »

Cependant tandis que Chateaubriand faisait, à lui tout seul, sa révolution, d'autres avec des allures moins tapageuses, préparaient la transformation totale de la méthode et remaniaient les lois de l'école.

Les uns, ménageant la transition, s'inspiraient des procédés anciens et les appliquaient aux idées modernes ; c'étaient (comme en littérature Ducis) des

esprits hardis que leur hardiesse effrayait. D'autres
se jetaient franchement à l'eau ; ils étaient romantiques et croyaient renouveler la conception de l'histoire, en renouvelant son aspect. Il y eut même lutte
entre les deux écoles, qu'on désignait, en ce temps-
là, sous les noms d'*Ecole philosophique* et d'*Ecole
pittoresque.*

L'Ecole philosophique avait pour chef Daru, classique auteur de l'*Histoire de Venise.* Lemontey était
un de ses maîtres ; Saint-Priest un de ses adeptes.
Elle pouvait revendiquer une œuvre imposante, le
premier ouvrage de longue haleine qu'ait produit
notre siècle, la grave *Histoire des Français* de Sismondi.

Sismondi appartenait à cette Ecole genévoise, si
brillante depuis Rousseau, à laquelle se rattachaient
les de Maistre, Mme de Stael, Benjamin Constant. Le
grand mérite de son livre, ce qui fait que, dès la
première page, il sent son XIXe siècle, c'est qu'il y
souffle un vent de liberté ; non pas de liberté désirée,
inquiète, combattue et combattante, mais de liberté
sereine, possédée, goûtée. Il a lui-même le sentiment
très net de cet avantage. Sa préface est une longue
réclamation de l'indépendance de l'historien. Il affirme que ses prédécesseurs ont été faibles, surtout
par le manque de liberté.

L'autorité de cet écrivain tient à une autre qualité : à son sérieux, à sa conscience. Il se vante
d'avoir négligé les compilateurs pour remonter aux
sources ; et cela est exact, surtout en ce qui touche
aux premiers siècles de notre histoire. Son livre a

éclairci bien des points jusque là restés obscurs. Il
est de ceux qu'on ne peut jamais négliger. Mais s'il
a beaucoup des qualités, il a quelques-uns des défauts de son pays d'origine : pesant, parfois pédant,
sans imagination, sans grâce. Son érudition n'a ni
la chaleur de la polémique, ni la curiosité du détail
anecdote. Il manque de l'éloquence verveuse et ver-
beuse parfois de ses compatriotes. Le fardeau qu'il
porte est lourd et il est court d'haleine. On sue à le
suivre. Et puis il sait mal le français et sa langue est
souvent un jargon.

L'Ecole pittoresque faisait en histoire, comme De-
véria et T. Johannot, dans l'art du genre moyen
âge : beffrois et clochers, chevaliers et dames châ-
telaines, tournois et champs clos, hallebardes et
pennons. Son titre de gloire est l'*Histoire des ducs
de Bourgogne,* énorme ouvrage léger qu'on ne lit
plus. C'était pourtant la mode du temps ; et M. de
Barante qui pouvait penser, se mit à peindre croyant
mieux faire. Froissart lui fournit des couleurs que
les amateurs de coloris préfèrent trouver dans
Froissart.

Un homme, que Chateaubriand baptisa du titre de
chef de la nouvelle Ecole historique, réunit en lui-
même ces deux doctrines et traça aux futurs écrivains de l'*Histoire de France* le programme de
leurs travaux : on a nommé Aug. Thierry. Il fut
amené à l'histoire par la politique, la traita par la
critique et l'illustra par le pittoresque.

Tout le monde sait qu'Aug. Thierry fut d'abord disciple, et disciple préféré de Saint-Simon. Il se sépara

du maître, sur la question des nationalités; mais pour mieux dire, la précision et la fermeté de son bon sens l'auraient bien vite éloigné de l'église.

Il dériva donc de la philosophie et de la politique à l'étude des événements du passé. C'est une voie qu'ont souvent suivie chez nous les écrivains de l'histoire. Ils y entrent comme dans un arsenal et y restent comme dans un musée. Aug. Thierry, et l'école tout entière, ne se dépouillèrent jamais complètement de cette préoccupation première.

Il ne faudrait pas s'en plaindre. Cette origine donne aux historiens une vigueur, un entrain, un bruit d'armes, que l'on n'entend pas habituellement dans le silence pacifique du cabinet.

La grande bonne foi d'Aug. Thierry le garda de l'excès. Il gagna rapidement le fond de la science historique; il faillit même se perdre dans l'érudition. Il se retint à temps; mais de ce plongeon, il lui resta une grande lassitude, même physique, et l'impuissance de s'atteler à une œuvre de longue haleine. Son action fut surtout celle d'un critique. Il indiqua les lacunes, traça des plans, sculpta des fragments. Mais la grande histoire du Tiers-Etat, qu'il avait pu rêver, il ne l'écrivit pas. C'était un ouvrier très consciencieux. Il polissait, finissait, finassait même avec le style. Il se complaisait dans les courts récits et dans le travail précieux de tableaux archaïques. Les *Récits Mérovingiens* resteront son chef-d'œuvre, car, dans cet ouvrage, le pittoresque ne l'a pas entraîné jusqu'à fausser l'histoire elle-même.

En somme, son œuvre a été plus importante que

ses œuvres, et ses conseils plus forts que ses exemples. Il est resté, en tout, un esprit moyen ; par là, même, plus fait pour plaire. Il n'avait rien de ce qui surprend, mais beaucoup de ce qui charme, et même de ce qui s'impose. Il fut, à sa façon, un « législateur du Parnasse », et ses *Lettres sur l'Histoire de France* furent acceptées comme un code.

Ce législateur avait, d'ailleurs, tout un peuple à régenter. Les historiens étaient devenus légion. De 1820, date de la première des *Lettres sur l'Histoire de France,* à 1827, date de la publication du volume qui les réunit, on voit paraître : les premiers tomes de l'*Histoire des Français*, de Sismondi (1820 et suiv.) ; les *Essais sur l'Histoire de France,* de M. Guizot (1823), et du même auteur, l'*Histoire des Révolutions d'Angleterre* (1827-1828). Les leçons professées au Collège de France, sur l'*Histoire de la civilisation en Europe et en France*, sont de 1828-1830. Il faut citer encore l'*Histoire de la Révolution française*, de M. Thiers (1823-1827) ; l'*Histoire de la Révolution française*, de M. Mignet (1824) ; l'*Histoire des ducs de Bourgogne*, de M. de Barante (1824-1826) ; le *Tableau chronologique de l'Histoire Moderne*, de M. Michelet (1825) ; l'*Histoire des Gaulois,* de M. Amédée Thierry (1825). Et je ne parle pas de tant d'ouvrages, moins importants, ou moins spécialement historiques, qui contribuèrent pourtant à accroître le succès et à étendre le champ de ces études : les écrits de Villemain, de Sainte-Beuve, de Vitet ; même certains romans de V. Hugo, d'E. Sue, d'A. Dumas, d'Alf. de Vigny, de P. Lacroix, de Mérimée.

Il serait hors de mon sujet de prétendre caracté-
riser en quelques lignes, un si puissant effort. Il est
tout à l'honneur de la génération qui le fit. Il indique
sa conscience, son sérieux. C'est toujours le signe
d'un état d'esprit excellent que l'empressement vers
les hautes études. Le spectacle qu'offraient la plupart
de ces hommes, cherchant dans le travail un refuge,
et le repos dans une active retraite, peut servir
d'exemple.

Je rappellerai seulement que la double tendance
signalée tout à l'heure domine dans l'école : d'une
part, le désir de l'étude générale, de la revue rapide,
de l'œuvre de longue haleine, faite pour la récapitulation et pour la revision. Des ouvrages d'histoire
aussi vastes par le dessein et aussi considérables par
l'exécution n'ont jamais paru simultanément, en si
grand nombre. Certes, le travail n'est pas toujours
poussé à fond : il y a bien de l'à peu près. Les spé-
cialistes trouvent à redire ; mais l'œuvre garde ses
proportions et s'impose par son ensemble.

D'autre part, presque tous ces écrivains, étant des
hommes d'action, sont imbus des procédés nouveaux
de la politique. Ils s'efforcent de les appliquer à
l'étude des faits du passé. Ils font de l'histoire une
leçon. Cette tendance peut être funeste. C'est ainsi
qu'elle a donné aux écrits de cette époque, une couleur de parlementarisme, de philippisme, qui, pour
partie déjà, les a démodés. Aug. Thierry insiste,
trop sur la lutte des races. Guizot voit partout le
système des deux Chambres et tout l'attirail constitutionnel. M. Thiers se mire complaisamment dans

la vie de Bonaparte. Mais si grave que soit ce défaut, il ne faut pas trop le reprocher à l'école ; car c'est de lui qu'elle tient l'être. C'est parce qu'ils furent mêlés aux incidents et aux luttes de la vie politique, que ces hommes surent mettre tant de courage à la poursuite persévérante des vices originaires de ce qu'ils prétendaient combattre, et qu'ils s'efforcèrent de soutenir, par des exemples, les causes politiques qu'ils avaient embrassées.

II

C'est au milieu du courant puissant qui entraînait ainsi le siècle tout entier, que H. Martin se trouva jeté lorsqu'il se sentit maître de lui-même.

Dès l'enfance, il avait aimé l'histoire. Il lui avait consacré les premiers efforts de son talent littéraire. Tout le poussait vers ce genre d'études : Nous avons vu comment l'idée de l'*Histoire de France* sortit, pour ainsi dire tout naturellement, de la situation dans laquelle il se trouvait, obligé qu'il était de demander à sa plume les moyens même de l'existence.

Il y eut, en quelque sorte, une conspiration de sa vocation, du milieu dans lequel il vivait, et des nécessités contre lesquelles il luttait, pour le lancer dans cette grande entreprise. Cet homme timide n'eût certainement pas abordé, avec autant de courage, une telle œuvre, s'il se fût représenté quel excès d'effort elle devait réclamer de lui ; cet homme modeste n'eût pas eu l'ambition d'une telle gloire, s'il se fût posé à lui-même, pour but, la conquête du titre d' « historien national », que, l'œuvre une fois faite, la voix publique lui a décerné.

Ainsi donc, la première conception de l'*Histoire de France* est due à une simple spéculation de librairie. J'indiquerai immédiatement le bon et le mauvais d'une telle origine : Henri Martin, poussé par la nécessité, se jeta résolument dans une œuvre que, de son plein gré, il n'eût peut-être osé concevoir ; il fut de même lié à sa tâche par la nécessité ; et par la nécessité, il acheva. Ainsi son cadre fut du même coup, et rapidement, sans hésitation, sans tergiversation, conçu, tracé, rempli. Par contre, la première exécution devait être rapide, hâtive, mal venue, l'érudition insuffisante, la pensée incertaine, le style lâché ; et c'est, en effet, ce qui arriva.

Mais le mérite qu'eut Henri Martin fut de se faire, dès le début, une haute idée de sa tâche ; de se tracer un programme vaste et hardi ; de faire tout le possible pour le remplir ; de poursuivre sans cesse cet idéal, et, malgré tout, de persévérer. Alors que d'autres se seraient dégoûtés, découragés, il ne quitta jamais la pensée qu'il avait une fois fixée dans son esprit.

C'est l'œuvre d'une vie : eh bien ! il y consacrera sa vie entière. On ne peut atteindre du premier coup à la perfection relative à laquelle tout homme doit prétendre : eh bien ! il y reviendra sans cesse, re-

touchera, augmentera, améliorera. Ce livre, d'abord
improvisé selon l'urgence des temps, sera sa perpétuelle préoccupation. Du moins il aura eu l'avantage
de le voir terminé, — terminé plusieurs fois, quoique
pour lui jamais achevé. Il le conduira jusqu'à ce
point où une vie d'homme bien employée peut atteindre ; il laissera une œuvre considérable, utile,
proportionnée aux forces que la nature a déposées
en lui.

J'ai dit déjà que le projet d'une édition en quarante-huit volumes, qui avait été le dessein primitif
de l'auteur, fut abandonné après la publication d'un
seul tome. La véritable première édition est donc
celle qui parut de 1833 à 1836, sous ce titre : *Histoire
de France depuis les temps les plus reculés jusqu'en juillet 1850* [1], *par les principaux historiens
et d'après les plans de MM. Guizot, Aug. Thierry
et de Barante* (Paris, Mame, 15 volumes in-8°). Le
nom de l'auteur ne figure, sur le titre, qu'à partir du
neuvième volume.

On remarque dans cette modestie, si lente à réclamer l'honneur de l'ouvrage, la même préoccupation
que celle qui apparaît dans ces mots : « par les principaux historiens », ou dans ces autres mots : « d'a-
près les plans de MM. Guizot, Aug. Thierry et de
Barante ». On voit que l'auteur, jeune encore,
cherche autour de lui des appuis et des recomman-
dations.

Le livre se ressent d'ailleurs de la témérité de l'en-

[1] La première et la seconde édition de l'*Histoire de France* s'arrêtent en réalité à 1789.

treprise. Il est écrit tout d'une haleine. Quelle rapidité, en effet, ne fallait-il pas pour digérer et produire, en un délai si court, la matière des quinze
volumes dont se compose cette première édition !
Pas une note, pas un renvoi aux sources originales.
La prétention qu'a l'auteur de citer « les principaux
historiens », paraît ainsi quelque peu risquée. Dans
cette première édition, le littérateur empiète vraiment trop sur le savant ; l'érudition y paraît toute de
seconde main. Le style d'ailleurs, pour facile et cou-
lant qu'il soit, n'a nulle marque personnelle. C'est à
peine si l'on peut reconnaître, à quelques traits, cette
chaleur d'éloquence et cette sérénité de jugement qui
seront les principales qualités de l'écrivain de la seconde histoire.

En somme, l'ouvrage était d'une lecture agréable.
Il pouvait être un répertoire commode de faits. C'est
ce qui explique un succès qui dut être grand. Car la
première édition était à peine terminée, que le pros-
pectus de la seconde était lancé.

Cette seconde édition était annoncée comme devant
paraître chez Mame : elle parut chez Furne, de 1837
à 1854. Elle devait être considérablement remaniée :
elle fut, en réalité, refaite tout entière. La première
avait été écrite en moins de quatre ans, elle com-
prenait· quinze volumes : la seconde ne fut complètement mise au point qu'après dix-sept ans de travail assidu, et elle se composait de dix-neuf volumes.
Henri Martin avait enfin pris conscience de la grandeur de la tâche qui lui incombait. Il avait écrit
l'Histoire définitive.

Il suffit de rapprocher un chapitre de la première,
d'un chapitre de la seconde édition, pour s'apercevoir
que celle-ci est une œuvre tout à fait nouvelle et en
quelque sorte indépendante. J'ai la bonne fortune d'a-
voir, en ce moment, sous les yeux quelques-uns des
volumes de l'exemplaire de la première édition, qui
ont servi à la préparation du travail de la seconde.

Il n'y a pas de feuilles, pour ainsi dire, entre lesquelles ne se trouvent intercalées des pages couvertes de la petite écriture aiguë d'Henri Martin et
qui sont le témoignage d'une lecture immense. On
voit très bien que toute l'activité intellectuelle de son
esprit se porta désormais sur ce travail et qu'en
aucune de ses excursions sur d'autres terrains, il ne
le perdit complètement de vue. Sur une de ces pages,
je remarque les mentions suivantes dont la variété
même est curieuse à signaler : Un article de la
Revue des Deux Mondes, du 1er juillet 1845, et un
autre de M. D. Nisard, dans la revue du 15 juillet ;
les *Annuaires de la Société de l'histoire de France ;*
un volume intitulé : *Premières époques de l'Empire
ottoman; Foucher : Études sur l'Angleterre* (2 vol.,
Guillaumin) ; *De l'union douanière de l'Allemagne*
(1 vol.) ; *Mélanges de philosophie,* par M. Cousin ;
la collection des *Bulletins de Wellington ;* les *Mémoires d'Omer Talon ;* les *Fragments de philosophie cartésienne* de M. Cousin, etc., etc... Tout cela
entremêlé de pensées, de réflexions, de développements, qui servent en quelque sorte de *substratum*
à l'histoire définitive, ou qui devront y figurer à
leur place.

D'ailleurs, pourquoi insister sur la différence? La première édition de l'*Histoire de France* a totalement disparu. Elle ne peut plus être aujourd'hui qu'une curiosité bibliographique. Le livre qui reste, celui qui a mérité l'éloge unanime du public, c'est l'ouvrage qu'Henri Martin a produit dans la pleine maturité de sa vie et de son talent. C'est celui-ci qui vaut vraiment d'être étudié.

Avant d'aborder cette étude nous devons remarquer toutefois que la seconde rédaction, si remarquable qu'elle ait paru aux contemporains, ne suffit pas encore à H. Martin. La nouvelle édition fut reprise encore par lui et sinon refondue comme la première, du moins profondément remaniée. Le succès même de l'ouvrage avait attiré sur ce livre de nombreuses critiques. Notamment l'Ecole catholique le prit comme but de ses attaques [1].

L'indépendance et le libéralisme persévérant de l'auteur lui furent reprochés à crime. Non seulement on s'en prit aux principes qui avaient dirigé son jugement ; mais plus habilement on attaqua la valeur de ses affirmations. On contesta à ce grand travailleur, la science ; à cet homme si parfaitement loyal, la sincérité. L'école de la *petite bête* en érudition s'accrocha à une œuvre dont les dimensions même pouvaient excuser les erreurs. L'*Histoire de France* fut scrutée avec soin, et on triompha des

---

[1] Je me contenterai de mentionner les critiques de M. de Beaucourt et d'Arbois de Jubainville. M. de l'Epinois a écrit tout un volume intitulé : *Henri Martin et son Histoire de France.* Paris, 1872, in-12.

quelques confusions de faits ou de dates, des quelques idées erronées, notamment en ce qui concernait
l'influence de la tradition celtique, auxquelles Henri
Martin s'était laissé entraîner.

Lui, sans perdre de temps à repousser des attaques (qui n'eurent peut-être d'autre résultat que
d'attirer son attention sur un savant distingué qui
devint son ami), s'empare de la part de juste qui se
rencontrait dans ces critiques pour améliorer son
œuvre.

La troisième édition, parue de 1855 à 1860, est mise
au courant de la science et des lectures nouvelles de
l'auteur. Notamment le premier volume, celui qui
touche aux origines gauloises, est refait tout entier.
Cette partie est, à elle seule, un ouvrage considérable, le plus important peut-être, et le mieux ren-
seigné, parmi les écrits de récapitulation, qui existent actuellement dans notre langue.

L'*Histoire de France* arrivée à un point de perfection que tant de travail accumulé peut à lui seul
faire comprendre, n'eut plus qu'à se reproduire selon
le succès considérable et toujours croissant qu'elle
obtint. La quatrième édition, publiée en 1874, ne présente, je crois, que des modifications insignifiantes.

Après avoir tant fait pour l'histoire de son pays,
H. Martin pouvait prendre du repos et considérer sa
tâche comme accomplie. Il n'en fut rien. Au fond
de sa pensée était restée fixée la conception initiale
de son ouvrage, c'est-à-dire une *Histoire de France
populaire illustrée;* un livre qui s'adressât aux
masses, qui les éclairât, qui leur donnât, comme dit

Montesquieu, « de nouvelles raisons d'aimer leurs devoirs, leur patrie, les lois. »

Ce livre, H. Martin arrivé au seuil de la vieillesse, résolut de l'écrire. Il reprit la plume courageusement, et résuma, lui-même la grande Histoire. Non-seulement il la résuma, mais il poursuivit la rédaction jusqu'à l'époque la plus voisine de nous ; de telle sorte que l'*Histoire populaire* plus complète même que l'*Histoire de France* enfermât dans son cadre le tableau complet de nos annales.

C'est en effet là le mérite de cette œuvre nouvelle. Les derniers chapitres ont pris, sous la plume de Henri Martin, un développement plus considérable que les parties résumées, où l'auteur ne faisait que répéter ; si bien que le véritable complément de la grande Histoire est, en réalité, contenu dans les derniers volumes de l'*Histoire populaire*. Cette partie a été publiée dans le format in-8°. Nous avons donc désormais une Histoire de France en 24 volumes écrits d'une seule main, depuis nos plus anciennes origines, jusqu'à l'établissement définitif de la troisième République, et à l'avènement de M. Grévy à la Présidence.

Il est bon de faire remarquer, en outre, la valeur particulière de ce complément. Les événements qui s'y trouvaient exposés étaient, pour Henri Martin, de l'histoire vécue. Son livre a donc ici le double mérite d'être le premier en date et d'être l'œuvre d'un témoin sincère. C'est ce qui assurera certainement, à cette seconde partie de l'*Histoire de France*, un succès durable. On ne pourra dans aucun temps

se passer de consulter la relation judicieuse, éclairée, d'un homme que la dignité de son caractère,
l'élévation de ses sentiments, tout, jusqu'aux habitudes de son esprit avaient rendu plus que nul autre,
apte à raconter ce qu'il avait vu.

L'autorité de cette partie du livre s'accroîtra encore de la haute impartialité à laquelle Henri Martin
a pu s'élever et se maintenir. Pas une page de ces
volumes n'est écrite avec sa passion, mais toutes avec
sa conscience. Et, si l'on peut essayer de porter quelque pronostic sur le sort d'un ouvrage à peine paru,
il est permis de penser que de même que la première
partie de l'*Histoire de France* de Henri Martin a
formulé, dans les meilleurs termes, l'exacte mesure
des jugements portés traditionnellement sur les faits
du passé ; de même la seconde partie de cette histoire sera considérée dans l'avenir comme renfer-
mant le jugement sur lequel se formera la tradition
pour l'appréciation des hommes et des choses du
XIX° siècle.

C'est l'ensemble de cette œuvre considérable qui
valut à Henri Martin la haute situation dont il jouit
auprès de ses contemporains. C'est sur cette base solide que repose la gloire de l'*historien national*. La
publication de chacun des volumes de l'Histoire de
France fut en son temps, un véritable événement
littéraire. Les tomes X et XI (Guerres de religion),
obtinrent en 1844, de l'Académie des inscriptions et
belles-lettres, le premier prix Gobert. En 1851, l'Académie française décerna le deuxième prix Gobert
aux tomes XIV et XVI (siècle de Louis XIV). Cette

récompense fut maintenue jusqu'en 1856, époque où
la mort d'Aug. Thierry permit d'accorder à Henri
Martin le premier prix. En 1869, l'Institut décerna
à l'ensemble de l'ouvrage le prix biennal de
20,000 francs.

Ce ne fut pas le seul succès académique de
H. Martin. Dès 1867, il était question de son entrée
à l'Académie française. Ses opinions libérales seules
l'écartèrent du fauteuil. Mais, le 29 juillet 1871,
Henri Martin était élu membre de l'Académie des
sciences morales et politiques en remplacement de
M. Pierre Clément, et le 13 juin 1878, il avait
l'honneur et la satisfaction profonde de remplacer
M. Thiers à l'Académie française.

Je n'aurai peut-être pas insisté autant sur les succès académiques auxquels Henri Martin fut peut-être
moins sensible encore qu'à l'acclamation populaire,
si ce n'eût été pour moi, avant d'entrer dans la critique du livre, une occasion de rappeler l'appréciation
que, au nom de l'Académie, M. Villemain porta sur
l'*Histoire de France*. C'est une page éloquente et
grave que je ne craindrai pas de citer tout entière,
car elle est à l'honneur et de celui dont elle parle et
de celui qui la prononça. C'est peut-être dans ces
morceaux oratoires que M. Villemain donnait le
mieux la mesure de son talent, et il n'est pas sans
intérêt de rappeler le souvenir d'une de ces compositions académiques si fières et si fraîches dans l'éclat
de leur nouveauté, mais qui se fanent si vite et sont
emportées au gré des vents, *ludibria ventis*. Je prie
donc que l'on pardonne la longueur de la citation.

M. Villemain rappelle d'abord le mérite scientifique de l'*Histoire de France* et fait allusion au
prix Gobert que l'auteur avait reçu antérieurement
de l'Académie des inscriptions et belles-lettres :

Ça été, dit-il, un mémorable honneur acquis aux
premiers efforts de M. Henri Martin, auteur de l'*Histoire de France depuis les temps les plus reculés*, et parvenu maintenant au seizième volume de cet immense
travail. Sans doute, il doit en partie à cet éclatant témoignage, à cette garantie de savoir, décerné par l'A-
cadémie des Inscriptions et Belles-Lettres, l'ardeur dont
il a poursuivi sa tâche, et dont il achève aujourd'hui
cette œuvre de grand courage et de grande force, comme
un ancien le disait d'une moins vaste entreprise.

Puis entrant dans le fond même de la critique littéraire, M. Villemain ajoute :

A peine sorti du moyen âge, de l'amas des capitu-
laires, des chartes et des chroniques latines, M. H.
Martin a su s'orienter à travers les innombrables monuments des temps qui suivent et s'y avancer avec la
force de la jeunesse et la puissante activité d'un travail méthodique. De cette sorte, M. H. Martin, se séparant de tout, hors son grand ouvrage, sans distraction
et sans ambition, étudiant toujours, et n'étudiant que
pour une seule fin, s'attachant aux monuments originaux pour y chercher les traits distincts de l'histoire
et de la vie française, s'éclairant des hautes vues et des
vives couleurs que quelques esprits supérieurs de
notre temps ont jetées sur de grandes parties de cette
histoire, et lisant à leur lumière ce qu'a trouvé son
infatigable labeur, a vu graduellement décroître ces
montagnes entassées devant lui. Il s'est dégagé davantage de l'anachronisme d'idées et d'expressions en

parlant d'un passé moins lointain. Il a conçu les grandeurs d'une autre époque, à part son opinion ou son vœu dans le présent. Il est devenu impartial à force d'études ; car c'est le prix que tient en réserve la science pour ceux qui l'ont sincèrement cherchée : elle élève autant qu'elle éclaire.

Ce progrès s'est plus sensiblement marqué à mesure que l'auteur approchait des temps les plus grands de notre histoire ; et par une juste rencontre, son esprit s'est trouvé plus ferme et plus mûr pour la pleine maturité du peuple qu'il avait à peindre. Ayant monté par degrés et avec rudes efforts vers cette cime éclatante de la grandeur française, il en a mieux perçu la lumière et embrassé l'horizon. Surtout il a senti pour son travail, pour le sujet agrandi de son livre, cette passion, cette ardeur d'amour, sans laquelle, comme a dit quelqu'un qui s'y connaissait, et dans la vie et dans l'éloquence rien de grand ne peut être fait. Par là, bien des imperfections, des faiblesses inévitables dans une œuvre si étendue ont été couvertes et consumées ; et le tableau, sans être toujours assez complet ou assez correct, a été reconnaissable et vivant. Quel honneur, Messieurs, d'approcher de la tâche d'historien d'une grande nation et de suivre, d'un pas qui ne semble pas trop inégal, cette vie déjà longue d'un héros qui ne meurt jamais et se renouvelle sans cesse, à travers les vicissitudes que lui fait et la fortune et la mobilité trop constante de son propre génie !

Dans cette œuvre que personne encore n'avait achevée, les concurrences cependant étaient décourageantes, les matériaux sans nombre, abîme inépuisable, les secours même accablants. Comment décrire le siècle de Louis XIV, après Voltaire, qui en a si bien recueilli non la foi, mais la tradition ; qui lui a tout emprunté, politesse de langage, génie, grâce, harmonie, tout, hormis la gravité ? Comment essayer de rendre ce qui n'a pas encore, il est vrai, revécu dans

un tableau unique, mais ce que conservent épars tant
de médailles du xviie siècle, ses mémoires, ses lettres
incomparables des Sévigné, des Maintenon, des Fénelon, ses grands ouvrages, monuments immortels du
génie humain et symboles privilégiés du nôtre, et les
écrits courants, les paroles actives, les élans d'âme ou
les notes méditées de son roi, de ses grands généraux,
de ses négociateurs, de ses ministres, seule histoire
peut-être digne d'un tel temps et sa seule et complète
image? Il était utile cependant, il était possible de tenter
ce travail. Des exemples partiels en avaient été donnés
avec éclat. Bien des archives s'étaient ouvertes, depuis
les confidences de cour, dont héritait malignement
Voltaire ; bien des choses que son impatient génie ne
regardait pas ou ne devinait qu'à demi, avaient été
trouvées ou éclaircies. La science politique de nos
avant-dernières années avait réagi sur la manière de
comprendre le passé ; et elle y avait alors découvert
des travaux qu'elle admire. Une publication surtout
avait paru, qui, plus qu'aucune autre jusqu'à ce jour,
plus qu'aucune louange contemporaine faisait honneur à Louis XIV, et qui en donnant une idée aussi
grande que nationale de sa diplomatie secrète, en mettant sous les yeux du monde, après plus d'un siècle,
le but, les difficultés, le travail, les pièces même d'une
négociation à lointaine échéance, avait admirablement
montré, avec le génie gouvernant du prince, la puissance naturelle de la nation, et ce que la suite et la
durée des desseins ajoutent à cette puissance. Ce beau
et savant travail sur la *Succession d'Espagne* avait ouvert tout un côté de l'histoire internationale d'un règne,
dont les ressorts intérieurs étaient en même temps
mieux expliqués par tant d'utiles recherches sur les
finances, le commerce et toute l'administration municipale et publique de la France au xviie siècle.

C'est avec de tels modèles et de telles ressources
d'études que M. Henri Martin a conçu et dessiné son

nouveau travail sur l'histoire de France durant le règne de Louis XIV, depuis les premiers jours de la
Régence et l'administration de Mazarin, jusqu'aux
grandes époques du gouvernement personnel du roi
debout, après tant d'efforts et de revers, et à cet âge
de soixante-douze ans, qu'un autre dominateur de la
France souhaitait ne pas atteindre sur le trône, jetant,
le 12 juin 1709, son dernier manifeste à l'Europe inu-
tilement coalisée.

Il a paru, Messieurs, que dans cet intervalle de quinze
ans d'une minorité agitée mais glorieuse au dehors, et
de cinquante ans d'une pleine monarchie partout active et éclatante, le tableau historique était assez vaste
quoique le règne ne fût pas achevé. — L'Académie a
su gré à l'auteur de sa grande étude d'un tel sujet, de
sa composition facile et bien ordonnée, de son intelligence générale des grandes choses, et de son habile
choix des détails. Elle a remarqué la manière instruc-
tive encore dont il touche des points de récit où le
génie avait passé, par exemple, les campagnes de Condé
partant de Rocroy, et la guerre de Flandre et de Hollande, à décrire après Bossuet et Voltaire. Elle a reconnu sa constante application à produire, non pas des
vues systématiques, mais des faits mieux circonstan-
ciés et des notions plus précises sur les ressorts visi-
bles ou cachés qui servent aux événements. Elle a dû
surtout apprécier l'analyse exacte et les conséquences
bien déduites des négociations, des traités, de tous ces
actes qui préparent ou confirment les faits militaires
et donnent un sens et des dates mémorables à l'histoire. Elle a trouvé là, comme dans les points principaux du récit, comme dans le tableau de la Fronde
surtout, cette équité d'esprit qui, ne croyant pas
qu'une seule forme de gouvernement, la démocratie
soit légitime, admire et préfère, selon le temps, la
forme qui, chez un peuple, représente le mieux et
avance le plus la grandeur publique.

A ce titre, l'Académie, après les savants travaux qu'elle a couronnés sur Colbert, ne pouvait qu'approuver dans le nouvel ouvrage le soin donné à la gloire de ce grand ministre, digne assesseur du grand roi, et le compte-rendu de sa puissante administration et des réformes d'où sortit pour la France une prospérité qui résista longtemps aux charges de la guerre, aux abus de la cour et à la plus grande faute du règne. En retraçant cette faute sans déclamation, mais avec une effrayante exactitude ; en montrant ce que coûta aux armes, à l'industrie, à la richesse de la France, la révocation de l'édit de Nantes, l'auteur ne dissimule pas que l'erreur du prince fut celle du pays. Là, comme ailleurs, il ne sépare pas l'histoire des faits, de l'histoire des idées, ni ne méconnaît ces courants de fausses opinions qui, sous tous les régimes, asservis ou libres, aristocratiques ou populaires, entraînent parfois la puissance publique. A cette histoire des idées, qui sous la forme religieuse, occupe alors tant de place, et qui fut représentée dans l'Eglise par deux hommes aussi admirables que différents, devait se joindre l'histoire des lettres ; et c'était justice de lui faire grande part dans un tel siècle.

Voltaire en avait donné l'exemple avec une grâce rapide à laquelle on n'atteint pas. Mais il restait beaucoup à dire sur l'affinité de cette grande littérature avec la royauté du temps ; comment elle en était la modératrice et l'alliée ; comment elle était la première liberté du pays, et déjà en préparait une autre ; quelle influence elle prenait en Europe, et quel secours elle y donnait à l'ascendant politique de la France ; tout cela brièvement, et sans sortir des bornes de l'histoire.

L'auteur a-t-il eu à la fois cette généralité de vues et cette réserve ? A-t-il toujours assez distingué de la dissertation ou de la biographie littéraire le coup d'œil historique sur les lettres ? Nous en doutons...

Mais qu'est-ce que des erreurs éparses dans un si

grand et si difficile travail? ce qui importe, c'est que le vrai domine, c'est que l'auteur le poursuive et l'aime, c'est qu'avec un esprit fait pour le saisir, il ne recule pas devant l'amas de recherches qu'exige l'étude de notre monde moderne, surchargé d'événements et de témoignages ; c'est surtout qu'il s'attache à ces grands principes, non pas seulement de vérité historique, mais de vérité morale, qu'on ébranle aujourd'hui dans le passé, comme ailleurs. Il a besoin de cet appui pour l'œuvre qui lui reste à faire, pour la peinture entière de ce XVIII° siècle dont il n'a fait que toucher les bords, et dont il a quatre-vingts ans à décrire. Pour cette époque, on peut le dire, la philosophie de l'histoire, la philosophie politique elle-même est toute dans le jugement moral.

Puisse-t-il, dans ce grand travail, et sous la marée montante de 1789, porter toujours et faire prévaloir cette conviction, qu'il n'y a pas deux morales dans le monde, l'une privée, l'autre publique ; l'une petite, l'autre grande ; l'une pour les individus obscurs, l'autre pour les gouvernants, soit rois, soit peuples; mais qu'au contraire la même loi de modération et d'équité, la même abstention de toute irrégularité violente est imposée à tous, plus grande seulement pour un plus grand pouvoir; et qu'enfin, comme s'exprimait un homme d'État de la révolution, pour être libre, il faut avant tout savoir être juste. Malheureusement, cette maxime de la liberté qui lutte, une révolution victorieuse souvent l'oublie. Mais vous, historiens, ne l'oubliez pas; n'admettez jamais qu'il puisse exister une souveraineté même au nom de tous, ou au nom du génie, qui n'ait pas besoin de raison pour valider ses actes. De bons juges ont lu avec regret, dans le livre de M. Henri Martin, une maxime contraire qui les inquiète, et que, suivant eux, il faut ôter du monde pour qu'aucun pouvoir n'en abuse. C'est dans les pages qui précèdent la partie même de l'ouvrage que couronne

l'Académie. L'auteur peint, à sa dernière heure, ce grand
et terrible Richelieu mourant avec une telle sécurité,
après tant de vengeances, qu'un pieux et libre témoin
de ce spectacle ne peut s'empêcher de dire tout haut :
Voilà une assurance qui m'épouvante. Et cependant
l'historien, dont cet homme a pris le rôle et la fonction
morale, s'associant à l'orgueilleuse confiance du mourant, se contente de dire : « Apparemment ces grands
envoyés de la Providence sentent qu'ils seront jugés
sur des principes que ne peuvent comprendre les âmes
vulgaires. » Non, Monsieur, pour la Providence, non
plus que pour la conscience humaine qui est son plus
bel ouvrage, il n'y a pas deux ordres de vérités morales, deux justices inégales. Ne supposez ni pour un
homme, ni pour un peuple une dictature du génie ou
du nombre, une mission providentielle ou fatale, n'importe le nom, qui donne le droit de violence et d'iniquité. C'est pour prouver le contraire que l'histoire est
faite et que vous êtes digne de l'écrire.

Ce langage élevé, ce balancement harmonieux et
flottant du discours, ces images pompeuses et soutenues, ces allusions dont la noblesse ne diminue pas la
portée, tout cet art académique enfin déployé à l'occasion du livre de Henri Martin, nous remet en présence du public même pour lequel il écrivit. Il s'est
efforcé lui aussi d'atteindre à cet art de dire, à ce
mouvement d'éloquence. Il n'eut peut-être pas toujours l'heureuse aisance de son critique. Mais on
reconnaît en lui une conviction plus vive, un sentiment plus profond. Il n'abandonna jamais la gravité
et le sérieux qui convenaient au grand sujet qu'il
avait embrassé.

Ce sont des qualités qui sont parfois oubliées aujourd'hui. Plus d'acuité et de mordant dans la critique, une préoccupation plus attentive du détail, la recherche des nuances, le culte de l'inattendu, de l'effet, un raffinement qui n'est pas toujours un perfectionnement, ont déplacé l'axe de notre esthétique. On nous surprendrait parfois à sourire de l'attitude calculée, de la toge bien drapée de nos pères. Cette dignité élégante a pourtant aussi son charme, surtout quand elle s'allie, comme chez Henri Martin, à une science éprouvée, à un jugement sûr, à la plus grande sincérité dans les idées, dans les sentiments, dans les passions.

Nous ne pouvons pourtant nous arracher à notre temps, et c'est à la mesure de nos propres jugements qu'il faut soumettre l'*Histoire de France*. Nous quitterons donc le terrain des généralités, et nous étudierons le livre de M. H. Martin, avec une précision quelque peu méticuleuse, mais qui aura du moins l'avantage de nous faire mieux pénétrer dans le caractère intime de l'œuvre.

III

Le premier devoir de tout historien est la recherche de la vérité. A l'accomplissement de ce devoir, H. Martin a consacré cinquante années d'une des plus laborieuses existences de notre temps. Il eut, si je puis dire, cette heureuse fortune que les revers

de la fortune l'écartèrent des préoccupations politiques, pendant un temps suffisamment long, pour
qu'il réservât toute son activité à un travail qui,
peut-être, en d'autres circonstances, n'eût été pour
lui qu'un loisir.

Il put ainsi se lancer à corps perdu dans la vaste
« mer des histoires », dans la lecture inouïe et méthodique que suppose la rédaction des vingt-quatre
volumes de l'*Histoire de France*. Et non seulement
il travailla avec courage, mais il travailla avec
bonne foi; dans ce sens qu'il ne se laissa jamais
tromper lui-même par les apparences d'une fausse
science, que toute sa vie, il compara, critiqua, re-
monta aux sources, que jamais il ne prononça cette
parole trop prompte d'un historien du dernier siècle :
« mon siège est fait ».

Certainement la sensation que donne l'examen
même superficiel du travail que représente l'annota-
tion seule du livre de H. Martin est celle de l'effroi.
Comment un seul homme a-t-il pu suffire à une pareille tâche ?

Pourtant que l'on entre dans le détail, et l'on
s'apercevra que ces indications sont, dans une proportion considérable, exactes, contrôlées ; que non
seulement elles sont dignes de soutenir un monument
d'une telle grandeur, mais qu'elles pourraient permettre d'établir les assises de cent autres de moindres dimensions. Il n'est pas un écrivain de notre
histoire qui, alors même qu'il fixe à ses travaux un
champ de moins vaste étendue, ne trouve tout avantage à prendre ses premiers renseignements chez

H. Martin. Il rencontrera là, pour employer une expression du métier, une *bibliographie* toute faite, qui lui facilitera les premières recherches.

H. Martin écrivait son ouvrage, au moment précis où l'heureux mouvement des études, inauguré dès le début du siècle, venait de jeter devant le public une quantité énorme de documents inédits, de mémoires, de correspondances d'État, révélant le plus important et le plus secret des affaires. La *Collection des documents inédits de l'histoire de France* lui livrait les publications entreprises par M. Aug. Thierry sur le *Tiers-État,* M. Michelet sur les *Templiers,* M. Mignet sur la *Succession d'Espagne,* M. Berger de Xivray sur le *Règne de Henri IV,* M. Avenel sur *le Cardinal de Richelieu,* M. Depping sur *l'Administration de Louis XIV.* Des revues consacrées particulièrement aux recherches d'érudition, comme la *Revue rétrospective,* ou la *Bibliothèque de l'École des Chartes,* lui fournissaient des renseignements précieux qui n'avaient pu figurer dans cette grande collection. La *Société de l'Histoire de France* commençait la série de ses publications. Enfin, les deux plus grands, les deux plus beaux recueils de *Mémoires sur l'Histoire de France*, les collections de Petitot et de Michaud et Poujoulat venaient de paraître ou étaient en cours de publication.

Ce furent là les vraies sources de l'*Histoire de France* de H. Martin. Notamment la série des *Mémoires,* cet admirable recueil qui remonte à l'origine même de notre littérature nationale et qui se poursuit, en s'accroissant sans cesse, jusqu'à la Révolu-

tion française, fut attentivement dépouillé par lui. Il
fut, à vrai dire, le premier qui mit en usage ces éléments si importants, si précieux et si littéraires.
Dans cette mine abondante, il puisa à pleines mains,
le fonds de son récit et souvent sa forme et son
ornement.

Henri Martin ne pensa pas d'ailleurs qu'il suffisait
à sa conscience d'historien de connaître les écrits des
contemporains. Il savait combien de points obscurs
ont été éclaircis par les discussions des savants,
combien de monographies intéressantes dorment
dans la poussière des bibliothèques, attendant de
prendre leur place dans l'œuvre générale, en vue de
laquelle elles ont été écrites. Il eut le courage d'aborder cet autre champ d'études. Il n'est guère dans
notre histoire, de question controversée sur laquelle
il n'ait, en connaissance de cause, formulé son opinion. S'il rejette les faits ou les appréciations exposés par ses prédécesseurs, c'est avec des raisons à
l'appui. A ce point de vue, on peut dire de son livre
qu'il est le grand réceptacle de l'histoire de France
telle qu'elle avait été préparée par les écrivains qui
avaient travaillé avant lui.

Je dois observer cependant, qu'en ce qui concerne
la valeur de son récit, un reproche a été fait à Henri
Martin. On l'a blâmé de n'avoir pas pris le soin de
recourir aux sources manuscrites et originales. Il est
certain que les pièces inédites sont rarement citées
par lui. Par système, il les a négligées. Mais il convient de se demander d'autre part si, de bonne foi,
un tel blâme peut être porté contre un homme qui

avait à déblayer cette montagne de documents et de livres, que la presse a depuis trois siècles entassée devant les écrivains de l'histoire.

Sans compter que la thèse même de la valeur exclusive du « document inédit » est discutable. On en abuse un peu depuis quelque temps. Pour ce qui concerne la connaissance des grandes lignes de notre histoire, la lecture attentive des documents déjà publiés suffit amplement. Les érudits, qui depuis le XVI⁰ siècle ont mis en lumière les pièces choisies par eux dans les plus belles bibliothèques, ont, en somme, pris le dessus du panier. Ni Duchesne, ni les Dupuy, ni les Godefroy, ni les Bénédictins n'étaient des gens inexpérimentés. Ils avaient, comme nous pouvons l'avoir, un sens très vif de l'anecdote. Si l'on peut trouver à glaner après eux, que l'on accorde du moins qu'ils ont par gerbes *rentré* la moisson. Notre curiosité peut bien se distraire à fouiller, après eux, les coins des bibliothèques ; mais la meilleure part de notre histoire se trouve dans leurs livres. Il suffit de savoir l'y reconnaître, l'en arracher et la livrer au public, que l'attirail de leur érudition effraye.

C'est ce que fit Henri Martin, et on doit le féliciter d'avoir su borner ses propres recherches. Les archives et les dépôts de manuscrits sont des océans infinis où plus d'un, et des meilleurs, se sont perdus sans retour. C'était, de sa part, une grande preuve de force et de domination sur lui-même que de s'arrêter sur la pente dangereuse du document inédit, et de savoir mesurer ses lectures à la proportion du livre qu'il voulait achever.

Certes, après le grand travail de H. Martin, et de ceux mêmes qui, s'appuyant sur lui, ont été plus loin, il reste encore bien à faire. Bien des coins de nos annales appellent encore la lumière. Des documents inconnus seront apportés au jour, et des discussions nouvelles s'engageront sur des questions déjà cent fois traitées.

Mais on peut dire, du moins, de la connaissance de l'histoire de France, telle que nous la donne le livre de Henri Martin, qu'elle est dans le sens de la vérité historique. On retouchera quelques détails; l'ensemble du tableau restera, tel qu'il l'a tracé. Et cette sûreté de touche, il le doit à la qualité, que dès le début de ce livre, je me suis efforcé de faire reconnaître en lui, il la doit à son ferme bon sens, je dirai volontiers, à son bon sens de Picard.

Il n'avait pas l'heureux défaut d'une imagination trop vive; son intuition, un peu lente, était faite de sagesse et de prudence. Il ne revivait pas l'histoire peut-être, mais il ne la refaisait pas non plus. Dans la mesure d'un talent solide et d'un jugement sain, il se contentait de dire des faits du passé, ce que les témoignages subsistants lui permettaient d'en connaître. Il ne subjugue ni son sujet, ni ses lecteurs; mais il domine son récit et il se domine lui-même. Sa marche plus lente atteint le but plus sûrement. On ouvre son histoire avec la confiance d'y rencontrer un témoignage grave, et on la ferme avec la conviction qu'un si honnête homme et un si grand travailleur a dû rencontrer et a su dire la vérité.

IV

Ces considérations m'amènent à envisager une autre face de l'œuvre de Henri Martin. L'historien n'a pas en effet pour unique devoir de connaître la vérité. Dès qu'il l'a saisie, il doit la tirer à la lumière, la réchauffer de son souffle, et s'il se peut la faire vivre devant l'esprit de son lecteur.

L'art de la composition et de l'expression, chez l'historien, n'est pas moins indispensable que la science des faits. Bien des exemples prouveraient au besoin, que même dans cette branche austère des études, la forme emporte le fond. Mais sans oser pousser trop loin une opinion qui frise le paradoxe, il est de notre tâche d'apprécier comment Henri Martin a compris les devoirs de l'écrivain et comment il les a remplis.

J'ai déjà eu l'occasion de louer le mérite de la composition et la magnifique ordonnance de l'*Histoire*. Ce n'était pas une médiocre difficulté que de dérouler sur un plan unique et de pousser en quelque sorte devant soi, le vaste développement des seize siècles de notre histoire nationale. Aucun de ceux qui ont abordé un tel sujet n'ont, on peut l'affirmer, aussi complètement réussi. Le défaut d'équilibre dans la composition est peut-être le plus grave reproche qu'on puisse faire à l'*Essai sur les mœurs,* à l'*His-*

toire de France de Michelet, même à l'*Histoire des Français,* de Sismondi.

Henri Martin, par suite de certaines circonstances que j'ai déjà indiquées, et aussi par la qualité éminemment proportionnée de son génie, a évité cet écueil. Quelqu'un disait récemment, dans une forme familière, mais très frappante : que tel fait qui dans le cours de l'histoire générale pouvait réclamer deux pages, dix pages, un chapitre, trouvait précisément dans le livre d'Henri Martin, ces deux pages, ces dix pages, ce chapitre. L'historien a dit en un mot juste les choses qu'il convenait de dire, dans la proportion où il convenait d'en parler.

Je n'insisterai pas sur cette qualité de l'œuvre de Henri Martin. On peut observer toutefois que c'est elle qui donne au lecteur de son livre, une véritable tranquillité d'esprit. Il ne ressent ni cette trépidation que fait naître un récit trop prompt ni cette inquiétude que laisse une exposition incomplète. Une conviction lente le gagne peu à peu, le pénètre. Il n'est pas un homme instruit qui n'ait recueilli dans l'ouvrage de Henri Martin, la plus grande part de ses idées et de ses appréciations sur notre histoire, et il les a reçues sans peine, sans lutte, sans effort. Ce sont désormais des idées, des appréciations, qui sont dans l'air que l'on respire.

On peut même ajouter que c'est par là que l'*Histoire* de Henri Martin a conquis une si haute autorité didactique. Son livre est maintenant le vrai fond de l'enseignement de l'histoire en France. La plupart des auteurs de manuels y ont puisé. En effet, tout ce qui doit être su se trouve là ; ce qui peut être négligé ne s'y trouve mentionné qu'en passant ; et tout le monde peut décemment ignorer ce que ne contient pas l'*Histoire de France* de Henri Martin.

Cette qualité maîtresse de la proportion et de l'harmonie se retrouve dans le détail même de l'exposition. Henri Martin n'est pas un grand écrivain, mais il est incontestablement un écrivain.

Pour être un grand écrivain de l'histoire, il manque à Henri Martin, le don, le génie, la baguette de fée, en un mot l'imagination évocatrice. Certainement il voit dans le passé, mais il voit des événements, non des hommes ; il voit juste, il ne voit pas vivant. Son esprit procède par le raisonnement, par la distinction, par la critique ; il est rarement créateur.

Un nom vient ici naturellement sur les lèvres, celui de Michelet. Contemporain de Henri Martin, il a, lui aussi, quelque temps après l'époque où son ami publiait les premiers volumes de l'*Histoire de France,* entrepris d'écrire sur le même sujet. Il a non sans peine et sans de longues défaillances, exécuté son dessein. Les deux œuvres se dressent l'une auprès de l'autre et on échappe difficilement au désir de les comparer, de les juger, de les critiquer l'une par l'autre.

Je ne voudrais pas céder à la tentation d'établir, entre ces deux ouvrages, un parallèle académique ; car, en vérité, il n'y a pas de commune mesure. Non seulement le génie des deux auteurs diffère, mais ils se faisaient chacun une conception particulière de l'histoire. Qu'on me permette pourtant de présenter ici quelques observations.

Le plus grand reproche que je ferai à l'*Histoire* de Michelet, c'est le manque d'unité. Non pas seulement de cette unité apparente qui se traduit en quelque sorte matériellement par la disposition et la relation des chapitres, par la classification et la suite des développements; mais de l'unité intime qui réside dans une conception profonde du sujet, fixée à l'avance et soutenue jusqu'à la fin.

Dans l'*Histoire de France* de Michelet, on ne rencontre pas le peuple français; on n'assiste pas à l'origine, au développement progressif, aux succès et aux revers d'une nation toujours une, identique à elle-même.

Les chapitres se succèdent brillants, élégants, touchants, pleins de terreur, d'éclat ou de pitié, selon le caractère des événements qu'ils exposent. Ils ne forment pas un même monument dont les lignes se suivent et dont les masses s'équilibrent. Cet admirable historien, qui le premier a su reconnaître et démêler dans l'histoire de la Révolution, le rôle du grand acteur, du véritable et réel protagoniste, c'est-à-dire du peuple français, n'a pas eu de l'existence entière de ce même peuple, la même conception. Ou son génie si souple n'était pas assez puissant pour saisir une telle idée, ou il n'était pas assez égal pour la maintenir. Mais certainement elle manque à son œuvre. Ce défaut la rompt, en disperse l'intérêt; et c'est, peut-être, par ce manque de suite qu'il convient d'expliquer les égarements des derniers volumes.

L'érudition de Michelet n'est pas moins abondante que celle de Henri Martin. Elle est même souvent plus sagace, plus originale, plus surprenante. Il avait une bien vive conception de la vérité documentaire, cet écrivain qui, lui-même, s'est montré à nous dans les salles poudreuses des Archives, penché sur les dossiers de l'ancienne histoire, jaunis, lacérés, rongés des vers, morts... vivants pourtant, vivants et ne demandant qu'un rayon de lumière, un regard pour renaître, s'agiter et parler, comme les seuls témoins des événements disparus. Sans crainte il s'est enfoncé plus d'une fois dans cet océan de l'inédit dont je parlais tout à l'heure ; et il en est revenu des perles plein les mains. Mais un tel effort a plus d'une fois été suivi de longues défaillances; et il ne faut pas moins pour excuser certaines faiblesses de son audacieuse érudition.

Mais pourquoi m'attarderai-je à des critiques dont le développement empiéterait sur ces pages et qui, en vérité, s'évanouissent pour moi et disparaissent dans la splendeur du génie de l'écrivain ? Qu'importent le plus ou moins d'exactitude dans la citation d'un texte; le plus ou moins de précision dans le récit d'un événement, le plus ou moins de hardiesse dans la parabole d'une hypothèse, la négligence même et le manque d'équilibre dans la disposition des matériaux, si le tout s'arrange, s'élève, se meut, *vit* enfin en vertu d'autres lois, de lois supérieures, créatrices qui emportent, selon le mot même de Michelet, une véritable résurrection.

Il faut accepter ce livre pour ce qu'il est, pour une magnifique paraphrase de l'*Histoire de France*, pour une brillante variation, développée dans un rhythme à elle propre, intime, et qui ne consent pas même à se plier toujours au déroulement des faits dont elle s'inspire.

C'est un hymne que le poète a senti naître, grandir, se poursuivre en lui, et qu'il a traduit selon le caprice de son inspiration. Tantôt il raconte, avec des accents virgiliens, la beauté variée des champs paternels ; tantôt il recueille, dans une triste mélodie, la plainte, à peine entendue, du serf penché vers le sol, sous l'ombre de l'église et sous l'ombre du château ; tantôt, plus doux encore, il murmure les soupirs et les prières dont l'écho s'était perdu aux murs de la prison de Jeanne d'Arc ; tantôt éclatant avec des bruits de fanfare, il célèbre le triomphe des tournois, des fêtes et des batailles, ou prépare, par un grand effet d'orchestre, la surprise du coup d'épée de Jarnac ; ou bien il insinue sur le mode mineur la pénétration du monde laïc par la Société de Jésus.

Parfois aussi la symphonie se ralentit, s'attarde ; elle s'égare dans des curiosités de métier, elle se perd dans des fioritures vaines, dans des arpèges ou des accords plaqués qui sont uniquement pour l'effet. Elle recherche, elle affecte des vulgarités, quelquefois énergiques, parfois triviales ; mais tout à coup elle se relève et d'un seul cri perce les nues.

Le magicien qu'est Michelet, a fait passer son lecteur par les alternatives de l'attendrissement et de la joie, de l'abattement et de l'orgueil ; il l'a séduit, entraîné, quelquefois égaré, toujours charmé.

C'est le charme précisément qui manque à l'œuvre solide d'Henri Martin. Son style est châtié et sobre, équilibré et proportionné comme sa pensée, mais il se tient à terre. Il ne s'élève jamais sans une tension, un effort qui ne peut se soutenir longtemps. C'est un style éminemment classique, et qui se rattache directement à l'école du xviiie siècle. L'abstraction est sa qualité et son défaut.

Chaque événement est étudié, exposé dans son développement entier, clairement, abondamment, avec précision et méthode, mais jamais, ou très rarement, illuminé par un de ces mots qui évoquent toute une époque, et font sortir les morts de leur tombeau. Les personnages entrent en scène successivement, et disparaissent sans qu'on puisse connaître d'eux autre chose que la part qu'ils ont prise dans le fait dont ils ont été les acteurs. Ce qui est *eux-mêmes* échappe. On les voit agir, mais non vivre. On peut porter un jugement sur ce qu'ils ont fait. On ne se passionne ni pour ni contre eux.

Henri Martin n'oublie jamais « la dignité de l'histoire ». Pour lui, elle est toujours une muse. Elle ne daigne point se plier aux attitudes hardies, réalistes, brutales, parfois baroques des choses et des hommes.

Il pense qu'il est beaucoup de faits indignes de son attention, qu'elle peut et qu'elle doit omettre. Ce n'est pas lui qui dirait du cardinal de Richelieu qu'il était

« de porcelaine ». Ce n'est pas lui qui attarderait l'esprit du lecteur sur la fistule de Louis XIV ou sur la main grassouillette et blanche de Napoléon. Son style n'est ni varié ni hardi. Quoiqu'il ait parfois du trait, en général la saveur lui manque. Il y règne une certaine monotonie qui n'est pas sans ajouter quelque lourdeur au poids déjà considérable d'une œuvre si longue.

C'est surtout dans l'exposé des événements embrouillés, ou des théories obscures qu'il réussit. On peut dire de l'exposition d'Henri Martin que, par sa nature même, elle *tire au clair*. L'auteur sait toujours ce qu'il veut dire et il le dit dans les justes termes qui conviennent à sa pensée.

Parfois pourtant, on le voit s'animer, s'échauffer, il atteint à une certaine verve oratoire et chaleureuse, qui vient plutôt du mouvement de l'idée que du choix des expressions. C'est dans la défense des systèmes qui lui sont chers, celui par exemple de la permanence de l'âme gauloise, c'est dans l'appréciation de certains personnages, notamment de ceux dans lesquels il croit rencontrer les défenseurs de l'unité et du génie national, c'est dans l'examen de certaines doctrines philosophiques qu'on voit peu à peu l'historien calme et austère, s'animer, se passionner, et que son récit lui-même paraît s'échauffer d'un feu intérieur.

Cette nature d'esprit, si prompte à s'enflammer pour les idées, explique notamment la supériorité incontestable des derniers volumes de l'histoire de Henri Martin. Au fur et à mesure qu'il s'approche des temps plus modernes, et qu'il comprend mieux le caractère intime des faits qu'il expose, il s'aide de cette intelligence nouvelle pour pénétrer jusqu'à l'âme. Il se montre alors tel qu'il est, avec l'éloquence simple et sincère de sa conviction, je pourrai dire de sa foi.

En un mot, Henri Martin ressemble, par quelque côté, à ces historiens de l'antiquité dont on a dit qu'ils étaient des hommes d'Etat, des orateurs, se consolant dans le récit des faits du passé, de l'impuissance où ils étaient de paraître sur le forum. C'est l'honnête homme, c'est le politique, c'est le libre-penseur et le républicain convaincus qui sont en lui, qui l'arrachent à son calme quelque peu sévère et qui font de lui un véritable écrivain.

V

Non seulement l'historien découvre les événements et il les raconte ; mais il les juge : c'est la troisième et la plus lourde partie de sa tâche.

Si grand que soit l'effort d'impartialité qu'un homme puisse s'imposer, il ne peut échapper à la distinction qui se fait naturellement en lui entre le mal et le bien, entre le nuisible et l'utile. Le fondement philosophique de l'appréciation portée sur les actes des hommes est discutable : *la loi* est-elle en nous, est-elle hors de nous? Ce sont là sujets de thèses et discussions d'école. Mais il n'est pas un homme qui consente à abdiquer son droit d'examen sur les raisons et les conséquences des choses, son droit d'estime ou de mépris pour les personnages historiques, son goût enfin, ou son aversion pour certaines manifestations de la pensée humaine.

Avec la conception qu'il avait de l'histoire, c'est-à-dire avec la tendance à ramener l'enchaînement des faits à la combinaison de certaines idées abstraites, H. Martin devait être, plus que nul autre, porté à *juger;* et il ne s'en est pas fait faute.

Sa règle, en ce qui concernait l'appréciation morale des événements et des hommes, se rattachait à l'ensemble du système philosophique que j'ai essayé d'expliquer plus haut : ferme assurance dans la conviction de l'existence de Dieu ; foi en la progression lente de l'humanité sur une route de perfection dont le but suprême est le repos dans le sein de Dieu ; confiance enfin dans la liberté de l'homme, abandonné à lui-même sur cette terre, mais éclairé par la lumière de la conscience intérieure, et se dirigeant par le progrès vers la justice.

Cette dernière conception, cette conception de l'indépendance et du libre-arbitre de l'homme était notamment fixée au plus profond de l'âme de Henri Martin. C'est, en effet, sur elle qu'il appuyait tout son système de la perfectibilité, toute sa théorie de la transmigration des âmes dans les mondes heureux ou malheureux, selon qu'elles ont bien ou mal agi sur cette terre.

On comprend donc qu'il considère comme le pire

de tous les actes celui qui tend à l'anéantissement de tout ou partie de l'indépendance individuelle et que son adhésion soit d'avance acquise à tout effort ayant pour but de revendiquer cette liberté contre l'oppression, soit des forces naturelles, soit des régimes politiques despotiques. Il considérait ceux-ci comme un reste de la barbarie imposée à l'homme par la brutalité des premières luttes pour l'existence, le progrès devant aller au plein épanouissement de chaque individualité.

Ce que j'ai dit de sa pensée montre assez qu'il rejetait le *surnaturel* de l'histoire : la vie de l'homme se rattache, pour lui, à l'immense harmonie des mondes, tandis que sa liberté est enfermée et contrainte dans les limites de l'action de son corps et de son intelligence.

H. Martin était pourtant religieux et non ennemi des religions, comme bien des sectaires l'ont dit. Ils l'ont condamné sans le comprendre. Lui les comprenait et s'élevait jusqu'à cette hauteur de vue de faire rentrer même leurs dogmes étroits dans l'ensemble de sa théorie de l'univers. On se souvient des déclarations très catégoriques contenues à ce sujet dans son testament.

Je n'ai pas, d'ailleurs, à critiquer l'ensemble de sa doctrine philosophique. Il me serait tout aussi facile qu'à bien d'autres de signaler ce qu'elle a de trouble, de vague, de hasardeux. Mais la théorie avec laquelle j'essaierai de renverser celle-là, vaudrait-elle mieux?

En somme, il n'est pas mauvais que dans l'uni-

verselle incertitude où l'on est des destinées de
l'homme et de la véritable explication de son histoire, il se soit trouvé un historien assez dépouillé
des idées étroites, surannées, condamnées par l'expérience, et pourtant, en même temps, assez fidèle
au patrimoine intellectuel et moral de l'humanité,
pour s'efforcer d'employer tout le poids des observations et des convictions nouvelles au triomphe de
ce que l'humanité a toujours considéré comme les
principes suffisants de son existence et de sa conduite.

Villemain, on l'a vu, a reproché à Henri Martin
une sorte de complaisance dans l'appréciation de
certains grands hommes. Dans le désir peut-être de
polir une épigramme académique, l'illustre critique
a paru reprocher à l'historien je ne sais quel reflet
de la morale politique des résultats : Henri Martin
a répondu lui-même à cette critique dans des termes
très nets : « Gardons-nous, dit-il, de nous croire
obligés à exalter systématiquement tous les *fléaux de
Dieu;* la force divine emploie tous les instruments
purs et impurs pour accomplir son œuvre! Gardons-
nous surtout de faire de l'histoire une divinité sans
entrailles, comme le *Fatum* des anciens, et ne lui
enlevons pas cette admirable sensibilité pour les
vaincus..... Ne donnons pas à l'histoire pour loi le
fatal *malheur aux vaincus!* Car il n'est guère de
victoires ni de défaites définitives dans les éternelles
vicissitudes des empires et des nations. »

Quand il descend de ces régions élevées et un
peu obscures, pour s'appliquer à l'appréciation du

détail même des événements, le jugement de Henri Martin se précise. Le grand effort d'une nation doit être de s'organiser et de durer. Il ne faut donc pas s'étonner s'il met au premier rang, s'il honore par dessus tous, ceux qui ont le plus contribué au développement de l'unité nationale. Il pense que l'indépendance individuelle ne peut prospérer qu'à l'abri d'institutions communes consenties par tous, que, de même que chaque être a sa place dans l'univers, de même tout citoyen a sa place dans l'Etat : « Notre criterium relativement à ce qu'on peut appeler l'histoire intérieure, dit-il, n'est autre que le développement progressif de l'unité nationale : c'est cette unité politique et civile que l'assemblée Constituante a consommée, lorsqu'elle a proclamé la souveraineté de la nation sur elle-même, le gouvernement représentatif et l'égalité de tous devant la loi. »

Ces déclarations expliquent la grande place que tiennent, dans l'œuvre de Henri Martin, les figures des héros ou des hommes d'Etat qui ont combattu ou travaillé pour l'indépendance de la France. Il a, pour ainsi dire, tiré de l'oubli les exploits et ranimé la gloire éteinte de Vercingétorix ; Jeanne d'Arc a été, de sa part, l'objet d'un culte ; il a beaucoup pardonné à Louis XI, parce que, sous son règne, l'unité française, sauvée sous le règne précédent, s'est définitivement organisée.

Il n'y a peut-être pas dans notre histoire de nom qu'il vénérât plus que celui de Richelieu. C'est pour le *grand Cardinal,* comme il disait toujours avec une expression d'admiration respectueuse, c'est pour le grand cardinal que lui, le juge sévère des favoris et des despotes, a fait cette concession, ou plutôt laissé passer ce doute indulgent dont M. Villemain lui faisait un reproche.

De là encore sa grande admiration pour la Convention, et, de nos jours, pour l'audacieux dictateur de la Défense nationale. De là enfin sa haine contre les Napoléon : Ils ont laissé la France diminuée!

Ainsi donc rappelant, en deux mots, ce que je viens d'exposer sur le caractère des jugements portés par Henri Martin : Pour l'appréciation des événements, il considère toujours deux points de vue, il se pose deux questions : En quoi cet événement a-t-il été utile au développement de l'Unité nationale? en quoi a-t-il avancé la revendication de l'indépendance individuelle? Si la réponse à l'une ou l'autre de ces deux questions est favorable, Henri Martin se montre disposé à l'indulgence; si l'un et l'autre des deux avantages ont été obtenus, il loue sans réserve.

Cette conception théorique domine le livre de Henri Martin. Elle en crée l'unité. C'est à elle qu'il faut rattacher deux autres idées qui sont faciles à démêler dans ce long récit, au milieu du fourré obscur des événements : d'une part celle de la permanence de l'âme gauloise, d'autre part celle de la lointaine préparation du dénouement révolutionnaire.

L'Histoire de Henri Martin se renferme entre ces deux idées comme dans un cercle. Elle les poursuit l'une et l'autre dans les moindres événements de nos annales, dans le moindre accident politique, dans chacune des productions du génie national. Cette préoccupation constante paraît même parfois excessive. C'est une sorte d'obsession, que des esprits moins disposés à se satisfaire de conceptions abstraites lui ont parfois reprochée.

En ce qui concerne la première de ces thèses notamment, de nombreuses critiques ont été adressées à Henri Martin. Il serait puéril d'en dissimuler la portée. J'ai pu essayer d'expliquer la cause philosophique de cette illusion d'un esprit honorable et convaincu. Mais je reconnais que la part de l'erreur est grande dans tout ce qui tient à l'explication des événements de notre histoire par la tradition des souvenirs druidiques.

Je reconnaîtrai même que son système philosophique a entraîné H. Martin dans une autre erreur, erreur qu'il partage, d'ailleurs, avec la plupart de ses contemporains. Frappés de la grandeur du mouvement révolutionnaire, étonnés de ses immenses et brusques résultats, trop voisins encore des événements pour n'en pas ressentir le contre-coup, ils ont presque tous assigné la Révolution comme but unique au développement des quatorze siècles de notre histoire.

Il est incontestable que, sur bien des points, la Révolution a été le couronnement de l'œuvre de centralisation et de nivellement qui, en somme, a été le grand travail, le labeur incessant de l'ancien régime. Il est certain que notre histoire trouve dans ce grand événement de la Révolution une de ses crises les plus importantes. C'est un des nœuds du drame : un livre se ferme, un livre s'ouvre.

Mais, il faut bien le reconnaître aussi, l'histoire de France ne s'arrête pas là. Aujourd'hui qu'un siècle (ou peu s'en faut) nous sépare de ces événements, nous nous apercevons bien que la raison de nos destinées doit être cherchée plus haut. Cette histoire, en effet, se poursuit ; rien ne la suspend, ne la limite, rien ne l'arrêtera ; et si l'on prétend expliquer l'odyssée du peuple français, à travers les âges, il faut trouver autre chose que le lent et sourd travail de la préparation révolutionnaire, puisque la Révolution est passée et que, grâce à Dieu, la marche en avant n'est pas arrêtée.

Ce mot se trouvera-t-il ? Est-il de l'ordre des choses humaines qu'elles persévèrent dans un même chemin ? En relevant leurs vestiges, pouvons-nous déterminer le but vers lequel elles s'acheminent ? La réfraction et la concentration des effets se produit-elle au sein de notre atmosphère ; ou bien le rayonnement des astres individuels diverge-t-il et doit-il s'égarer comme d'un centre dans les espaces infinis ?

Ce sont là des questions que se posait volontiers l'ancienne doctrine et dont la prudence contemporaine s'éloigne.

Henri Martin a cru leur donner une réponse satisfaisante en s'inspirant de la thèse de la permanence de l'esprit national, et de la persistance dans la conquête laborieuse de la liberté. Il a parfois poussé cette thèse à l'excès. Elle n'en a pas moins prévalu jusqu'ici, et son livre n'est pas de ceux qui doivent faire douter de sa valeur.

S'il est en effet un résultat réel, tangible, actif en quelque sorte que l'on puisse tirer de la lecture d'un pareil livre, c'est un exemple sain d'activité et d'énergie. Il est fait pour créer des citoyens. Il rassemble toutes les raisons, toutes les émotions, et — s'il pouvait y avoir des illusions en cette matière, — toutes les illusions du patriotisme. Cet homme qui travailla cinquante ans à l'histoire de son pays, donne le haut enseignement de la nécessité suprême de l'existence de ce pays, de la France.

Ce n'est pas à nous, qui vivons dans cette histoire, qui vivons cette histoire, ce n'est pas à nous qu'il appartient de formuler le jugement que, dans je ne sais combien de siècles, la postérité prononcera. Mais il est bon que ceux qui racontent à nos enfants les hauts faits de nos pères soient toujours remplis d'une conviction sans réplique : celle de l'excellence de notre action dans le monde, et de l'éminente part que nous avons prise dans le progrès de la civilisation.

Que l'on compare l'histoire de France à celle de telle ou telle des républiques de l'antiquité ; qu'on la rapproche du développement de telle ou telle nation moderne, ou plutôt qu'on la contemple dans son isolement et sa majestueuse grandeur. Où rencontrera-t-on plus de gloire dans les batailles, plus d'éclat dans la paix, plus de douceur et d'humanité dans le succès, plus de volonté et plus de persévérance dans les revers ?

Nous avons donné au monde l'exemple de l'unité

nationale, imitée si tardivement par tous les peuples
de l'Europe ; nous avons donné au monde l'exemple
de l'égalité civile que tous les peuples nous emprun-
tent ; alors que des nations glorieuses osaient à peine
parler leur langue, notre langue avait déjà une littérature qui instruisait le monde.

La politesse des mœurs s'est implantée chez nous
de bonne heure et n'a paru jamais diminuer notre
courage. Des époques d'affaiblissement et d'affadissement comme les règnes des Valois et de Louis XV
ont eu des réveils de vigueur triomphante, comme
sous Henri IV et pendant la Révolution française.

Nous avons souvent combattu pour des causes généreuses ; et elles ont souvent triomphé même par
notre défaite. Mais nous n'avons jamais été vaincus
sans retour, parce qu'il n'est pas un homme civilisé
qui ne considère notre existence nationale comme
juste, comme utile, et qui n'appréhende notre disparition comme un des cataclysmes les plus terribles
qui puisse atteindre et interrompre le progrès de la
civilisation.

C'est dans une telle conviction qu'Henri Martin
avait puisé les raisons de cet imperturbable optimisme qui est le signe suprême et la qualité dominante de son livre et de son esprit. Comme historien,
comme patriote il ne désespéra jamais. A le lire,
l'abattement ne peut entrer dans le cœur. Par là
encore il est digne de servir de maître aux jeunes
hommes. Sa confiance tranquille et simple inspire la
confiance. Il suffit d'ouvrir ce livre pour trouver
partout des raisons d'espérer.

Telle était sa philosophie, telle fut son œuvre, telle
fut sa vie jusqu'au dernier jour. Pas un écrivain
peut-être ne conclut un accord aussi parfait de sa
doctrine et de ses actes. On ne trouve pas en lui un
instant de défaillance. Et cette tenacité qui paraissait
au sage de l'antiquité le résultat d'un effort et d'une
volonté toujours tendus, était chez lui simple, aisée,
aimable. Il fut vertueux sans ostentation, véritable
sans pédanterie, et grand historien, comme on a
dit que La Fontaine était grand poëte : « sans y
penser ».

LIVRE IV

LES DERNIÈRES ANNÉES — LA VIE POLITIQUE

CHAPITRE IER

LA GUERRE — LA COMMUNE

Nous voici arrivés à la dernière période de la vie de H. Martin, à celle qui, plus voisine de nous, est plus présente à notre esprit, à celle, durant laquelle l'historien devenu homme politique, a pu dépenser toute son activité, toutes ses forces, toute son autorité au service des grandes causes qu'il avait toujours soutenues.

Cette dernière partie de la vie de H. Martin a mis le sceau à sa renommée. Elle a dévoilé en lui des qualités que des circonstances nouvelles seules pou-

vaient produire. A un certain point de vue, elle a été
la plus heureuse de toute sa carrière.

Il a atteint désormais le plus haut point de sa
réputation et de son influence. Ses idées politiques
triomphent, ses amis sont au pouvoir. Il recueille
les fruits des longues peines de sa jeunesse. Les
nouvelles générations l'acclament comme un modèle,
comme un maître, comme un ancêtre. Il a pour elles,
en effet, une affection paternelle. Il les conduit, les
dirige, s'incline vers elles, ne manque jamais une occasion de les rencontrer, de les écouter, de les servir.

Cette situation exceptionnelle, que la vaillance persévérante d'une vie si noble devait donner à Henri
Martin, il l'obtint au prix de la plus grande douleur
qui pût l'atteindre : il assista au démembrement de sa
patrie. Le triomphe de ses plus chères idées eut pour
prélude le sacrifice de ses plus chères affections. La
première partie de sa vie avait été occupée par une
vaine aspiration vers la liberté. Et il ne jouit de cette
liberté que pour retrouver cette autre aspiration
plus cruelle encore peut-être, de la restauration et
du relèvement de la France.

A l'époque où nous le rencontrons maintenant,
Henri Martin est déjà presqu'un vieillard. Ses cheveux, sa barbe toute broussailleuse ont blanchi, son
front s'est ridé, sa haute taille toujours maigre s'est
quelque peu inclinée ; mais il a conservé son énergie,
sa vigueur physique et même l'allégresse sereine qui
semble n'appartenir qu'à la jeunesse. Son intelligence
et son âme rayonnent d'un éclat égal, doux et fort
tout ensemble.

Autour de lui, tout s'arrange et se dispose pour préparer à sa robuste vieillesse un cadre digne d'elle. Il habite dans la rue du Ranelagh, à Passy, un pavillon enguirlandé de fleurs grimpantes et de lierre. Un jardin étroit s'étend sous ses fenêtres et se relie, par d'autres jardins, à la campagne et aux gracieux côteaux, déjà trop peuplés, d'Auteuil et du Point du Jour.

La lumière crue entre, par de hautes fenêtres, dans son cabinet de travail, clair, blanc, encombré de livres, de brochures, de journaux, jetés pêle-mêle dans le désordre d'un travail toujours interrompu, toujours repris.

Sur les murs quelques dessins ou croquis, souvenirs du fils mort, mais encore pleuré. Au-dessus du bureau, un portrait de Descartes. Sur la cheminée, un bronze représentant le général Hoche debout, le sabre à la main.

Au travers des livres, des chaises, des tables remplies d'atlas, d'albums ouverts, H. Martin va et vient, serré dans sa robe de chambre, la calotte de velours noir en arrière de la tête, l'œil animé, tout à l'évocation des choses du passé.

Il dicte. C'est sa manière habituelle de composer. Il a renoncé depuis longtemps à l'application personnelle sur le manuscrit, à cette fatigue si énervante, du corps tendu sur le bout des doigts. Il dicte les chapitres modernes de l'histoire populaire. Ce sont les choses qu'il a vues, qu'il a vécues qui revivent devant lui, qui l'animent encore. Il parle du premier Napoléon, du romantisme, de ses amis et de

ses maîtres, du Saint-Simonisme ; il arrive aux
temps plus proches, et poursuit fidèlement, sûrement, sans faiblir un seul jour, la grande œuvre qu'il
veut achever.

Il s'interrompt parfois pour reposer sa vue sur
les jardins, sur le ciel ; le moindre incident de la nature, un oiseau qui passe, une fleur le font sourire ;
aux jours d'été, il descendra volontiers dans le jardin
même, et c'est là sous l'ombre fraîche du berceau,
qu'il continuera son travail. A ce paysan, il faut toujours, près de la sûre tranquillité du logis, le grand
air, les larges horizons.

La maison pourtant est calme, d'une austère
douceur. Les bruits y sont sourds, étouffés, comme
là où l'on travaille et où il n'y a plus de petits
enfants.

Mme Martin, discrète, active, attentive à tout,
reçoit la première les visiteurs, éloigne doucement
les importuns, donne à ceux qui demandent, laisse
passer ceux-là seulement dont elle pense que la visite
ne sera pas un trop long ennui pour l'actif et bien-
veillant historien.

Le salon de style empire avec ses meubles à sphinx
et ses gravures d'après les tableaux de David, conserve quelque chose de l'aspect des salons de province, de ces grandes pièces rarement ouvertes et
froides, où H. Martin a passé sa première jeunesse.
La salle à manger plus gaie a ses murs couverts de
belles photographies et d'objets d'art réunis au cours
des nombreux voyages ; elle donne de plain pied sur
le jardin.

Le maître du logis, si rien ne l'appelle au dehors, reste dans son cabinet jusqu'à midi, travaillant. L'après-midi est accordée au public ; tantôt à Versailles, tantôt à la mairie de Passy, tantôt à quelques commissions dont il est membre, H. Martin est présent partout. Il rentre tard le soir, souvent, retenu à Paris dans un dîner officiel ou dans une soirée d'amis. Il revient, autant qu'il le peut, à pied, actif, alerte, jamais las et longeant, plein de méditations, ces quais de Passy par lesquels Boileau jadis rentrait à son logis d'Auteuil.

Cette promenade quotidienne ne suffit pas à son tempérament inquiet. Il rêve toujours de longues absences, de pays à revoir, de contrées non encore vues à visiter, à connaître.

Cette passion des voyages, bien loin de s'affaiblir, s'accroît avec l'âge. Il reste tant à apprendre encore ! Tantôt c'est la Bretagne, la chère Bretagne, où quelque monument celtique nouvellement découvert, l'appelle ; tantôt ce sont les brumeuses régions du Nord dont il voudrait sentir encore la pénétrante fraîcheur.

Mais dans les derniers temps, c'est au midi, c'est vers les pays du soleil que sa curiosité le porte. Il voudrait remonter le courant que, dans des temps très anciens, nos aïeux, les Celtes primitifs ont descendu. Il va partout à la recherche de leurs traces : en Grèce, en Italie, en Portugal, en Afrique. L'Afrique, vue dans les dernières années de sa vie, l'attire, et s'il osait il partirait pour le berceau indubitable, la grande matrice d'où les Aryens s'élancèrent, pour l'antique, féconde et mystérieuse Asie.

Du moins il fait un dernier projet, il traversera la Méditerranée encore ; avant de mourir, il verra l'Egypte, et ses monuments gigantesques, et le Nil aux eaux épaisses, traînant les sables de tout un continent... Ce voyage ne se fit pas. Il fallut que la mort arrêtât l'intrépide voyageur.

Telle est l'agitation de cette vie calme et monotone, tel, le repos de cet esprit investigateur et toujours affamé de vérité.

Cependant, j'ai laissé dans l'ombre la part la plus importante de son existence, celle dans laquelle je dois entrer maintenant pour les rappeler du moins en grandes lignes, celle à laquelle il consacra en somme la vraie fleur de sa dernière activité, c'est-à-dire sa vie politique.

Je ne puis d'ailleurs qu'en fixer les principaux traits. Dans les chapitres qui précèdent j'ai toujours essayé de peindre le fond des événements sur lequel l'existence de l'écrivain s'est déroulée : en ce qui concerne les derniers temps, qu'on me permette d'être plus bref. L'histoire des quinze années, qui se sont écoulées de 1870 à 1884, n'est pas écrite. Elle ne peut être resserrée dans le cadre si étroit qui m'est assigné. Qu'on se contente donc de quelques dates, de quelques faits.

Lorsque la guerre éclata, Henri Martin était à Paris ; déjà il était rentré dans la vie politique. L'arrondissement de Saint-Quentin, avec lequel il avait conservé des liens si étroits, avait été un des pre-

miers à signaler le réveil du parti libéral. La tradition des Dufour et des Souplet ne s'y était jamais
perdue.

Dès 1863, malgré l'intrigue ardente de la candidature officielle, cet arrondissement avait envoyé à la
Chambre, un vieil ami de Henri Martin, un solide
champion de toutes les libertés, Malézieux. La campagne hardie qui avait conduit au Corps législatif le
représentant, encore debout aujourd'hui de cet arrondissement, avait été menée rondement, vaillamment, je dirai presque joyeusement. Henri Martin
avait été des plus actifs dans le combat et des plus
satisfaits dans la victoire.

Théophile Dufour, qui, tout d'abord, avait déses-
péré du succès, s'écriait au lendemain du vote :
« Notre élection ici a été admirable, c'est le mot. Nos
campagnes ont voté résolument... » (et il écrivait
huit jours avant : « Les campagnes submergeront
tout »). « Félix et moi nous nous sommes abstenus ;
mais Auguste, mais Edouard, mais l'esprit des Dufour et de leurs amis n'a pas fait défaut. On les avait
traités de *révolutionnaires, d'anarchistes,* de *fau-
teurs de troubles, d'ennemis de l'Empire,* et il s'en
est trouvé 17,000 comme cela, sur 27,000 environ ! »

Pour le vieux républicain, un peu las, c'est une
secousse, un coup de fouet ; il prend le vent et flaire
la victoire définitive dans le frisson de l'aube blan-
chissante.

Ce premier succès se confirme six ans plus tard
par la réélection de Malézieux ; et cette fois ce n'é-
taient plus quelques arrondissements isolés qui se

ceignaient pour la lutte. La France entière se levait
et réclamait hautement sa liberté. Le gouvernement
impérial affaibli, désemparé troublait ses projets de
réforme libérale par des accès de violence, qu'engen-
drait la terreur de la fin prochaine. Les conseillers se
divisaient entre eux et la diversité des conseils détruisait toute résolution. Le maître, d'habitude hésitant,
maintenant sans boussole et sans courage, s'abandonnait. Tout s'écroulant autour de lui, il s'écroulait
lui-même. Un dernier effort, une dernière velléité,
je ne sais quel final aveuglement, prédit, fatal, inévitable, et la cour se lança tête baissée dans la guerre,
dans l'abîme.... la France avec elle.

Jusqu'à la dernière minute, H. Martin protesta
contre l'idée de la lutte franco-allemande. Elle allait
contre toutes ses doctrines politiques, contre toutes
ses espérances.

« La voilà donc qui s'engage, écrivait-il, la veille
même de la rupture, la voilà donc qui s'engage
cette guerre fatale entre deux grands peuples qui ne
l'ont voulue ni l'un ni l'autre ; cette guerre que depuis quatre ans tous les amis de la civilisation et de
l'humanité s'efforçaient de détourner de nos têtes. »
Et s'appliquant à préciser, dans ces obscures circonstances, la part des malentendus qui désormais devait
peser sur chacune des deux nations, essayant de ne
pas engager l'avenir sur une question dont la funeste
solution devait jeter en Europe un irréductible levain
de discorde. « Qui en portera devant l'histoire la
terrible responsabilité, se demandait-il? — Ce ne sera
ni l'un ni l'autre des deux peuples. »

Il s'efforçait ensuite de démasquer le plan de M. de Bismarck, qui avait su se faire déclarer la guerre ; il signalait dans cette lutte, attendue depuis quatre ans, le troisième acte du drame dont le dénouement devait être la constitution de l'Unité allemande, *par* et *pour* la monarchie prussienne. Il déplorait la légèreté, l'imprudence du gouvernement français qui, à l'heure décisive, lors du *premier crime* (l'égorgement du Danemark), n'avait pas su agir ; et il concluait en ces termes graves : « Que personne ne s'y trompe, de quelque façon qu'ait été engagée la guerre, c'est une guerre décisive, et c'est le salut de la patrie qui est en jeu. Maintenant les paroles sont superflues : que l'action nous sauve : l'action de tous, à toute heure, sous toutes les formes : sur le champ de bataille et hors du champ de bataille ! Que ceux qui ne combattent point soutiennent et soulagent ceux qui combattent ! Que le peuple entier soit derrière l'armée ! »

Les événements se précipitent. Les armées françaises sont battues. Elles se replient sur Paris. Le double piège de Metz et de Sedan les attire, les perd. Paris est cerné. Il lui reste à défendre les dernières espérances et l'honneur de la France.

Henri Martin était dans Paris. La révolution du 4 septembre avait appelé à elle toutes les bonnes volontés du parti libéral. Dès le 5, Henri Martin avait été placé à l'un des postes les plus lourds : il était chargé de la mairie du XVIᵉ arrondissement. Pour l'assister dans cette tâche, il s'appuyait, comme il

s'appuya jusqu'à la fin, sur un ami dévoué, l'adjoint
Marmottan.

A eux deux, le maire et l'adjoint organisèrent
dans ce quartier la défense, l'ordre, les approvision-
nements, les secours, tout ce qui, dans des temps de
péril, relève uniquement de l'autorité des magistrats
municipaux.

C'est un fait peu connu et qui mérite d'être rappelé, que le type de la distribution des vivres dans
Paris pendant le siège, fut étudié d'abord à la mairie
de Passy, et que c'est la méthode adoptée et fixée
ainsi, qui fut, par la suite, appliquée dans toute
la ville.

Henri Martin, maire dès le lendemain de la Révolution, fut maintenu par les élections du 5 novembre.
Son influence se prodigua en vain, dans un sens
pacifique, lorsque les malheureux événements du
18 mars éclatèrent. Il fit, avec ses collègues, partie
de la manifestation des maires. On peut dire que le
XVIᵉ arrondissement tout entier restait dans sa main.

Il a raconté plus d'une fois que lorsque la Commune fut maîtresse de Paris, il resta lui, à Passy,
en situation de conserver au Gouvernement la possession de cet important quartier. Protégée par les
canons du Mont-Valérien, l'armée eut pu, de là, peu
à peu regagner Paris. Henri Martin fit à M. Thiers
des offres très positives en ce sens. Celui-ci refusa.
D'après l'historien, le chef du Gouvernement craignait de compromettre une partie de l'armée, à peine
réorganisée. Peut-être aussi la perspective tragique
de la guerre des rues l'arrêtait-elle.

Quoi qu'il en soit, Henri Martin et Marmottan, installés en permanence à la mairie de Passy, en furent chassés par les agents du Comité central. Ils durent, devant le danger de la guerre civile, quitter Passy et se rendre à Versailles.

Là d'ailleurs, d'autres devoirs appelaient Henri Martin.

Le siège de Paris était à peine fini, et les communications n'étaient pas encore rétablies avec la province que le département de l'Aisne le nommait, aux élections de février 1871, son représentant à l'Assemblée nationale [1]. Paris l'avait élu en même temps [2]. H. Martin opta pour son pays d'origine. Il eut donc la douloureuse mission d'avoir à délibérer sur les préliminaires de Versailles. Il dut donner la main à cet acte lamentable, et assister à ces douloureuses séances dans lesquelles il fallut, la mort dans l'âme, accepter la dure loi du vainqueur et consentir au démembrement de la France.

Pourtant sa pensée était jusqu'au bout restée fidèle à l'espérance. Il fut en réalité de ceux qui crurent, comme Gambetta, que la résistance extrême était possible ; que tout était préférable à une honte signée de la main même de la patrie. On a des preuves nombreuses de la vaillance tenace du vieil historien. Sa haute expérience était d'accord avec le jeune enthousiasme du dictateur. Je ne doute même pas que l'amitié qui s'établit, dès lors, entre ces deux vaillants cœurs tint surtout à ce qu'ils s'étaient unis, ce

---

[1] Le quatrième sur onze avec 63,000 suffrages.
[2] Le douzième sur quarante-trois avec 140,000 suffrages.

jour-là, dans la pensée qu'il ne fallait jamais, jamais désespérer de la France.

H. Martin prit à l'assemblée de Bordeaux un rôle important. Il y siégea à gauche et l'on peut dire qu'il fut un des membres les plus influents de ce groupe dont l'habile persévérance décida, dès lors, de l'établissement de la République. Il en fut plusieurs fois le président. Il se rencontrait là avec ses amis E. Quinet, Michelet, Littré, Malézieux et toute la députation de l'Aisne; il contribua par ses lumières, sa sagesse, l'autorité de son nom, à donner à ce groupe l'habile et sage direction qui devait le conduire, à travers mille ménagements, à un succès que rien au début ne faisait prévoir.

L'« historien national » avait pour l'homme d'État, baptisé un jour, du même nom et dont les actes étaient alors plus heureux que ne l'avaient été autrefois les écrits, H. Martin professait, dis-je, pour M. Thiers des sentiments quelque peu mêlés. S'il n'oubliait pas ses services, il n'oubliait pas ses erreurs. Mais il vit les services grandir, les erreurs s'effacer; et le jour où (quelques années plus tard), il lui succéda à l'Académie, il put en toute franchise faire l'éloge d'un homme qui restait, pour lui, comme il restera pour l'histoire, le sauveur de Belfort, le libérateur du territoire et le fondateur de la République.

Henri Martin à Versailles se tenait dans le rôle de conciliateur que son titre de maire et d'élu de Paris lui traçait naturellement. Sans céder un pouce de ses convictions à la menace de ceux qui avaient trouvé que des hommes tels que lui n'étaient pas d'assez solides républicains, il ne cédait pas un pouce de ses revendications au parti qui nourrissait l'espérance de livrer la France à la réaction monarchique.

Le 12 avril, il datait de Versailles, une lettre adressée à M. Cernuschi, qui, publiée en même temps qu'une déclaration de M. Nefftzer, produisait un grand effet.

Dans sa lettre, Henri Martin examinait successivement les deux réclamations de l'insurrection communaliste : sur la crainte d'une restauration, il affirmait, avec tout le groupe de la gauche, qu'un pareil acte était impossible : « On est stupéfait à Versailles, quand on entend dire que Paris ou une partie de Paris a pu s'imaginer qu'on était en train de proclamer ici un roi, ou d'arborer le drapeau blanc. On n'en était pas là, Dieu merci, à Bordeaux ; on en est bien autrement loin ici. »

Quant à la revendication des libertés municipales, il accordait que Paris les obtînt, comme toute autre ville de France, mais il n'allait pas au-delà.

Le vieux républicain n'oubliait pas la tradition, proclamée en 1792, de la République *une et indivisible :* « Il était inévitable que Paris, tout frémissant encore des vingt années de despotisme qu'il a subies, réclamât avec passion la liberté municipale. Cette passion, selon nous, hommes de la tradition nationale, hommes de la tradition de 1789 et de 1792, dépasse le but chez ceux qui exigent non pas seulement la liberté, mais l'indépendance qui briserait l'unité de la législation, l'unité politique et civile, sans laquelle il n'y aurait plus de France. Paris est la tête et le cœur de la France ; le corps entier n'a et ne peut avoir qu'une seule loi organique. Ce n'est pas en se séparant des départements que Paris peut et doit combattre la réaction : c'est en agissant sur eux par l'influence de ses lumières, aidée par un régime d'entière liberté. — Le séparatisme est impossible, quant à la liberté, on l'aura. »

Un article publié dans l'*Union libérale et démocratique de Seine-et-Oise* (30 avril) examinait le programme de la Commune. H. Martin le déclarait chimérique, monstrueux, il y voyait le reniement radical de la Révolution française, « signalait dans le terrible mouvement, qui menaçait alors l'existence même de la France, les menées bonapartistes : « Demain, disait-il, on nous fera lire l'apologie du deux décembre. »

CHAPITRE II

LA VIE PARLEMENTAIRE

Le gouvernement triompha. H. Martin fut des premiers rentrés à Paris. Le 22 mai, il reprenait possession de la mairie de Passy.

Il mit dès lors toute son ardeur à pacifier, à pardonner, à panser les plaies dont tous, vainqueurs et vaincus, avaient été frappés. Plus d'une de ses démarches eurent pour objet la grâce des égarés. Tous ses votes furent favorables à l'amnistie. Il eût volontiers répété le mot de l'Hôpital : « Il n'y a plus que des Français. »

Unissant à ses fonctions de maire, celles de représentant et de conseiller général de l'Aisne, il s'applique à remplir avec le même zèle ces divers et absorbants emplois. Dans son département comme à Paris, toujours sur la brèche, toujours actif, toujours prompt à s'enflammer, à se dévouer pour les justes causes.

Je ne puis reprendre une à une toutes les discussions dans lesquelles il figura. Son rôle à l'Assemblée a été caractérisé par un de ses biographes dans un passage dont l'heureuse brièveté me dispensera d'autres détails : « Depuis qu'il est à l'Assemblée (dit le *National* du 15 avril 1879), l'attitude de H. Martin a été partout celle non pas d'avocat mais d'historien consultant du parti républicain. Il a publié sur toutes les questions à l'ordre du jour une série de consultations remarquées, les modèles du genre, grâce à leur tissu ferme, à leur forme claire et à l'élévation de la pensée. Il a rédigé presque tous les manifestes de la gauche. Et l'ensemble de ces documents, programmes et lettres publiques, constitue un monument à part, le complément indispensable de cette histoire de la gauche républicaine qui s'écrira tôt ou tard ? »

Henri Martin n'était pas un orateur parlementaire. Il racontait lui-même qu'il lui avait fallu un long temps et des efforts pénibles pour vaincre la timidité qui le serrait à la gorge, dès qu'il prenait la parole en public. Peu à peu pourtant, le courage lui était venu. Il parlait sans hésitation et sans peine, à ce qu'il affirmait, et cependant, dans son éloquence, l'hésitation et la peine se faisaient encore sentir. Replié en quelque sorte sur lui-même, arrachant du profond de son être les paroles toujours émues qu'il prononçait, il accompagnait son discours d'un geste brusque et saccadé, qui ajoutait parfois de la force à son argumentation, mais en martelant la conviction qu'il cherchait à faire pénétrer dans l'âme de son auditeur. Tout cet ensemble un peu pénible se trouvait en somme opposé à ce qu'on est convenu d'appeler l'art oratoire ; du moins à cet art dont la facilité est la qualité coutumière.

L'effort se trahissait surtout alors que H. Martin devait prendre la parole devant un parlement. Sa conviction forte, serrée, de toutes pièces, se pliait mal aux artifices de la tribune, aux finesses de l'argumentation, aux surprises de la discussion. Il ne savait pas lire son discours dans les yeux de son auditoire. Les interruptions qu'il ne saisissait pas toutes, le troublaient, le figeaient.

Aussi ce n'était que dans des circonstances importantes, alors que les questions de principe étaient en jeu, que H. Martin, le plus souvent contraint par ses amis, montait à la tribune. C'est ainsi qu'il l'aborda dans la discussion sur l'Internationale (1872), dans la discussion sur l'élévation du temple du Sacré-Cœur à Montmartre. Au Sénat, il fut le rapporteur de la loi relative à la promulgation de la date du 14 juillet comme époque de la Fête nationale, et de la loi qui décida l'érection d'un monument à Versailles, en souvenir de la séance du Jeu de Paume. Il intervint dans la discussion de l'affaire des Princes. C'est au cours d'un de ces débats que H. Martin, fatigué de l'effort, dut descendre de la tribune, dans l'impossibilité de poursuivre.

Mais cette autorité que sa parole ne put pas toujours conquérir en séance publique, H. Martin la retrouvait dans les conversations, dans le travail des commissions, et surtout dans la démonstration écrite de ses idées et de celles de ses amis. Un de ses coreligionnaires politiques me disait récemment : « Quand, dans une question de conduite, nous nous trouvions embarrassés, nous n'avions qu'à nous tourner vers Henri Martin : le bon droit et le bon sens étaient toujours de son côté. »

Jamais cet honnête homme n'exerça une influence plus grande que dans les circonstances deux fois malheureuses où des intrigues, d'autant plus coupables qu'elles étaient sans issue, mirent le sort de la République en péril.

Au 24 mai 1873, non seulement Henri Martin protesta par son vote contre la surprise parlementaire qui écartait du pouvoir le représentant loyal, et acclamé par la France entière, des idées de conservation républicaine, mais il se hâta d'indiquer au pays le danger qu'une telle politique lui faisait courir. C'est à cette date que commence la série de ces « consultations » si autorisées et si appréciées que le public s'accoutuma dès lors à recevoir de la main de l'historien.

Une lettre, datée de Paris, le 28 mai 1873, et adressée au rédacteur du *Courrier de l'Aisne,* contenait sur ce point l'expression de sa pensée : « La sagesse du pays assure aujourd'hui l'ordre matériel ; sa fermeté et sa persévérance peuvent et doivent assurer le maintien de ses droits et de ses institutions républicaines... Nous touchions au port : nous voilà non pas naufragés, mais rejetés sur une mer incertaine et orageuse »... Et sans se laisser abattre par ces nouvelles difficultés il ajoutait immédiatement : « Ce qui a triomphé, c'est la réaction; c'est la confusion, ce n'est pas la con-tre-Révolution. Nous ne sommes pas au Deux-Dé-cembre... Le suffrage universel est la base de notre droit public... Le suffrage universel et la République sont désormais inséparables. Si, par im-possible, je ne sais quelle surprise dérobait encore une fois la République au suffrage universel, il la ramènerait bientôt à travers d'incalculables con-vulsions. »

En août 1873, une autre lettre de Henri Martin, dirigée « contre les menées monarchiques », provoqua un mouvement d'opinion qu'attestent les nombreuses lettres d'adhésion que lui adressèrent des députés et des hommes politiques. Même attitude et même re-tentissement en octobre 1873, alors qu'il écrivait cette phrase : « La contre-Révolution serait la Révolution en permanence »; en avril 1874, lorsqu'il adressait avec ses collègues « aux électeurs de l'Aisne » une longue étude sur la préparation des lois constitu-tionnelles; en septembre 1874, alors que le maréchal Mac-Mahon, voyageant dans le nord de la France, fut reçu à Saint-Quentin par les députés et les prin-cipaux industriels de la région et dut entendre, de la bouche des uns et des autres, un respec-tueux avertissement qui pouvait passer pour une leçon [1] :

---

[1] Henri Martin disait au Maréchal : « Ce pays, par vous assuré du présent, réclame la sécurité de l'avenir, indispensable à l'essor de son laborieux et fécond génie. Sans hésitation sur le gouverne-ment définitif qui seul convient à la France, il souhaite ardemment de voir confirmer, compléter le pouvoir exécutif par un ensemble d'institutions conformes à l'esprit de notre société, à la fois démo-

Enfin, le 18 mai 1875, la Constitution républicaine étant votée, grâce à la patience et à l'énergie de tous ses amis, et la France étant appelée à nommer les membres éligibles de la seconde chambre (de cette seconde chambre, dont l'institution avait toujours été dans la pensée de H. Martin), celui-ci adressa aux « conseillers municipaux des communes de France », une lettre où il leur traçait leur devoir et les mettait en défiance contre les nouvelles menées du bonapartisme. Il relevait les différentes accusations portées contre la République; et la défendait dans des termes qui étaient en même temps pour elle un programme : « La République régulière et constitutionnelle peut seule en même temps garantir la paix intérieure, inspirer la confiance à l'Europe et nous refaire des amis au dehors ; ...Nous voulons que la nation, sans changer à chaque instant capricieusement ses lois, garde pour toujours le droit de les reviser selon les formes légales. Nous regardons la souveraineté du peuple comme le droit public de la France. Nous regardons comme un attentat toute tentative pour aliéner cette souveraineté au profit d'un homme ou d'une famille. »

Aux élections de janvier 1876, Henri Martin fut

cratique et conservatrice, et au principe de la souveraineté nationale et du suffrage universel. ›

M. Hurstel, un des importants industriels de Saint-Quentin, dit à son tour : ‹ Pour le succès de nos travaux industriels, nous avons besoin du calme et de la confiance en l'avenir que donnent seules à un pays des institutions définitives : Soyez notre Washington et vous aurez ajouté à la plus haute gloire militaire, la gloire non moins grande d'être le premier citoyen de la France. ›

nommé sénateur par les électeurs du département de
l'Aisne ; il passait le premier sur la liste, dans un
pays où il était dès lors aimé et vénéré par tous les
partis. Le 5 février 1876, il prononçait à Saint-
Quentin un grand discours, dans lequel il dégageait
l'esprit des récentes élections, et par lequel il préparait le terrain des prochaines élections législatives :
il célébrait la victoire « que l'union, la discipline, la
modération du grand parti républicain dans l'Assemblée » avaient emportée ; il constatait que la discorde
avait perdu les partis adverses ; et montrait les lois
établies au profit des idées prétendues conservatrices
tournant par la force des événements et par la volonté de la nation à leur désavantage. Il réclamait de
nouveau l'union si précieuse du parti républicain, et
tout en déplorant le morcellement du suffrage par
le système d'élections uninominales, il recomman-
dait à son département une sorte de liste où figu-
raient la plupart de ses anciens collègues de l'Assemblée.

Au Sénat, H. Martin prit rang dans la gauche.
Tandis qu'il croyait sa tâche achevée, il trouva là
de nouvelles luttes et de nouveaux périls. Le vaillant et courageux patriote ressaisit toute son ardeur
dans ces jours obscurs, où un suprême effort des
partis monarchistes menaçait pour la dernière fois
les institutions républicaines. Je l'ai vu beaucoup
dans ces circonstances graves. Il émanait de lui une
conviction, une audace, une résolution qui suffisaient
pour persuader qu'appuyée sur de tels hommes, la
République ne pouvait périr.

Ce n'est pas seulement à Paris qu'il agissait par tous les moyens, par la plume, par la parole, par l'exemple. Dans le département dont il était le chef incontesté, tout, autour de lui, se préparait pour la résistance armée, si la résistance devenait nécessaire. Plein de confiance dans l'autorité et l'habileté de Gambetta, il inspirait à son tour la confiance à ceux qui l'approchaient. Son fils, ses amis allaient, sous sa direction, là où il était besoin, remuer les esprits et organiser la défense. Chacune des nouvelles qui, dans ces temps de lutte, se succédaient favorables au triomphe de la cause, le trouvait tout ému de joie ; mais aucune mauvaise nouvelle ne le rencontrait abattu ou désespérant.

Parmi les nombreuses preuves de l'activité militante de Henri Martin, je me contenterai de rappeler le discours-manifeste qu'il prononça, le 23 août 1877, devant les membres du Conseil général de l'Aisne. Il avait auprès de lui un des ministres que le 16 Mai avait renversé, M. Waddington, et même M. de Saint-Vallier qui, dans ces circonstances, n'abandonna pas ses deux collègues du Sénat.

Après que M. Waddington eut exposé que la tentative du 16 Mai, « si elle faisait perdre une année à la France », faisait « gagner trois années à la République » par le sentiment de solide confraternité qu'elle créait entre tous les membres du parti républicain ; après que M. de Saint-Vallier eut remercié M. Ringuier en affirmant « que jamais à aucune époque un fait de notre histoire n'avait rencontré en

Europe un blâme plus général, plus universel » ;
Henri Martin prit la parole et rappela avec éloquence la France au sentiment d'elle-même et à
l'invincible espérance : « ... Elles sont venues ces
épreuves, disait-il, elles sont venues telles qu'aucune
nation de l'Europe n'y eût survécu : nous le disons
sans vain orgueil, mais avec conviction. Eh bien !
c'est lorsque nous avons touché le fond de l'abîme,
c'est lorsque, de même que le Géant de la fable, nous
avons mesuré la terre de notre corps ensanglanté,
c'est alors qu'une vie nouvelle a commencé de rani-
mer nos veines épuisées ; c'est alors que nous avons
compris ce que c'est que l'union, que la discipline,
que la persévérance ; c'est alors que des qualités
nouvelles sont écloses dans notre peuple et sont
venues compléter celles que le monde nous avait toujours reconnues ; alors, enfin nous sommes entrés
pour n'en plus sortir, s'il plaît à Dieu ! pour n'en plus
sortir jamais dans la voie de l'avenir, dans la voie
de la liberté et de la démocratie régulière, organisée, durable, indestructible. — Qu'eussent fait nos
devanciers si, de leur temps, on eût, comme on vient
de le faire, méconnu, bravé la volonté manifeste de la
nation, provoqué systématiquement les explosions
du sentiment populaire. Eh ! Messieurs, nos devanciers eussent répondu par la colère irréfléchie, par
l'emportement, par l'émeute : la France d'aujour-
d'hui a tout enduré, tout dédaigné parce qu'elle sent
et qu'elle sait ce que vaut le calme de la force et qu'un
seul jour, le jour des élections, lui suffira pour se
faire justice.

H. M.   21

« On l'a provoquée à parler ; elle parlera. Elle parlera d'une voix si haute que lorsqu'on aura entendu sa voix, tout sera dit. Je porte un toast à l'union indissoluble, ne disons plus : du parti républicain, mais de la Nation républicaine. »

On sait que ces prédictions se réalisèrent de point en point. L'union du parti républicain renvoya à la Chambre la majorité des 363. La crise réactionnaire fut conjurée, et au bout de quelques mois le maréchal de Mac-Mahon, forcé de « se démettre », payait de sa chute la complaisance coupable qu'il avait eue pour les adversaires des institutions qu'il eût dû défendre.

Un vieil ami d'Henri Martin, M. Grévy, remplaçait au pouvoir le maréchal démissionnaire ; la République était définitivement fondée.

A partir de cette date du 9 janvier 1879, la vie politique de Henri Martin devint moins active ; il n'eut plus qu'à assister, en spectateur toujours attentif, au développement naturel des institutions qu'il avait contribué à fonder. Cependant on peut dire que sa véritable pensée politique ne fut réalisée que le jour où Gambetta devint le chef du cabinet. Il avait une confiance absolue dans l'homme qui, depuis dix ans, était le véritable chef du parti républicain. Il croyait que l'arrivée aux affaires des jeunes générations était un gage de stabilité et d'avenir pour le nouveau régime [1].

---

[1] Il a été raconté récemment que Gambetta avait pensé à proposer et à soutenir la candidature de Henri Martin à la présidence de la République, dans l'éventualité d'une vacance. Je puis affirmer

Ici ses espérances furent trompées. Il eut le regret de voir le ministère Gambetta attaqué et renversé à l'occasion de deux questions que lui-même avait toujours considérées comme liées au sort de la France et de la République; d'une part, la question du scrutin de liste, d'autre part, la politique d'action au dehors.

Sur ce dernier point notamment, II. Martin manifesta ouvertement plus d'une fois le grand regret que lui avait fait éprouver l'abandon de notre situation en Egypte et l'une des dernières paroles qu'il adressa au pays, fut pour le mettre en garde contre la politique de relâchement, qui semblait devoir succéder à la politique que l'on qualifiait d'autoritaire. « A tous les degrés, disait-il en août 1882, aux extrémités comme au centre, rappelons-nous cette vérité parfois trop oubliée, que la démocratie est tenue d'être le plus vigilant et le plus énergique des gouvernements, si elle ne veut en devenir le plus faible; que la France surtout, dans sa position en Europe, n'a pas le droit de se relâcher, de s'engourdir un seul instant; qu'elle a un besoin absolu d'une forte organisation politique, d'une organisation qui mette en action tout ce qu'elle a de lumières et de forces; » et il ajoutait : « C'est une grave erreur que de s'imaginer que ce que gagne la liberté individuelle ou la liberté locale, le pouvoir national devra le perdre. Le champ du progrès de l'activité humaine est illimité. Plus les individus, plus les groupes particuliers grandissent et agissent li-

---

l'exactitude du fait. Mais Henri Martin lui-même n'a jamais dû connaître l'intention de son ami sur ce point.

brement, plus l'État, qui est la patrie organisée, élargit son cercle d'action, plus il a de devoirs et de pouvoir. »

Ces paroles parurent une sorte de blâme du ministère alors aux affaires, et elles ne furent pas sans contribuer à sa chute.

CHAPITRE III

LES DERNIERS TEMPS — LA MORT

La carrière politique de H. Martin peut être considérée comme s'étant terminée là : je ne la dépeindrai pourtant pas toute entière, si j'omettais de signaler quelques circonstances dans lesquelles la parole de Henri Martin, pour n'être pas employée dans le sens de ses devoirs électifs, n'en eut pas moins en France une grande autorité et un grand écho.

La situation de Henri Martin dans les dernières années de sa vie était devenue si haute, si respectable, si vénérée de tous, qu'il ne se célébrait pour ainsi dire plus, sur aucun point du territoire, une cérémonie dans laquelle on honorait quelqu'une de nos gloires ou quelqu'un de nos deuils, sans qu'il fût invité, sans qu'il dût parler.

Alors, son éloquence, à l'étroit dans une Chambre, se développait, se donnait carrière, se revêtait d'une grandeur en harmonie avec la solennité des circonstances. Il apparaissait dans ces fêtes comme un témoin des âges anciens et glorieux de notre his-

toire, comme un juge ému et impartial du présent,
comme un prophète soucieux et joyeux pourtant des
destinées de notre pays.

On sentait, on voyait l'âme de la France respirer
sur ses lèvres. Quand son front vénérable se levait
au-dessus des têtes découvertes, quand sa figure tourmentée et comme agitée des idées nombreuses qui
se heurtaient en lui apparaissait, quand les paroles
hachées, mais puissantes qui sortaient de sa bouche
se portaient aux oreilles de la foule silencieuse,
certainement une impression grande, émouvante se
produisait. Il y avait quelque chose d'épique dans
les dialogues fréquemment renouvelés de ce vieillard
et de tout un peuple.

Il n'est pour ainsi dire pas de provinces de la
France qui n'ait assisté à ces grandes scènes. A Versailles, lors des cérémonies anniversaires de la naissance de Hoche ; à Véretz, lors des fêtes en l'honneur
de P.-L. Courrier, à Montbéliard, à Saint-Quentin, lors
de l'érection des monuments commémoratifs de la défense nationale, à Toulouse aux fêtes d'avril 1880,
même au dehors, à Venise, lors de l'inauguration de
la statue de Manin (26 mars 1875) ; que sais-je ? à
Nolay (3 septembre 1881) lors de la cérémonie en
l'honneur du grand Carnot, partout il parlait, et
les paroles qu'il prononçait, partout paraissaient les
meilleures.

Un de ses biographes qui l'a entendu dans cette dernière circonstance a dit, dans un jugement qu'aucun
des auditeurs de Henri Martin ne désavouera : « Sa
parole avait une profondeur de sentiment si vrai, elle

était l'expression si fidèle d'une conscience juste, que nous n'en avons jamais peut-être entendu de plus touchante ; » et il citait notamment ce portrait de Carnot dont les traits, remarquait-il, pourraient s'appliquer à Henri Martin lui-même : « Son austérité sans rudesse, sa douceur grave; chez un si grand guerrier une allure si peu militaire, ses mœurs de famille, la simplicité qu'il portait en toutes choses, tout en faisait un homme à part, un de ces hommes de Plutarque, dans lesquels on n'a voulu voir que des types de convention et qui, néanmoins, se réalisent quelquefois pour l'honneur de l'humanité. »

Ces paroles en effet sont de celles qu'une époque doit s'honorer d'entendre. Jamais pourtant, l'éloquence de Henri Martin ne me paraît s'être élevée plus haut que le jour où, dans les circonstances les plus douloureuses qui attristèrent les derniers temps de sa vie, il dut prendre la parole sur la tombe de Gambetta.

On se souvient de cette grande journée. La fièvre, accrue par huit jours de deuil, était à son comble. La France, pendue pendant un mois aux nouvelles de la santé du malade, s'était soulevée spontanément au bruit de sa mort. Elle s'était ramassée dans Paris pour le jour des obsèques.

Dès le matin, une foule muette, mais agitée d'une même émotion douloureuse, se pressait sur le parcours que le convoi devait suivre. Le char funèbre, dessiné si hardiment, avec le vaillant coup de lumière rouge de la couronne de Thann, par Bastien-Lepage (auquel l'avenir réservait une si courte des-

tinée), le char funèbre s'ébranla. Dans cette journée
d'hiver, sous un soleil froid et clair, le long des
rues et des boulevards, le défilé serpenta intermi-
nablement.

On était parti à huit heures du matin; on arriva
au Père-Lachaise, la nuit tombante. L'émotion de
tous s'augmentait de la lassitude de cette longue
marche, de ce long piétinement.

Le cercueil fut posé aux portes du cimetière sur un
échafaud simple. MM. Brisson, Cazot, Devès, Fala-
teuf, Isambert, le général Billot, parlèrent.

Mais, de l'avis de tous, aucune parole ne répondit
mieux au sentiment unanime, aucune voix ne se
trouva plus à l'unisson de l'universelle douleur que
celle de Henri Martin, alors que grand, maigre, pâle,
cassé par la douleur et par la fatigue, il se releva et
vint, debout, se pencher sur le cercueil du jeune
homme dans lequel il avait mis toute son espérance.
Ce fut alors la patrie elle-même qui apparut vivante
à tous les yeux, dans la personne de ce vieillard,
dont la vie s'était consacrée à l'amour de la patrie.

Les paroles qu'il prononça ne restèrent pas au
dessous de l'impression d'un tel moment. Il n'est
peut-être rien, dans toute l'antiquité, de plus beau
que ce mélancolique exorde, par lequel Henri Martin
versa sa mâle douleur sur cette tombe prématurément
ouverte : « Ne semble-t-il pas, disait-il, qu'il y ait un
renversement dans l'ordre de la nature lorsque le
vieillard, qui a déjà un pied sur le bord de la tombe,
vient saluer les restes inanimés de l'homme, tout à
l'heure plein de force et de jeunesse, à qui parais-

saient appartenir les grands desseins et les longues espérances. »

Et, continuant dans un style harmonieux et noble, le développement des tristes méditations qu'avait soulevées en lui la mort de son ami, il montrait « cette destinée épuisant, en quatorze rapides années, trois phases dont chacune eût suffi à créer une gloire ». — « Le voilà déjà tombé dans l'histoire, s'écriait-il, cet homme à qui il semblait donné de continuer l'histoire. » Il suivait le développement de cette courte carrière. Il montrait nos ennemis mêmes, lui rendant justice ; il vantait sa grande bonté jointe à son grand courage, et répétait à son sujet « le mot qu'un illustre royaliste a dit d'un illustre révolutionnaire : il était magnanime ».

Et, quand tout à coup, sur cette tombe qui s'apprêtait à recouvrir tant d'espérances fanées et flétries, le vieillard, l'historien, l'homme d'expérience fit refleurir encore une nouvelle espérance ; lorsqu'il s'écria, dans la conviction de ses opinions philosophiques et religieuses : « Si Gambetta nous entend... et il nous entend » ; lorsque ce mot d'immortalité sortit de sa bouche, avec des paroles de conseil et de persévérance adressées aux jeunes générations ; lorsqu'il découvrit la France vivante et debout, même sur des tombeaux ; alors, à cette double évocation et du mort et de la patrie immortelle, un frisson d'émotion parcourut la foule, et l'on eut le sentiment réel que cette parole n'était pas vaine ; que le vieillard, à l'aspect druidique, rappelant par son nom, par sa vie, par son œuvre, nos vieux aïeux des forêts de la

Gaule, que le narrateur de toute notre vie séculaire parlait de l'avenir comme il convenait devant ce cercueil.

Moins d'un an après, par un même jour triste d'hiver, Paris et la France se levaient de nouveau pour accompagner le corps d'un autre mort illustre, d'un autre patriote, celui d'Henri Martin.

Le vieillard, robuste et vert jusqu'à la fin, avait abusé de sa force qu'il croyait toujours jeune. Tandis qu'il eût pu, comme tant d'autres, s'arrêter, suspendre le cours de la vie fiévreuse qu'il avait toujours menée, il avait poursuivi, emporté par un tourbillon de patriotisme dont il ne pouvait se déprendre.

Sa vieillesse eût pu s'écouler calme au milieu des siens. Installé définitivement dans sa nouvelle demeure de la rue Vital, ayant près de lui la fidèle compagne de toute son existence, à quelques pas, son fils père et déjà grand-père, Henri Martin eût pu s'abandonner à la douce jouissance du repos et, avec sa forte santé de paysan, attendre longtemps la mort qu'il ne craignait pas. Il préféra se dépenser et se faire tout à tous jusqu'au bout.

Les travaux du Parlement, la continuation, jamais suspendue, de l'*Histoire populaire,* les séances des deux Académies, la collaboration aux journaux, tout cela ne lui avait pas suffi.

Peu à peu s'étaient accumulées sur son existence et l'avaient envahie, obstruée, mille occupations diverses, extérieures, qui venaient à lui et que sa vaillance n'avait jamais voulu ou su écarter. Il avait dû reprendre, après une interruption de quelques années, la direction de la mairie de Passy. Puis il avait accepté une part active, souvent la présidence, dans une foule de commissions, de comités officiels ou non, qui absorbaient son temps, et lui demandaient la plus grande dépense d'assiduité et d'intelligence. Car aucune de ses collaborations n'était pour lui une sinécure. On le voyait partout, aidant toujours de l'autorité de son nom, de sa jeune ardeur, les institutions patriotiques ou philanthropiques, les initiatives littéraires ou scientifiques qui s'adressaient à lui.

Il serait impossible d'énumérer toutes les sociétés dont il était membre actif. Je rappellerai le nom de celles qui lui étaient le plus chères et pour lesquelles il a le plus fait. J'ai cité déjà la Société d'anthropologie, dont il avait été président en 1878. Au ministère de l'Instruction publique, il faisait partie de la Commission des documents inédits, du Comité des travaux historiques, il était président de la Commission des monuments historiques, président de la Commission de l'Histoire de la Révolution ; au ministère des Affaires étrangères, il présidait la Commission des Archives diplomatiques. Il était membre du Conseil d'administration de la Société de l'Histoire de France, président, avec M. Mignet, de la Société historique, membre du Conseil d'administration du *Siècle,* président de l'Association amicale des anciens élèves du collège de Saint-Quentin. Dès février 1873, il faisait un appel au public en faveur de la Ligue de l'enseignement, dont il devint vice-président. Surtout il avait une affection toute spéciale pour la Ligue des patriotes et pour l'Orphelinat de la Seine qui, si je ne me trompe, sont nommés dans son testament.

C'est au milieu des allées et venues incessantes, que motivaient pour lui, des occupations si diverses, que la brusque maladie qui devait l'emporter vint le saisir.

Dans les premiers jours de décembre 1883, une tempête de neige, accompagnée d'un vent glacial tomba subitement sur Paris. Henri Martin, sorti trop légèrement vêtu, s'était rendu à l'une des séances du Comité des sciences historiques, à la Sorbonne. A la sortie de la salle chauffée, il fut saisi par le froid. Deux jours plus tard, il était pris tout à coup le soir d'un frisson très violent et très prolongé. Son fils, le docteur Ch. Martin fut appelé en toute hâte.

H. Martin fut, malgré lui, forcé de garder le lit. Le lendemain il paraissait simplement indisposé ; il put manger un peu. Cependant la famille inquiète appelait les docteurs Brouardel et Millard, qui trouvèrent le malade en apparence très bien et sans fièvre. La journée suivante fut bonne encore. H. Martin, se sentant mieux, se leva. L'avis des médecins était pourtant qu'une pneumonie était probable. Le soir, la fièvre vint, lentement, augmentant d'heure en heure. La nuit fut mauvaise. Le mal ne cessa de s'accroître. On commençait à craindre un dénoûment fatal. On appela près du malade toute sa famille. On télégraphia à Boulogne pour que l'on amenât près de lui sa petite-fille, sa préférée Jeanne et son arrière-petite-fille, le rayon de joie de sa vieillesse.

La tête s'embarrassait ; une somnolence douloureuse envahissait le cerveau ; le soir quand la jeune
femme et l'enfant arrivèrent, H. Martin ne parlait
plus. Cependant la venue de sa petite-fille l'arracha
pour une minute à la mort qui déjà le saisissait. Il
fit un grand effort. « Ah ! c'est toi, Jeanne » ! dit-il,
puis il embrassa le petit enfant et lui dit quelques
paroles. Ce furent les derniers mots qu'il prononça.
Il retomba dans un sommeil opaque et haletant. Dans
l'après-midi du 14, il expirait.

La nouvelle de la mort de Henri Martin, répandue
rapidement dans Paris, attrista la fin de cette année
1883, comme la nouvelle de la mort de Gambetta en
avait assombri le début. Les Chambres levèrent la
séance en signe de deuil ; toutefois après avoir décidé,
sur la proposition du Gouvernement, que des obsèques nationales seraient faites à l'historien national.

On vit donc, dans des proportions moindres, mais
avec un élan aussi touchant, se renouveler en décembre les scènes de janvier. Henri Martin avait désiré
être accompagné par un pasteur protestant libéral ;
la famille pria le pasteur Dide de remplir ce vœu du
défunt.

Les obsèques n'en conservèrent pas moins un caractère civil. Le convoi partit de la mairie de Passy
où le corps avait été transporté, et formé d'une
foule immense, où se confondaient les insignes et les
bannières, les couronnes et les emblêmes envoyés de
tous les coins de la France, il se dirigea lentement
par les grandes avenues extérieures, vers le cimetière
Montparnasse.

La foule se massa près de la porte autour d'un catafalque élevé. Là, des hommes politiques, des collègues de Henri Martin à l'Institut, des compatriotes, des amis prirent la parole. M. Le Royer au nom du Sénat, M. Cherbuliez au nom de l'Académie française, M. Nourrisson au nom de l'Académie des sciences morales et politiques, puis MM. Malézieux, Mariolle-Pinguet, Déroulède, Topinart, enfin le pasteur Dide et le vénérable Paul Lacroix, au nom de la famille, exprimèrent les divers sentiments de tristesse que ce grand deuil laissait à tous ceux qui avaient connu l'homme, l'écrivain, le citoyen.

Puis la foule pénétra lentement dans le cimetière et, cette fois, encore, à la nuit tombante, et dans la clarté incertaine d'une soirée d'hiver, elle salua, silencieuse, le tombeau de cet autre patriote que moins d'une année réunissait dans la mort avec Chanzy et avec Gambetta.

CONCLUSION

Henri Martin fut un des représentants les plus complets de la génération au milieu de laquelle il a vécu, et qui restera probablement, pour l'avenir, la plus grande et la plus glorieuse du XIXᵉ siècle.

Il fut de son temps par la haute préoccupation morale, par la tendresse pour les faibles, par la passion de la liberté; il fut de son temps par l'illusion ou, si l'on veut, par l'erreur de la fraternité; il fut de son temps encore par une certaine tendance mystique, par l'espérance qu'il avait de concilier des choses difficilement conciliables : les traditions et le progrès, la foi et la science. Il tenait peu de compte de la lutte des individus, du heurt des intérêts; il croyait à la pacification finale par la fusion des idées et des principes, par la disparition des malentendus.

A la province où il naquit, Henri Martin dut son bon sens, son courage, sa ténacité active et laborieuse, son patriotisme.

Il puisa dans sa famille des habitudes de vie réglée et sage, la haine du bruit, la discrétion effacée, la candeur.

Il avait reçu de la nature, il accrut, par son propre effort, l'amour du vrai, le culte des études sérieuses, le goût de l'histoire.

Il réalisa ainsi, peu à peu, en lui un juste équilibre des nobles passions, des sentiments élevés, de la raison douce, mais pourtant agissante.

En somme il fut un sage, et un sage heureux. Car, à l'honneur de son temps, cet honnête homme atteignit naturellement, par le simple développement d'une vie consacrée au bien, la plus honorable des situations sociales, sans que sa fortune excitât ni l'envie, ni même la surprise.

La lenteur sûre avec laquelle sa carrière se déroula, les étapes graduées qu'elle franchit sont une preuve et un heureux exemple de l'excellent calcul qu'en somme, et sans y prendre garde, fait la vertu.

Sa réputation est allée ainsi grandissant et s'affermissant peu à peu, auprès de ses contemporains, jusqu'à l'entourer, dans ses dernières années, d'une auréole qui l'accompagne dans la mort. On citera le nom de Henri Martin comme celui d'un homme qui a honoré son temps, son pays, son parti : car il avait compris le gouvernement de la République dans le sens étroit et austère, presque surhumain, qu'avait fixé Montesquieu.

Il n'est pas douteux que, lorsque l'histoire aura à se prononcer sur les choses de notre temps, elle ne se range du côté où se sont placés Henri Martin et ses amis. Malheur aux régimes qui ont eu contre eux le génie, le désintéressement, l'exil !

Parmi les traits dispersés au cours de l'étude qui

s'achève ici, j'ai quelque crainte de n'avoir pas assez
marqué ceux qui représentent les qualités morales
de Henri Martin. L'examen attentif de ses travaux et
de sa part de labeur intellectuel a quelque peu
rejeté dans l'ombre la belle figure de sa conscience.
C'est par là pourtant qu'il fut tout à fait hors pair, et
comme le disait un écrivain, cité déjà : « Un homme
de Plutarque. »

L'*Histoire de France* sera remplacée tôt ou tard ;
la science progresse ; les points de vue se déplacent.
Même ce vaste et large exposé du drame national, dû
à la plume de Henri Martin, sortira de l'actualité. Il
se rangera sur les rayons plus obscurs des bibliothèques pour faire place à d'autres. Mais ce qui ne
périra pas, c'est l'influence saine et fortifiante qu'ont
eue sur les générations présentes, qu'auront ainsi
indéfiniment sur les générations futures, les conseils
d'un homme dont la vie a été un exemple.

Les vertus de Henri Martin font désormais, autant
que son Histoire, partie du patrimoine national.

Je n'ai pas dit assez combien il était pur ; quelle
horreur du mensonge ; quel amour du beau, sous
toutes ses formes ; notamment son goût pour l'art
pur, par excellence, pour la sculpture. Une visite
avec lui, aux *antiques* du Louvre, était une leçon de
morale.

Je n'ai pas assez dit son courage calme, froid, sans
emphase, sa modestie inquiète et étonnée du moindre
éloge, sa timidité qui ne disparaissait que quand il
y avait une résolution virile à prendre ou un acte
énergique à accomplir.

Il faudrait craindre d'ailleurs de tomber dans l'apologie. L'éloge même des indifférents, même des morts ne se supporte pas longtemps. Avouons que Henri Martin était un homme. Il était homme par sa faiblesse tendre, par sa confiance quelquefois crédule, par son inaltérable foi en l'humanité.

On ne peut discuter son intelligence, on ne peut toucher à son caractère, on respecte sa vie si honorable. Mais on s'entend à reconnaître qu'il était trop bon.

Eh bien! que ce reproche soit accepté. Puisqu'il ne saurait y avoir de tableau sans tache, que ce soit là l'ombre de ce « bel exemplaire des vertus humaines ».

Il a étendu son amour sur ses amis, sur ses adversaires, — je ne dis pas sur ses ennemis, il n'en avait pas un, — sur son pays, sur l'humanité. C'est trop. Il a été un grand cœur, un trop grand cœur.

Que cette qualification lui reste et que ce soit avec ce stigmate glorieux que son nom passe à la postérité.

FIN.

TABLE DES MATIÈRES

LIVRE III.

LES ÉTUDES HISTORIQUES.

LIVRE IV.

LES DERNIÈRES ANNÉES. LA VIE POLITIQUE.

LIBRAIRIE LÉOPOLD CERF

TÉLÉPHONE
239-89

12, RUE SAINTE-ANNE, 12

CATALOGUE

PAR ORDRE ALPHABÉTIQUE DE NOM D'AUTEUR

ACHEL (G.). — **La plus grande Bretagne** ou **Le plus grand continent** Une brochure in-8°... 1 fr. 50

ADAM, voir **LEMARE.**

AUGÉ DE LASSUS (Lucien). — **Routes et Etapes.** Un volume in-8° jésus, sur papier teinté, 15 eaux-fortes inédites par W.-T. Grommé. Prix............... 20 fr. 50 exemplaires sur papier vergé de Hollande avec eaux-fortes avant la lettre. Prix.................. 40 fr.

> TABLE DES GRAVURES : Un canal à Dordrecht. — Le pont de Cordoue. — Porte de mosquée à Tanger — Le château de la Penah. — Vue de Coïmbre. — Amphithéâtre d'El-Djem. — Le bois sacré à Blidah. — Mosquée à Tlemcen. — Une terrasse d'Amalfi sur le golfe de Salerne. — L'Etna vu d'Aci-Reale. — Le temple de Minerve Suniaque à Sunium. — La plaine de Troie. — Première cataracte du Nil. — Fontaine sur la route de Bethléem.

— **Huit jours à Versailles,** Versailles et ses environs, avec 4 plans coloriés. Petit volume in-8°....... 1 fr. 50

AUGÉ DE LASSUS (Lucien), d'HOUVILLE et **RICHARD (Georges).** — **La conspiration du Général Mallet,** drame historique en cinq actes et un prologue. In-18.................................. 2 fr.

AULARD (F.-A.), *professeur à la Sorbonne.* — **La Société des Jacobins. Recueil de documents pour l'histoire du club des Jacobins.** Six volumes in-8° avec table. Le volume.................... 7 fr. 50

> Le procès-verbal officiel ou registre des délibérations de la Société des Jacobins de Paris a disparu on ne sait comment ni à quelle époque. Si cependant on rapproche dans un ordre chronologique les textes de toute nature épars dans les feuilles périodiques, une cer-

taine lumière sort de ce rapprochement et on entrevoit le vrai rôle de ces Jacobins tour à tour Monarchistes, Girondins, Montagnards et dont la tribune a été ouverte successivement à toutes les opinions qui ont dominé. C'est ce rapprochement de textes qui constitue ce Recueil.

Cet ouvrage fait partie de la *Collection de Documents relatifs à l'Histoire de Paris pendant la Révolution française,* publiée sous le patronage du Conseil municipal.

AYMONIER (Etienne), voir *Colonies Françaises.*

BARET (Adrien), *docteur ès-lettres, maître de conférences de littérature anglaise à la Sorbonne.* — **Etude sur la langue anglaise au XI⁰ siècle.** Un volume in-8⁰...... 5 fr.

> Introduction. — English et Anglo-Saxon. — Old English. — Dialectes du vieil anglais — Ecrivains populaires en anglais dialectique. — Ecrivains aristocratiques en langue vulgaire. — Geoffrey Chaucer. The King's English. — La versification de Chaucer. — Prononciation de la langue de Chaucer. — Le génie de Chaucer.

BAUDOT (Marc-Antoine), *ex-membre de la Convention nationale.* — **Notes historiques sur la Convention nationale, le Directoire, l'Empire et l'exil des votants,** publiées sous les auspices du Ministère de l'Instruction publique, avec une préface de Mᵐᵉ Vᶜ Edgar Quinet. Un volume grand in-8⁰............... 7 fr. 50

> Ces notes historiques sur la Révolution avaient été léguées par le Conventionnel Marc-Antoine Baudot à Edgar Quinet, qui en disait : « J'ai reçu des mémoires inédits qu'un membre de la Convention m'avait légués il y a trente ans, ce sont les seuls *Mémoires* authentiques de certaines parties de la Révolution et leur auteur était un homme d'infiniment d'esprit. » Ils ont été publiés par Mᵐᵉ Vᶜ Edgar Quinet avec un soin pieux. C'est donc en quelque sorte le *fac-simile* du manuscrit original que nous livrons aujourd'hui à la publicité, avec toutes les variantes et les répétitions qu'il renferme.

BAUDRILLARD (H.), voir **BENOIST** (Charles).

BELLAY (Joachim du). — **La Deffense et illustration de la langue françoyse,** publié par Em. Person, *professeur au Lycée Charlemagne.* Edition désignée pour le concours d'agrégation. Un vol. in-8⁰.............. 5 fr.

> Reproduite conformément au texte de l'édition originale avec une introduction et des notes par Em. Person, professeur au lycée Charlemagne. Le texte a été collationné avec le plus grand soin sur l'édition originale de 1549, dont le titre est reproduit en *fac-simile.* Une introduction, des notes philologiques et littéraires, un glossaire complètent l'édition. — M. Em. Person y a joint le texte moins connu du *Quintil Horatian,* de Ch. Fontaine qui parut pour la première fois à Lyon en 1551.
>
> Fait partie de la *Bibliothèque historique de la langue française.*

BENOIST (Charles). — **Études historiques sur le**

XIVᵉ **siècle, La Politique du Roi Charles V. La Nation et la Royauté**, avec une préface de M. H. Baudrillart, *membre de l'Institut.* Un volume in-18. Prix...................................... 3 fr. 50

Introduction — Le Dauphin regent et les instruments du règne (1356-1364). — Le règne et ses résultats (1364-1380). — La royauté, l'Etat et la Nation (1280-1380).

BENOIT-LÉVY (Ed.) et **BOCANDÉ** (**F.-D.**) *avocats à la Cour d'appel de Paris* — **Manuel pratique pour l'application de la loi sur l'instruction obligatoire,** contenant le résumé des débats parlementaires, le commentaire de la loi, les circulaires, arrêtés et décrets relatifs à son application et une table alphabétique détaillée, avec une préface par M. Jean Macé, président de la Ligue de l'Enseignement. In-18........................ 1 fr.

BERTHOULE (**Amédée**), *secrétaire général de la Société nationale d'Acclimatation de France.* — **Les lacs d'Auvergne, Orographie, Faune naturelle, Faune introduite.** Un volume grand in-8º. Prix........ 5 fr.

Monographie au point de vue de l'orographie, de la faune naturelle et de la faune introduite des lacs d'Auvergne qui remplissent apparemment d'anciens cratères d'explosions. 27 planches en photo-gravure représentant l'aspect des lacs et les espèces animales les plus curieuses et les plus rares.

BERTRANDY-LACABANE, *archiviste du département de Seine-et-Oise, ancien Inspecteur général des Archives.* — **Brétigny-sur-Orge. Marolles-en-Hurepoix, Saint-Michel-sur-Orge,** publié avec le concours du Conseil général de Seine-et-Oise. 2 forts volumes in-8º écu, nombreux tableaux synoptiques hors texte............ 20 fr.

Tome I. — (424 p. et 11 tableaux hors texte). — I. Poids et mesures. Mercuriales, Pouvoirs de l'argent. — II. Topographie historique. Voies de communications. — Cours d'eau, Fontaines, Mares, Lavoirs. — Tome II (740 p. et 3 tableaux hors texte). — III. Population. Mouvement de la population. — IV. Les seigneurs de Brétigny. — V. Justice et administration. — VI. Culte. — VII. Instruction publique. — VIII. Agriculture. — IX. Arts et Métiers ; prix des choses. — X. Commerce et industrie. — XI. Faits divers.

— **Les Alluets-le-Roi.** Brochure in-8º........ 0 fr. 75

Bibliothèque historique de la langue française, voir **BELLAY** (Joachim du) et **VAUGELAS.**

BOCANDÉ (**F.-B**), *avocat à la Cour d'appel de Paris,* voir **BENOIT-LÉVY** (Edm.).

BONNEL (L.). — **Loups et Vautours.** In-8° broché 1 fr.

BOUCHER (Léon), *professeur à la Faculté des lettres de Besançon.* — **Tableau de la littérature anglaise.** Un vol. écu illustré in-8°...................... 1 fr.

> I. Les origines Chaucer. — II. Le siècle d'Elisabeth, Spencer. — III. Le drame anglais et Shakespeare. — IV. Le xviie siècle, Milton. — V. La Restauration : Dryden. — VI. VII. VIII. Le xviiie siècle : Les écrivains de la reine Anne, les romanciers, la critique, l'histoire; révolution poétique : Cowper et Burns. — IX, X, xixe siècle : la poésie romantique : le roman, la critique, l'essai. — Portraits de Chaucer, Spencer, Shakespeare, etc.
>
> Ce volume fait partie de la *Nouvelle collection à 1 fr.*

BOUVIER (Félix). — **Les premiers combats de 1814,** prologue de la campagne de France dans les Vosges avec un portrait et une carte. Un volume in-18... 3 fr. 50

BROCHET (J.), *secrétaire de l'Inspection d'académie de Seine-et-Oise.* — **Annuaire de l'Enseignement primaire en Seine-et-Oise.** In-8° broché........ 2 fr.

> Ce recueil contient, outre les renseignements administratifs, l'état du personnel au 1er janvier avec indication du revenu des postes, logements, etc., et aussi les résultats et les textes des compositions des examens et concours de l'année.

— **Cahiers de Géographie de Seine-et-Oise.** Cartes et texte. — Bel atlas, avec texte à l'usage des élèves des écoles primaires du département. L'exemplaire.......... 1 fr.

— **Carte du département de Seine-et-Oise,** avec la délimitation du territoire des communes indiquée par un tirage en deux couleurs. Une feuille couronne... 0 fr. 50

BRUNEAU (G.). — **Aubades et sérénades et pièces diverses en vers.** Un volume in-8°........... 3 fr.

— **Bureau restant.** Joli petit in-18. Prix....... 0 fr. 50

— **Nouvelles sentimentales.** Un volume in-18.. 3 fr.

> Au renouveau. — Un drame d'atelier. — En quarantaine. — La Donna Bella. — Le roman d'un diplomate.

BRUNET (Louis), *député de la Réunion.* — **L'abbé Dermont, le dossier de la défense.** Un volume in-18. Prix.................................... 3 fr.

— **Ripaud de Montaudevert, Scènes de la Révolution française à l'île Bourbon (1794).** Un volume in-18.................................... 3 fr.

BRUNET (**Louis**), *député de la Réunion*. — **Français toujours ! En voyage, Zanzibar, Aden, Port-Saïd**. Un volume in-18......................... 3 fr. 50

CAMBOURG (**Baron de**), voir *Colonies françaises*.

CARRIÈRE (**A**.), *professeur à l'École des langues orientales*. — **Moïse de Khoren et les généalogies patriarcales** .in-12, papier vergé.................... 5 fr.

CASGRAIN (**l'abbé A.-.H**), *docteur ès-lettres, professeur à l'Université Laval de Québec. Membre de la Société Royale du Canada, etc., etc*. — **Acadie, Nouvelle-Ecosse. Un pèlerinage au pays d'Evangéline**. Ouvrage couronné par l'Académie française. Quatrième édition, deuxième édition publiée en France. Un volume in-18.... 3 fr. 50

L'auteur, pénétré des sentiments de Longfellow et de la tradition française au Canada, est allé recueillir sur place les documents et les souvenirs encore vivants sur la dispersion des Acadiens et les persécutions que leur fit subir l'intolérance anglaise.

CAUBET, *ancien chef de police municipale*. — **Souvenirs (1860-1889)**, avec une préface de G. Wyrouboff. Un volume in-18................................. 3 fr. 50

Philosophie et politique. — Le salon de Ch. Fauvety. — Scalieri. — La crémation. — L'élection Bancel. — Franc-Maçonnerie. — Le prince Lucien Murat. — Le maréchal Magnan. — Vingt-quatre heures de prison. — Dogmes et libertés. — Préfecture de police. — Du 4 septembre au 15 octobre 1871. — Les exécutions capitales : Prevost, Menesclou, Campi, Gamahut, Gaspard, Marchandon, Kœnig, Rivière et Frey, Pranzini, Schumacher, Mathelin, Prado, Géomay, Allorto et Sellier. — Considérations générales.

CAZES, *inspecteur d'Académie*. V. Organisation pédagogique.

CHALLAMEL (**Augustin**), *conservateur honoraire de la Bibliothèque Sainte-Geneviève*. — **Les Clubs contre-révolutionnaires :** cercles, comités, salons, réunions, cafés, restaurants et librairies. Un volume........... 7 fr. 50

Cet ouvrage fait partie de la *Collection des Documents relatifs à l'histoire de Paris pendant la Révolution française*, publiée sous le patronage du Conseil municipal.

CHARAVAY (**Etienne**), *archiviste paléographe*. — **Assemblée électorale de Paris** (18 novembre 1790-15 juin 1791). — Procès-verbaux de l'élection des juges, des administrateurs, du procureur syndic, de l'évêque, des curés, du président du tribunal criminel et de l'accusateur public. Publiés d'après les originaux des Archives nationales, avec des notes historiques et bibliographiques. Un volume .... 7 fr. 50

CHARAVAY (Etienne), *archiviste paléographe*. — **Assemblée électorale de Paris** (26 août 1791- 15 août 1792). — Procès-verbaux de l'élection des députés à l'Assemblée législative, des hauts jurés, des administrateurs, du procureur général, du syndic, du président du tribunal criminel et de son substitut, des juges suppléants, de l'accusateur public, des curés. Publiés d'après les originaux des Archives nationales, avec des notes historiques et biographiques. Un volume..................... 7 fr. 50

Ces ouvrages font partie de la *Collection des Documents relatifs à l'histoire de Paris pendant la Révolution française* publiée sous le patronage du Conseil municipal.

CHASSANG (A.), voir **VAUGELAS.**

CHASSIN (Ch.-L.). — **Les élections et les cahiers de Paris en 1789.**

Tome Ier. — La convocation de Paris aux derniers Etats généraux.

Tome II. — Les assemblées primaires et les cahiers primitifs.

Tome III. — L'assemblée des trois ordres et l'assemblée générale des électeurs de Paris au 14 juillet.

Tome IV. — Les élections et les cahiers de Paris hors murs. Chaque volume in-8° raisin de plus de 500 pages. Prix, broché.................................. 7 fr. 50

Cet ouvrage fait partie de la *Collection des Documents relatifs à l'Histoire de Paris pendant la Révolution française,* publiée sous le patronage du Conseil municipal.

CHATEAUGAY (Pierre). — **Angèle, Bourbon-Madagascar.** 3e édition. Un volume in-18.......... 3 fr.

— **Amours exotiques,** scènes de la vie en Cochinchine. Un volume in-18............................. 3 fr. 50

— **Les Examens d'un gendre,** comédie en un acte. Prix.. 2 fr.

— **Infanterie de marine 4° régiment,** 2e édition. Un volume in-12................................. 2 fr.

Le Ministre de la Marine a décidé que ce livre serait appelé à faire partie des bibliothèques des Corps de troupes de la marine, des équipages de la flotte et des prisons maritimes.

L'histoire du 4e régiment, qui commence et se termine à la campagne de Madagascar de 1884, est déjà glorieuse.

CHENNEVIÈRE (Adolphe), voir **FRANCK** (Félix).

CHUQUET (Arthur), *professeur au Collège de France.* — De Ewaldi Kleistii vita et scriptis. Un volume in-8°.................................... 2 fr.

— **Schiller. Le Camp de Wallenstein**, édition nouvelle avec introduction et commentaire (xxiv-144 p.). Joli volume cartonné à l'anglaise.................... 1 fr. 50

— **Gœthe. Hermann et Dorothée**, édition nouvelle avec introduction et commentaire (lxix-186 p.). Joli volume in-18 cartonné à l'anglaise.............. 1 fr. 50

— **Von Berlichingen**, édition nouvelle avec introduction et commentaire. Joli volume in-18 (xcvi-192 p.), cartonné à l'anglaise. Prix....................... 2 fr. 50

COCHERIS (Hippolyte), *Inspecteur général de l'Instruction primaire. Conseiller général.* — **Dictionnaire des anciens noms des communes du département de Seine-et-Oise.** Un volume in-8° papier vergé avec grande carte coloriée.................................... 3 fr.

Colonies françaises, voir **Société des Etudes Coloniales et Maritimes.**

COMTE (Charles), *professeur au Collège Rollin.* — **Chateaubriand poète** (histoire de la tragédie de *Moïse.* Un volume in-8°, 38 p..................... 1 fr.

COPPÉE (François), voir **RIQUIEZ** (Emile).

COURTY (Paul). — **Poésies et Pensées**, avec un portrait gravé à l'eau-forte par Ch. Courty et une préface d'Edmond Thiaudière. Un volume grand in-8°...... 6 fr.

— **Petites Comédies parisiennes.** Un volume in-18. Prix.................................... 3 fr. 50

— **Contes et nouvelles.** Un volume in-18........ 3 fr.

DALLINGTON (Robert), voir **EMERIQUE.**

DALSÈME (A.), *ancien élève de l'École polytechnique.* — **La Monnaie**, histoire de l'or, de l'argent et du papier, le volume 1 fr., cartonné à l'anglaise........... 1 fr. 50
Fait partie de la *Nouvelle Collection illustrée à 1 fr*

L'auteur passe en revue l'origine et l'histoire de la monnaie, décrit la fabrication depuis la Chine jusqu'aux billets de banque : I. Comment on devient commerçant. Le troc. Une artiste dans l'embarras. L'enfance des Monnaies. Pasteurs et conquérants. Coquillages et métaux précieux. Ce qu'exige une monnaie irreprochable. Les rentes en blé. La liqueur d'or. Le litre et le poids. De Judée en Chine. Le faux monnayage royal. Nicolas Oresme. La fausse monnaie légale. Encore les Chinois. Le billon. Bronze et argent. Un franc est-il un franc? L'arithmétique et le sens commun. Le droit de battre monnaie. Etalon simple et étalon double, etc , etc.

DARMESTETER (James), voir DARMESTETER (Arsène).

DARMESTETER (Arsène). — Reliques scientifiques, recueillies par son frère, portrait par Charles Waltner, 2 forts volumes in-8° raisin. Prix........ 40 fr.

TOME Ier — Portrait par Waltner. — Notice biographique. — Discours prononcés aux funérailles. — Bibliographie des publications.

1re PARTIE. — *Études juives*. — Le Talmud. — Kalia bars Chalom et Flavius Clemens. — Gabriel da Costa. — Notes épigraphiques touchant quelques points de l'histoire des Juifs sous l'empire romain. — V.-G.-J. ASCOLI. Inscrizioni inedite vinal note Greche, Latine, Ebraiche di antichi sepulcri Cuidaci del Napolitano, edite e illustrate da G.-J Ascoli. — N. Valois. — Guillaume d'Auvergne.

2e PARTIE *Études judéo-françaises*. — Mission en Angleterre. — Mission en Italie. — Glosses et glossaires hébreux-français du Moyen Age. — Sur des mots latins dans des textes talmudiques. Philppus — os *lampadis* — Un alphabet hebreu-anglais au XIVe siècle. — L'autodafé de Troyes (24 avril 1288). — Deux élégies du Vatican.

TOME II. — 3e PARTIE. — *Études françaises*. — *Littérature et Philosophie du langage*. — Langue et littérature française du Moyen Age — La littérature française du Moyen Age et l'Histoire de la langue française. — PIO RAJNA. — Le origini del l'Epopea francese. — FOERSTER. — Altfranzœsische Bibliothek. — F. DE GRAMMONT. Les vers français et leur prosodie. — A. CHAIGNET. La philosophie de la science du langage étudiée dans la formation des mots.

B. *Histoire de la langue*. — Phonétique française. — La protonique non initiale, non en position. — Ch. JORET. Du C. dans les langues romanes. — De la prononciation de la lettre U au XIVe siècle. — Réponse à M. Talbert. — AYER. Phonologie de la langue française. — SCHOLER. Exposé des lois qui régissent la transformation française des mots latins. — Le démonstratif *ille* et le relatif *qui* en roman. Les prépositions françaises en, enz, dedans, dans. — FR. GODEFROY. Dictionnaire de l'ancienne langue française et de tous ses dialectes au IXe et XVe siècle. — LACURNE DE SAINTE-PALAYE. Dictionnaire historique de l'ancienne langue françoise ou glossaire de la langue française.

A. DOUCHERIE. Ἑρμηνεύματα (χαι) Καθημερινή ὁμιλία de Julius Pollux. — BRACHET. Nouvelle grammaire française. — MARTY-LAVEAUX. Cours historique de langue française. — E. DE CHAMBURE. Glossaire du Morvan. — TALBERT. Du dialecte blaisois et de sa conformité avec l'ancienne langue et l'ancienne prononciation française. — Rapport sur le concours relatif aux noms patois et vulgaires des plantes. — L'enseignement primaire à Londres. — La *Jew's Free School*. —

Notes sur la langue et la grammaire françaises. — La question de la réforme orthographique — L'association pour la réforme de l'orthographe française. — Note sur l'*ai* de l'imparfait.

DARMESTETER (Arsène). — Le Talmud. In-8º (66 p.),................................... 1 fr. 50

Dans cette étude rapide, Arsène Darmsteter donne une analyse du Talmud, l'histoire de sa formation et des études dont il a été l'objet.

DEISS (Édouard). **— De Marseille au Paraguay.** Notes de voyage. Un volume in-18............. 3 fr. 50

DERENBOURG (Hartwig). **— Les monuments Sabéens et Himyarites de la Bibliothèque nationale** (Cabinet des médailles et antiques), avec une héliogravure Dujardin. In-12 papier vergé.................... 5 fr.

DESJARDINS (Gustave), *chef du service des Archives au Ministère de l'Instruction publique*. **— Tableau de la Guerre des Allemands dans le département de Seine-et-Oise (1870-1871)**. Volume in-8º avec carte. Prix..................................... 3 fr.

Exemplaires sur papier vergé................. 5 fr.

Dès le 18 décembre 1871, M. Cochin, préfet de Seine-et-Oise, provoquait dans tout le département une enquête dont M. Gustave Desjardins était chargé de centraliser les résultats. L'éminent archiviste, malgré l'âpreté trop naturelle d'un narrateur deux fois victime comme Français et Lorrain, de cette guerre maudite, s'est obligé à être impartial et n'a allégué aucun fait dont il ne fût prêt à fournir la preuve. Ce livre constitue donc un document historique véritablement unique pour cette époque.

DHOMBRES (G.), *proviseur du lycée Hoche*. **— La Révolution française (1789-1804)**. Le volume 1 fr. Cartonné à l'anglaise........................... 1 fr. 50

Tableau rapide, où les événements, les idées les hommes et la vie sociale sont fidèlement représentés : des reproductions bien choisies d'estampes du temps illustrent le volume.

Fait partie de la *Nouvelle collection illustrée, à 1 fr.*

D'HORVILLE, voir **AUGÉ DE LASSUS** (Lucien).

DIETZ (H.), *agrégé des Lettres et de Langues vivantes, professeur de Rhétorique au lycée Buffon*. **— Les Études classiques sans latin.** (Essai pédagogique). In-8º... 1 fr.

DOUANES (Annuaire des), publication annuelle fondée en 1860. Un volume in-18 avec documents historiques................................... 2 fr. 50

DUBIEF (Eugène), *secrétaire de la Ligue Française de l'Enseignement*. — **L'Abbé de l'Épée et l'Education des sourds-muets.** Destiné aux écoles. In-12 illustré (80 p.)...................................... 1 fr.

— Voir **GATIN** (L.-A.).

DUPLESSIS (J.), *ex-répétiteur du Génie rural à l'Ecole de Grignon, professeur départemental d'Agriculture du Loiret*. — **Traité du Nivellement**, contenant les principes généraux, la description et l'usage des instruments, les opérations et les applications avec 112 figures dans le texte. Un volume in-8°...................................... 8 fr.

DUPUY (Adrien). — **L'État et l'Université ou La vraie réforme de l'enseignement secondaire.** Un volume in-18...................................... 3 fr. 50

Importance de l'enseignement secondaire au point de vue de l'État. — De la crise de l'enseignement secondaire et de ses causes. — L'instruction. — Le surmenage et les programmes encyclopédiques. — Les études classiques. — L'enseignement classique français. — L'éducation. — Des tendances politiques que l'on prête à l'Université. — l'État et le Gouvernement. — Les droits et les besoins de l'Etat. — Définitions des rapports de l'Université avec l'Etat. — Importance de l'histoire littéraire comme moyen d'éducation. — De la doctrine de l'Université en littérature. — De l'Enseignement de l'histoire littéraire. — Sur l'histoire littéraire du XIXe siècle, — Sur l'histoire et contre le Moyen Age. — Portée morale de l'histoire. — De deux leçons à tirer de notre histoire : Pas de corporations même enseignantes, pas de décentralisation. — Les qualités du professeur d'histoire, son rôle en tant qu'éducateur. — Retranchements et additions à l'enseignement historique. De la philosophie universitaire. — Ce que doit être le cours de philosophie de l'enseignement secondaire. — De l'instruction morale et civique. — Argument tiré de l'état actuel de la France en faveur de notre plan de réforme de l'enseignement secondaire.

DUSSIEUX (L.), *professeur honoraire à l'école militaire de Saint-Cyr*. — **Lettres intimes de Henri IV.** 2° édition. Ouvrage orné d'un portrait de Henri IV, d'après un tableau du temps conservé au musée de Versailles, gravé à l'eau-forte par Boilvin, et du masque de Henri IV, dessiné par Mme Lacombe et gravé par Armand-Durand. Un volume in-8° .... 7 fr. 50

Exemplaires numérotés sur papier de Chine, 20 fr. Exemplaires numérotés sur papier vergé................. 12 fr.

« Quoique ce recueil dût être principalement composé de la correspondance familière de Henri IV, nous avons cru devoir y joindre toutes ses harangues, quelques allocutions, quelques poésies, une prière, un entretien avec le duc Mayenne, un autre avec Sully, en un mot tout ce qui nous paraissait propre à faire apprécier, sous leurs divers aspects, son style et son esprit.

Nous avons évité avec soin de donner à notre travail aucun caractère d'érudition. nous avons voulu faire un livre intéressant, d'une lecture agréable. Tout en respectant toujours le texte de la grande édition, nous avons adopté une orthographe plus moderne afin de rendre la lecture plus facile. Nous n'avons mis que les notes indispensables. Mais toutes les fois que nous l'avons jugé nécessaire, nous avons fait précéder les lettres d'explications qui mettront le lecteur au courant de la situation et lui permettront de comprendre et de goûter ce qu'il lira. »

DUSSIEUX (L.). — Lettres intimes de Henri IV, édition in-18. Un volume. Prix.................. 3 fr. 50

— Le Siège de Belfort, avec 15 gravures, plans ou portraits. Le volume. Prix...................... 1 fr.

I. Belfort, Vauban. Denfert. — II. L'investissement. — III-IV. Le bombardement. — V. Fin du bombardement. — VI. Reddition de Belfort. — Prix de Francfort. — Bibliographie.

Ce volume fait partie de la *Nouvelle collection illustrée à 1 fr.*

A. DUTILLEUX, *licencié en droit, chef de division à la Préfecture de Seine-et-Oise, secrétaire de la Commission des Antiquités et des Arts du département de Seine-et-Oise*. — **Topographie ecclésiastique du département de Seine-et-Oise**, un volume, papier vergé (100 p.) avec grande carte coloriée............................. 3 fr.

— Recherches sur les routes anciennes dans le département de Seine-et-Oise. Joli volume in-8⁰ (96 p.), papier vergé et carte en deux couleurs, tiré à petit nombre................................ 3 fr.

Section I. Voies qui figurent aux itinéraires ou sur la table de Peutinger. — Section II. Voies qui n'y figurent pas.

— Voir GUÉGAN (P.).

ÉCOLE NORMALE SUPÉRIEURE — Mémorial de l'Association des anciens élèves de l'Ecole normale supérieure (1846-1876). Un volume in-8⁰ de 521 pages. Prix...................... 7 fr. 50

Recueil des notices consacrées par leurs camarades aux anciens élèves de l'Ecole normale supérieure, décédés pendant cette période.

— École Normale L'' (1810-1883), notice historique. — Liste des élèves par promotions. — Travaux littéraires et scientifiques. Un beau volume in-8⁰.................................. 12 fr.

Cet ouvrage a été tiré à 500 exemplaires seulement.

EMERIQUE (E.). — Un Aperçu de la France, telle

qu'elle était vers l'an 1598, par Robert Dallington, secrétaire de l'ambassadeur d'Angleterre, auprès de la Cour de France. Traduit de l'anglais par E. Emerique, d'après un exemplaire de l'édition imprimée à Londres par Symon Stafford, 1604. Un volume in-8°, avec *fac-simile*, tiré sur papier à la forme à 150 exemplaires numérotés.... 12 fr.

ÉTUDES D'HISTOIRE DU MOYEN AGE, dédiées à Gabriel Monod, par ses anciens élèves avec le concours de MM. Prou, G. Yver, Diehl, Emile Molinier, Imbart de la Tour, Camile Julian, Jules Roy, A. Giry, Emile Bourgeois, Edouard Favre, Paul Fabre, H. Omont, G. de Manteyer, Fernand Lot, Ch. Pfister, Jean Guiraud, Ch. Bémont, Ch. Kohler, J.-A. Brutails, Abel Lefranc, Auguste Molinier, Paul Thirion, E. Jordan, Elie Berger, Funck-Brentano, H. Pirenne, Ch. Petit-Dutaillis, Bernard Prost, Alfred Coville, Camille Couderc, N. Jorga. *Avec une préface de E. LAVISSE.* Un volume in-8°...................... 20 fr.

FANTA (A.), *agrégée de l'Université, professeur au lycée Fénelon.* — **Les Chefs d'œuvre du théâtre classique allemand, choix et analyses.**

I. GŒTHE, Gœtz von Berlichingen. In-18... 0 fr. 60

II. GŒTHE, Iphigénie. In-10............... 0 fr. 60

« Il nous a semblé que ce serait rendre un réel service aux professeurs et aux élèves que de mettre entre leurs mains des extraits des principaux chefs-d'œuvre du théâtre allemand, reliés par un texte analytique très simple, qui permette de bien comprendre le sens général du drame et les caractères des personnages, les situations auxquelles se rapportent les scènes choisies. On pourra ainsi varier et multiplier les lectures et faire connaître aux élèves des pièces qu'on pourrait hésiter à leur recommander de lire en entier. »

FARGES (Louis), voir *Colonies Françaises.*

FAURE (Antoine), *docteur en droit, avocat à la Cour d'appel de Paris.* — **La Nouvelle loi sur les Sociétés par actions.** Commentaire théorique et pratique de la loi du 1er août 1893 et du décret du 1er décembre 1893. Un volume in-18.. 3 fr. 50

FAYMOREAU (A. de), voir *Colonies Françaises.*

FEISSAL (L. de), voir *Colonies Françaises.*

FIRMERY (J.), *professeur à la Faculté des Lettres de Lyon.* — **DEUTSCHES LESEBUCH**, recueil de morceaux choisis pour les classes de troisième et de seconde, les écoles normales primaires et l'enseignement des jeunes filles. In-18 (VIII 232 p.)..................... 1 fr. 50

Ce recueil est composé de textes faciles, constituant des histoires complètes avec un commencement, un milieu et une fin intéressantes et même pour la plupart amusantes pour enrichir le vocabulaire de l'Élève, promener le lecteur un peu partout, à pied, à cheval, en voiture, en chemin de fer, en bateau et même en ballon.

FOLEY (Charles). — **(Gens de partout). La Course au mariage.** Un volume in-18............... 3 fr. 50

— **(Gens de province). Guerre de Femmes.** 2ᵉ édition, un volume in-18........................... 3 fr. 50

— **Jolies âmes.** — Un volume in-18........... 3 fr. 50

— **Saynètes galantes** *avec 39 compositions de E. BRUN.* Un volume élégant, prix...................... 5 fr.

FONTAINE (Léon), *professeur à la Faculté des Lettres de Lyon.* — **L'Armée romaine.** Un volume in-8º écu de 160 pages, illustré........................... 1 fr.

Fait partie de la *Nouvelle collection à 1 fr.*

I. Institutions militaires de la République. Milices temporaires. — II. Armées permanentes. — III. Éducation nationale. Exercices. — IV. Troupes auxiliaires. — V. La légion Organisation et tactique de l'infanterie — VI. Cavalerie. Armes spéciales. Services accessoires. — VII. Marches et campements. — VIII. Sièges. Combats sur mer. — IX. Commandement. — X. Discipline. — XI. Récompenses. — XII. Actions d'éclat.

— **Le Théâtre et la Philosophie au XVIIIᵉ siècle.** Un volume in-8º............................. 5 fr.

I. Maximes sur les rois. Origine de leur autorité, leurs devoirs. — II. Tragédies républicaines Voltaire, Lemierre, La Harpe. — III. Défense de la Royauté. — De Belloy, Le souverain idéal. Henri IV. — IV. Le prêtre et la religion dans les tragedies de Voltaire. — V. Tragédies imitées de Voltaire, Prêtres du paganisme. Sacrifices humains. — VI. Prêtres chrétiens. Rôle politique de la religion. — VII. Religion naturelle.

FRANCK D'ARVERT. — **Institution nationale,** 2ᵉ édition. Un volume in-18. .... 3 fr. 50

I. Le monde. — II. La tradition des pères. — III. Les principes. — IV. La loi. — V. La fonction.

FRANCK (Félix) et **CHENNEVIÈRE** (Adolphe). — **Lexique de la langue de Bonaventure des Périers.** Un volume in-8º...................... 10 fr.

Des Periers a laissé de lui un autre monument que sa pensée même, tantôt gaie, tantôt railleuse, tantôt poétique ; il a laissé une langue bien à lui, née de sa forte érudition et de son génie inventeur.

FRARY (Raoul). — Manuel du Démagogue, 2e édition. Un volume in-18 . . . . 3 fr. 50

I. LE SOUVERAIN. Quelques traits du caractère national — La tradition monarchique. — La tradition révolutionnaire. — II. L'ART DE PLAIRE. Le dévouement. — La louange. — L'espérance. — Les passions mauvaises. — La haine. — L'envie. — III. LA DOCTRINE DÉMAGOGIQUE. Nécessité d'un principe. — Choix d'un principe — L'égalité politique. — L'égalité sociale. — IV. DANS LA CARRIÈRE. La presse. — Les réunions publiques. — Les élections. — Conclusions.

— Le Péril national, ouvrage couronné par l'Académie française, 7e édition. Un volume in-18 . . . . 3 fr. 50

« Ce n'est donc pas de notre revanche qu'il s'agit dans ce livre, mais » de notre sécurité, de notre existence. On n'y parlera point de laver » des affronts à demi oubliés, ni de réparer des pertes dont nous sem- » blons d'ailleurs avoir pris notre parti, mais on recherchera les » moyens d'éviter un nouveau désastre et d'abord on exposera les » motifs de le craindre.
» On se piquera surtout de dire la vérité, sans détour ni fauss » honte. »

— La Question du latin, 5e édition. Un volume in-18. Prix . . . . 3 fr. 50

« Peut-être sera-t-on choqué de voir un élève et un ancien fonction- » naire de l'Université lever une main hardie contre le sanctuaire: » les dévots crieront au sacrilège, m'accuseront tout au moins d'in- » gratitude. Il n'y a qu'un moyen de se défendre contre ce reproche : » c'est d'avoir raison, nous devons à notre notre pays la vérité : au- » cune dette n'est plus sacrée ni plus pressante. »

GAIDOZ (H.) et SEBILLOT (Paul). — Le Blason populaire de la France. — Un vol. in-18 . . . 3 fr. 50

Fait partie de la collection de *la France merveilleuse et légendaire*, par H. Gaidoz et Paul Sébillot.

De tous temps les hommes ont aimé à médire de leur prochain à le *blasonner*, pour employer un bon vieux mot d'une époque où notre langue était moins prude et plus gaie — Il y a chance pour que la médisance grandisse démesurément le défaut qu'elle met en relief: c'est une sorte de caricature en paroles et le sobriquet ou le dicton, une fois créé, s'impose à l'usage de la langue et court le monde.

— Voir SEBILLOT.

GANNERON (Émile), *secrétaire-rédacteur au Sénat*. — L'Amiral Courbet, d'après les papiers de la Marine et de la Famille. Ouvrage couronné par l'Académie française. Portrait à l'eau-forte de l'amiral par Jules Massard. Fac-similé d'autographes et plans. 5e édition. Un volume in-18. Prix . . . . 3 fr. 50

L'ouvrage, composé sur des documents fournis par la famille ou puisés au Ministère de la Marine, contrôlé par les amis et les compagnons d'armes de l'amiral, donne un tableau exact et complet de cette vie glorieuse.

GASCONI (Alf.), voir *Colonies Françaises*.

GATIN (L.-A.), *secrétaire général de la Mairie, officier de l'Instruction publique*, et **DUBIEF (Eugène)**, *rédacteur en chef du* Journal de Versailles, *officier d'Académie*. — **Fêtes du Centenaire de 1789 : Simples Récits.** Publié sous les auspices de la Municipalité et du Conseil municipal. Nombreux dessins de F. Prudhomme. In-8º illustré. Prix... 3 fr.

L'ouvrage de 164 pages petit in-4º reproduit dans son texte, dans ses documents et aussi dans ses illustrations, les fêtes du Centenaire avec une exactitude qu'on chercherait vainement dans les œuvres d'art plus officielles.

La Ville de Versailles a tenu à établir sous une forme élégante, avec le concours d'excellents écrivains et dessinateurs, le procès-verbal historique de ces journées.

GATTEYRIAS (J.-A.), *de l'École des Langues orientales vivantes*. — **L'Arménie et les Arméniens.** Un volume in-8º écu, illustré........................... 1 fr.

Origine des Arméniens — Les Séleucides — Tiridate. — La conversion de l'Arménie par Grégoire. — La décadence de l'Arménie. — Le patriarcat. — La conquête persane — Suprématie des Bagratides. — L'invasion arabe — Les Seldjoukides. — Le royaume de la petite Arménie. — Sa chute. — Mouvement littéraire du XIIᵉ siècle. — L'invasion.

Cet ouvrage fait partie de la *Nouvelle collection illustrée à 1 fr.*

GAULTIER (J. de). — **Le Bovarisme**, la psychologie dans l'œuvre de Flaubert, in-8º................. 1 fr. 50

GAUTHIER de Clagny (Albert). *député, avocat à la Cour de cassation*. — **De la validité du Mariage des Prêtres.** Brochure in-12..................... 1 fr.

Texte de la plaidoirie par laquelle M. Gauthier de Clagny a obtenu de la Cour de cassation le changement de la jurisprudence établie par huit arrêts de Cour d'appel et trois arrêts de la Chambre des requêtes de la Cour de Cassation, et fait reconnaître la validité du mariage des prêtres.

GEBART (Émile), *professeur à la Sorbonne*. — **Études méridionales : La Renaissance italienne et la Philosophie de l'Histoire.** Machiavel — Fra Salimbene — Le roman de Don Quichotte — La Fontaine — Le palais pontifical — Les Cenci. Un volume in-18.. 3 fr. 50

GELEY (Léon), *professeur au lycée de Vanves*. — **L'Es-**

pagne des Goths et des Arabes. Un volume in-8º écu, de 160 p., orné de gravures............... 1 fr. 50

L'auteur prend le caractère espagnol en son origine. Il passe en revue les dominations carthagienne. romaine, gothique et développe l'histoire de la grandeur et de la décadence de l'Espagne arabe pour s'arrêter au triomphe de Ferdinand et d'Isabelle.

Cet ouvrage fait partie de la *Nouvelle collection illustrée à 1 fr.*

GELEY (Léon), *professeur au lycée de Vanves.* — **Fancan et la Politique de Richelieu, de 1617 à 1627.** Un volume in-8º........................ 6 fr.

Rien n'éclaire mieux les dessous de la politique de Richelieu à ses débuts que l'étude de la vie et des pamphlets de Fancan qui fut l'agent et le confident du cardinal depuis 1618 et qui finit par être enfermé à la Bastille par ordre de son protecteur en 1627. C'est aussi un chapitre curieux de l'histoire de la presse.

GILLE (Philippe), voir **TERRADE (Albert)**.

GŒTHE, voir **CHUQUET** et **FANTA**.

GRADOWSKY (Nicolas de), *conseiller d'État.* — **La Situation légale des Israélites en Russie**, traduit du russe. Un volume in-8º de VIII-342 p........... 5 fr.

I. Du règne du Czar Alexis Michaïlovitch au règne du Czar Nicolas Ier.

GRISARD (Jules), *officier de l'Instruction publique, chevalier de l'ordre du Mérite Agricole*, et **M. VANDEN-BERGHE**, *officier d'Académie, membre de plusieurs Sociétés savantes.* — **Les Bois industriels, indigènes et exotiques.** Synonymie et description des espèces propriétés physiques des bois, qualités, défauts, usages et emplois. Ouvrage dont le manuscrit a obtenu le Diplôme d'honneur à l'Exposition agricole et forestière de Vienne 1890, 2º édition, tome premier. Un volume grand in-8º (VIII-378 p.)...... 15 fr.

« L'ordre scientifique nous a semblé préférable à l'ordre géographique, car il évite de nombreuses et inutiles répétitions. — Après quelques généralités sur les familles, nous énumérons les espèces ligneuses, les genres étant classés alphabétiquement dans les familles. nous donnons, pour chaque espèce, sa synonymie scientifique et ses principaux noms vulgaires, puis une description sommaire de l'arbre, son habitat et, chaque fois que nous le pouvons, sa station naturelle.

Pour les bois, nous indiquons leur aspect physique et les qualités particulières qui les distinguent, ainsi que leurs usages et leurs emplois. Enfin nous complétons ces indications par un aperçu rapide sur les utilisations des autres parties de la plante.

Il nous semble inutile d'ajouter que nous donnons, quand l'occasion s'en présente, des indications relatives à la culture et à l'acclimatation, soit au point de vue de l'ornementation, soit à celui des avantages que l'industrie peut tirer de certains végétaux peu ou point connus dans notre pays. »

GROMMÉ (W.-T.), voir **AUGÉ**.

GROSS (Henri). — Gallia Judaïca. — Dictionnaire géographique de la France, d'après les sources rabbiniques. Publié sous le patronage de la Société des Études Juives.

1° L'identification de tous les noms géographiques français mentionnes dans la littérature rabbinique du moyen âge;

2° Une notice sur l'histoire des Juifs des localités ou provinces désignees sous ces noms,

3° Une notice littéraire sur les rabbins et écrivains juifs originaires de ces localités ou qui en ont porté le nom ;

4° Un index des noms géographiques hébreux contenus dans l'ouvrage et un index des ouvrages hébreux étudies dans les notices littéraires.

Un volume in-8°............................ 20 fr.

GUEGAN (P.) et DUTILLEUX (A.). — Tableau et carte des monuments et objets de l'âge de la pierre dans le département de Seine-et-Oise. In-8° vergé (24 p.) avec carte en couleur, tirage à 100 exemplaires.. 3 fr.

GUÉRIN (M.). — La Question du Latin et la réforme profonde de l'enseignement secondaire. Un volume in-18............................ 3 fr. 50

Réponse à la *Question du latin*, de Frary.

GUILBAUD (Tertullien). — Feuilles au vent, poésies. Un volume in-18...................... 3 fr. 50

— Patrie, espérances et souvenirs, poésies. Un volume in-18................................ 3 fr. 50

HANOTAUX (Gabriel), *de l'Académie Française.* **— Henri Martin. Sa vie — ses œuvres — son temps,** *avec un portrait par MASSARD fils.* 2° édition. Un volume in-18 .... 3 fr. 50

I. *La Jeunesse,* Henri Martin, romancier. La première édition de *l'Histoire de France.* — II. *Les idées philosophiques et politiques.* Portrait de Henri Martin. La Révolution de 1848. Le Candidat. Le professeur en Sorbonne. Le Second empire. — III. *Les Études historiques.* — IV. *Les dernières années. La vie politique.* La Guerre La Commune. La vie parlementaire. Les Derniers temps. La Mort. Conclusion.

Henri IV, voir **DUSSIEUX.**

HENNEBERT (Lieutenant-Colonel). — De Paris à Tombouctou en huit jours. Un volume in-18 avec carte.. 3 fr. 50

C'est la question du transsaharien étudiée au point de vue théorique et au point de vue pratique et la discussion des trois tracés oriental, central et occidental. L'auteur établit les motifs qui lui font préférer le chemin central par le Touat.

HERAUX (Edmond). — **Fleurs de Mornes**, poésies. Joli volume.................................... **3 fr.**

HOVELACQUE (Abel), *ancien Député, professeur à l'Ecole d'Anthropologie*. — **Les Races humaines**. Un volume in-8° écu, de 160 pages, orné de gravures......... **1 fr.**

Fait partie de la *Nouvelle collection illustrée à 1 fr.*

« C'est une énumération pure et simple, dont nous avons dû bannir toute espèce de considération d'ordre général. Nous reconnaissons volontiers que nous sommes loin de présenter au public ce que l'on peut appeler véritablement une *Ethnographie*. Une entreprise de telle sorte nécessiterait de bien autres développements. Toutefois, notre exposé succinct peut avoir le mérite des écrits de cette nature : celui d'une récapitulation sommaire, qui permet de saisir facilement les grandes lignes du sujet traité. »

HUBBARD (Gustave), *avocat à la Cour de Paris, ancien membre du Conseil municipal de Paris et du Conseil général de la Seine, député de Seine-et-Oise*. — **Notions d'économie politique à l'usage des écoles primaires publiques**, cours supérieur. Conforme au programme officiel du 27 juillet 1882. Un volume in-18 cartonné. Prix......................... .... **1 fr. 25**

« Montrer d'abord les choses et les hommes sous leur aspect économique, pour arriver progressivement aux abstractions de l'ordre le plus général et aux règles de sagesse sociale sur lesquelles tout le monde est d'accord, voilà le plan que les paragraphes du programme dessinaient eux-mêmes très clairement. »

Jacobins (Société des), voir **AULARD**.

JACQUES (Vicomte). — **Aventure spirite**. — Souvenirs de jeunesse. Un volume in-18........... **3 fr. 50**

JALLIFFIER (R.), *professeur d'histoire au lycée Condorcet*. — **Histoire des États-Généraux**. Le volume.................................... **1 fr.**

Fait partie de la *Nouvelle Collection illustrée à 1 fr.*

Les assemblées politiques avant le xive siècle. — Les Etats-Généraux dans la première moitié du xive siècle. — Les Etats-Généraux du règne de Jean-le-Bon. — Les Etats-Généraux sous Charles V. — sous Charles VI — sous Charles VII — sous Louis XI — sous Charles VIII — sous Louis XII. — Assemblées tenues sous François Ier et Henri II. — Les Etats-Généraux pendant les guerres de religion. — Les Etats-Généraux et les assemblées de notables du règne de Louis XIII. — Rôle des Etats-Généraux dans notre histoire.

JOLY (Henri), *professeur à l'École de droit*. — **Le Combat contre le crime**. Un volume in-18. Prix....... 3 fr. 50

I. La défense sociale. — II. L'organisation de la défense. — III. Les enfants à préserver. — IV. Les enfants à réformer et les enfants à punir — V. Le premier délit. — VI. L'entrée en prison. VII et VIII, La vie en prison — IX. La sortie de prison — X La rentrée dans la société — XI. Les grands crimes. — XII. La récidive et les petits délits. — XIII. La transportation. — XIV. Le bagne agricole.
Ouvrage couronné par l'Académie des Sciences morales et politiques.

— **Le Crime**, étude sociale. Un volume in-18.... 3 fr. 50

I. Le crime et l'atavisme. — II. Les approches ou les frontières du crime dans les sociétés modernes. — III. Les différentes espèces de crimes et les divers types criminels. — IV. L'accident et l'habitude, et la profession. — V. L'association criminelle. — VI. L'intelligence et l'imagination des criminels. — VII. Les aliénations de la sensibilité et de la volonté chez les criminels. — VIII. La conscience, les croyances et les remords chez les criminels. — IX. La criminalité féminine — X. Organisation physique et physionomie des criminels, le crime et le suicide. — XI Le crime et le suicide. — XII. Le crime et la folie. — XIII. Criminels et dégénérés.

— **La France criminelle**. Un volume in-18.... 3 fr. 50

I. Le crime à travers le siècle (1825-1888). — II. Le crime à travers les départements. — III. Les Étrangers. Les Français hors de chez eux. Les Parisiens. — IV Visites et enquêtes dans quelques régions criminelles. — V. Gens de partout, les récidivistes. — VI. La précocité du mal. — VII. La diminution de la famille — VIII. Le déclassement des professions. — IX. La pratique et l'abandon de la vie rurale. — X. L'individualisme et le spécialisme de l'ouvrier. — XI. Une alliance préservatrice. — XII. Richesse et misère. — XIII. Instruction et ignorance. — XIV. La femme. — XV. La politique et la loi.

JOSEPH (N.-S). — **La religion naturelle et la religion révélée**, série de leçons à l'usage de la jeunesse israélite, traduit de l'anglais par Mme A. MARSDEN. Un volume in-18 (xii-407 p.)...................... 3 fr. 50

JULLEVILLE (PETIT DE), *professeur à la Sorbonne*. — **Les Comédiens en France au moyen âge**, ouvrage couronné par l'Académie française, 2e édition. Un volume in-18................................ 3 fr. 50

I. Les jongleurs. — II. Les fous. — III. Les puys. — IV. Les confréries. — V. Les basochiens. — VI. Les enfants sans-souci. — VII. Les sociétés joyeuses. — VIII. Les associations temporaires. — IX. Les écoliers. — X. Les comédiens. — Conclusion.

— **La Comédie et les Mœurs en France au moyen âge**, 4e édition. Un volume in-18.............. 3 fr. 50

I. Les origines. Le théâtre comique au xiiie et au xive siècle. Adam de la Halle. — II. Les genres comiques. Moralités. Farces. Sotties.

— Monologues. — III. Moralités religieuses, édifiantes ou pathétiques — IV. L'histoire de France au théâtre — V. Satire des divers états. — VI. Satire de l'amour, des femmes et du mariage. VII. La Renaissance et son influence sur le théâtre comique. — Conclusion.

JULLEVILLE (PETIT DE), *professeur à la Sorbonne.* — **Histoire du théâtre en France. — Répertoire du théâtre comique en France au moyen âge.** Un volume grand in-8º.

Cet ouvrage a été imprimé avec luxe à petit nombre et tous les exemplaires sont numérotés.

1 à 10 sur Japon à la main. Prix............... 60 fr.
11 à 20 sur papier de Chine. Prix............... 60 fr.
21 à 40 sur papier vergé. Prix.................. 40 fr.
51 à 500 sur papier vélin du Marais............. 30 fr.

LACOMBE. — Chansons de Lacombe, avec un dessin de GIACOMELLI. Un volume in-18............. 3 fr. 50

LACROIX (Sigismond). — **Actes de la Commune de Paris pendant la Révolution** (publiés et annotés par). Tome 1. Première assemblée des représentants de la Commune — 25 juillet — 19 septembre 1789. Un vol. 7 fr. 50

Cet ouvrage fait partie de la *Collection des Documents relatifs à l'histoire de Paris pendant la Révolution française,* publiée sous le patronage du Conseil municipal.

LANGE (A.), *professeur au Lycée Louis-le-Grand, maître de Conférences à la Sorbonne.* — **Tableau de la littérature allemande.** Un volume in-8º écu de 160 pages, illustré. Prix...................................... 1 fr.

Les origines. — Le premier âge classique. — Fin du Moyen Age et réforme. — Période d'anarchie. — L'époque classique — Lessing et Heider. — Gœthe. — Schiller. — Les temps modernes.

LAURENT-HANIN, *archiviste de la Mairie.* — **Histoire Municipale de Versailles, politique, administration, finances** (1787-1799), publiée sous les auspices du Conseil municipal, 4 volumes in-8º............. 30 fr.

L'histoire municipale de Versailles de 1787 à 1799, outre l'intérêt qu'elle présente comme histoire locale, s'est trouvée mêlée par les événements et par les hommes aux faits les plus importants et parfois les plus douloureux de la Révolution.

LEFEBVRE-SAINT-OGAN. —Essai sur l'influence française. Un volume in-18................. 3 fr. 50

1. Origines. — II. La chevalerie. — III. La poésie romantique. — IV. Paris et la théologie. — V. Les conteurs. — VI. Les arts et la

langue. —VII. Les rois. — VIII. La diplomatie. — IX. La Renaissance. — X. Le caractère national. — XI. L'Europe avant Louis XIV. — XII. La galanterie héroïque. — XIII. Louis XIV et l'Europe. — XIV. Les réfugies. — XV. Le xviiie siècle. — XVI. L'Europe française. — XVII. La démocratie.

LEGER (Louis), *professeur au Collège de France*. — **La Bulgarie.** Un volume in-18 . . . . 3 fr. 50

Avant-propos. — La renaissance littéraire des Bulgares. — La Bulgarie sous Pasvan Oglou. — La littérature bulgare contemporaine. — Les Bulgares de Macédoine. — Les deux Bulgaries.

— **Le Monde slave au XIXe siècle**, leçon d'ouverture du cours de langues et littératures d'origine slave professé au Collège de France. Une brochure in-8° . . . . 1 fr.

LEGOUIS (Émile). — **Quelques poèmes de William Wordsworth**, traduits en vers.
Un volume in-12 . . . . 3 fr. 50

Impressions d'enfance. — Lucie. — Noms donnés aux sites favoris. — Poèmes patriotiques. — La nature. — Poèmes divers. — A Londres. — En Ecosse. — Le Devoir. — Sonnets.

LEJEUNE (Louis). — **Au Mexique.** Ouvrage honoré d'une souscription par le Gouvernement mexicain. Un volume in-18 . . . . 3 fr. 50

L'arrivée. — Environs de Mexico. — Les terres chaudes. — Les plantes industrielles. — A la frontière. — Les mines. — L'état politique. — Les Français au Mexique.

LEMARE (P.-A.). — **Cours de grammaire latine,** nouvelle édition publiée par Charles ADAM, *première partie.* Un volume in-8° . . . . 3 fr.

Cette première partie du cours de langue latine de Lemare qui comprend les 17 premières centuries de sa méthode, est précédée du traité de la manière d'apprendre des langues qui, par sa forme et ses tendances, rappelle les premiers maîtres de la Philologie de la Renaissance.

LEMARQUIS, voir **PERRY.**

LEROY-BEAULIEU (Paul), voir *Colonies Françaises.*

LESBAZEILLES (Paul), *agrégé de philosophie, docteur ès-lettres.* — **Le Fondement du savoir.** Un volume in-18. Prix . . . . 3 fr. 50

I. L'unité de l'Être. — II. Le spiritualisme. — III. Le matérialisme — IV. Le monadisme idéaliste. — VII. Le réalisme phénoméniste. — VIII. Le panthéisme rationaliste.

— **De logica Spinozæ.** Un volume in-8° (108 p.) . . . 3 fr.

LEVY (Raphaël-Georges). — **Le Péril financier.** Un volume in-18. . . . . 3 fr. 50

I. Les autres marchent. — Campagne commerciale et financière de l'Allemagne depuis 1879. — Révolution économique de l'ancien et du nouveau monde. — II. Dangers intérieurs. Le quatrième milliard. — Ingénieurs et architectes. — Instruction publique, guerre, marine, et autres départements ministériels. — Expédients de trésorerie. — Nickel et bronze, or et argent. — III. Remèdes. — Sincérité budgétaire. — Conversion des rentes et amortissement. — Caisses d'épargne. — Réforme des chemins de fer de l'Etat. — Alcool. — Rappel des valeurs étrangères en France. — Economies possibles. — Conclusion.

LIARD (**Louis**), *recteur de l'Académie de Caen, ancien élève de l'École normale supérieure, licencié ès sciences, docteur ès lettres, agrégé de philosophie, lauréat de l'Institut.* — **Morale et enseignement civique à l'usage des écoles primaires** (cours moyen et cours supérieur). Un volume cartonné de 200 pages, papier teinté. Prix. . . . . 1 fr. 25

« Il ne s'agit pas de donner à l'enfant des recettes et des préceptes, « de frapper son imagination ou de toucher son cœur par des récits « et des exemples : il faut lui démontrer ses devoirs, et cela d'une « manière sobre, nette et bien dépouillée.
« Est-ce chose possible à l'Ecole primaire ? L'auteur de ce livre l'a « pensé et il s'est efforcé de mettre à la portée d'enfants de onze à « treize ans les principes les plus élevés de la morale. »

LITTRÉ. — **Auguste Comte et la Philosophie positive.** Un volume in-8° (XII-676 p.). . . . . 8 fr.

J'ai essayé, dit l'auteur, d'être historien de sa philosophie, narrateur de sa vie, et critique ou, pour parler plus justement, peseur de ses travaux avec la balance de la méthode positive. Tâche très compliquée sans doute, mais qui pour moi ne pouvait l'être moins, car je n'aurais voulu ni raconter la vie indépendamment de l'œuvre philosophique, ni juger l'œuvre philosophique indépendamment de la vie.

— **Conservation, Révolution et Positivisme.** 2e édition, augmentée de remarques courantes. Un volume in-18. Prix. . . . . 5 fr. (épuisé.)

— **De l'établissement de la troisième République.** Un volume in-8° (X-596 p.). . . . . 9 fr.

Les articles qui composent ce volume ont été écrits sous l'inspiration de la doctrine positive sociologique, au fur et à mesure des événements, commencés à Bordeaux en février 1871 dans l'Assemblée nationale, où M. Grévy préside paisiblement aux destinées de la République. C'est un cycle achevé comprenant, comme un grand drame, un nœud à résoudre entre le régime monarchique républicain, les diverses péripéties ou les hauts et les bas de ces deux régimes, et enfin le dénouement qui fait des vainqueurs et des vaincus. Seulement, à la différence des pièces qui se jouent sur le théâtre, on sait ici ce qui vient après le dénouement, et l'on ne conserve aucun doute sur la prolongation du succès qu'il a procuré.

LOEB (Isidore). — **Le Juif de l'histoire et le Juif de la légende**. Brochure in-18.................... 1 fr.

— **La littérature des pauvres dans la Bible**, préface de Théodore Reinach. Un grand volume in-8º.... 7 fr. 50

— **Les Juifs de Russie**, recueil d'articles et d'études sur leur situation légale, sociale et économique. Un volume in-18 .... 3 fr. 50

MACÉ (Jean). voir **BENOIT-LÉVY** (Edm.).

MANEUVRIER (Edouard). — **L'Education de la Bourgeoisie sous la République**, 3º édition. Un volume in-18 .... 3 fr. 50

I. Les défauts dans la discipline intellectuelle. — Les défauts dans la discipline morale. — II. Les réformes dans la discipline intellectuelle. — III. Les réformes dans la discipline morale. — Conclusion : L'aristocratie dans la démocratie

MARBEAU (Eugène). — **Remarques et pensées**. Un volume petit in-16...................... 4 fr.

Impression Jouaust à l'ancre.

» Quand on étudie le cœur humain, il faut se résigner à voir le « mal comme le bien et à dire la vérité telle qu'on la voit. »

MARICHAL (François-Auguste). — **Les Degrés**. Un volume in-18...................... 3 fr. 50
Impression Jouaust à l'ancre.

MARSDEN (Mᵐᵉ A.), voir (N.-S.).

MAYER (G.), docteur en droit, avocat au Conseil d'Etat. — **De la concurrence déloyale et de la contrefaçon en matière de noms et de marques**. Volume grand in-8º........................ 3 fr.

MAZE (Hippolyte), sénateur de Seine-et-Oise, rapporteur des projets de loi sur la Caisse de retraite pour la vieillesse et sur les Associations de Prévoyance mutuelle. **La lutte contre la misère**, adopté pour les Bibliothèques populaires et scolaires et honoré d'une souscription de M. le Ministre de l'Instruction publique, couronné par la Société d'Encouragement au bien. Un volume in-18................ 2 fr.

I. Moyen d'action contre la misère. — II. La Caisse de Retraites pour la vieillesse. — III. Les associations de prévoyance mutuelle. — IV. Conclusion. La loi sur les associations de prévoyance mutuelle et la Caisse de retraites de la vieillesse.

MICHEL (Baron R.), voir Colonies Françaises.

MORIN (H.). — **L'État de Paris en 1789.** Etude et documents sur l'ancien régime à Paris. Un volume. 7 fr. 50

Cet ouvrage fait partie de la *Collection des Documents relatifs à l'histoire de Paris pendant la Révolution française,* publiée sous le patronage du Conseil municipal.

MOUSSOIR (Georges). — **Six mois au Mont-Valérien (1870-1871).** Joli volume petit in-18, papier teinté. Prix.. 3 fr.

L'ancien *moblot* qui a rassemblé dans ces quelques chapitres des souvenirs déjà vieux, n'a pas eu la prétention d'apporter un document de plus à l'œuvre déjà considérable que forment les récits du siège de Paris. Il a pensé que, parmi ses lecteurs, il s'en rencontrerait quelques-uns qui, en parcourant ces souvenirs, sentiraient, non sans une certaine émotion, les leurs se réveiller ; il a espéré que ces récits emprunteraient un peu d'intérêt aux temps qu'ils rappellent.

MOUTON (Eugène), *ancien magistrat.* — **Le Devoir de punir,** introduction à l'histoire et à la théorie du droit de punir. Un volume in-18...................... 3 fr. 50

L'administration pénitentiaire a fini par remplacer la loi pénale, et des peines prononcées par les tribunaux, il ne reste que le titre... Sans insister sur les conséquences de toutes sortes qu'entraîne une pareille énormité, on peut penser quel contingent elle apporte à cette récidive qu'on impute à la loi et aux tribunaux quand la faute en est, pour les trois quarts peut-être, aux condamnés, mais pour le quatrième quart, certainement, aux vices propres de notre pénalité et à l'arbitraire qui préside à l'exécution du jugement.

— (Mérinos) — **Fusil chargé,** récit militaire, 3° édition. Un volume in-18............................... 3 fr. 50

NEUCASTEL (E). — **Gambetta, sa vie et ses vues politiques.** Un volume in-18................. 3 fr. 50

I. Sous le second empire. — II. La défense nationale. — III. Sous la présidence de Thiers. — IV. Sous l'ordre moral. — V. Durant le septennat. — VI. Du ministère Buffet au second ministère Dufaure. — VII Ministères Dufaure, Waddington, Freycinet, J. Ferry. — VIII. Le ministère Gambetta. — IX. Gambetta et la politique étrangère. — X. Derniers mois de la vie de Gambetta. — L'homme. — L'orateur.

Organisation pédagogique des écoles maternelles et des écoles primaires élémentaires du département de Seine-et-Oise. Un volume in-8° à l'italienne avec tableaux.............................. 2 fr.

Ouvrage précédé d'*instructions* rédigées par M. Cazes, inspecteur d'académie.

PAIN. — **Code de police municipale et départementale,** à l'usage du département de Seine-et-Oise. Joli petit in-18.............................. 1 fr. 50

PEILLON (Félix). — **Richelieu,** drame en cinq actes. —

Théagène et Chariclée, comédie en deux actes. Un volume grand in-8º............................ 5 fr.

Pensées inédites sur l'instruction de la femme et les lycées et collèges de jeunes filles. Un bel album cartonné contenant un *fac-simile* des autographes.... 8 fr.

> Autographes de MM. Carnot, Berthelot, René Goblet, Jules Simon, Duvaux, Bardoux, Beaussire, Edmond de Lafayette, Mézières, Léon Sée, Deschanel, Legouvé, Duruy, Foucher de Careil, Louis Legrand, Camille Sée, Juliette Adam, Lardy, Moret. Herbette, Rosalie d'Olivecrona, Droz, Louis de Rute, Antonine de Gerando, Pacchiotti, Ernest Naville, Ferrouillart, Broch, Vapereau, Alexandre Dumas, Pierre Véron, du Mesnil, Raoul Frary, Jourde, Joseph Reinach, Villemot, Claretie, Rambaud, Auguste Vacque, Hément, Adolphe Brisson, Madame Pierantoni-Mancini, Ed. Dreyfus, Brissac, Obreen, Stupuy, Manuel, Lapommeraye, Rousselot, Édgard Zevort.

PERRY (T.-S.). — La littérature anglaise au XVIIIᵉ siècle, traduit et adapté de l'anglais par L. Lemarquis, *professeur au lycée de Bar-le-Duc.* Un volume grand in-18. Prix..................................... 3 fr. 50

> L'ouvrage est la reproduction d'une série de conférences faites par M. Perry à Philadelphie. — M. Perry disait : « Le but de mon livre n'est pas de donner une histoire détaillée de la littérature anglaise au xviiiᵉ siècle, mais de montrer quelles furent les doctrines et les théories littéraires en vogue, et comment elles influèrent sur la manière de composer des écrivains. »

PERSON (Emile, voir **BELLAY (Joachim du).**

PERSON (Léonce), *professeur au lycée Condorcet.* — **Histoire du Venceslas de Rotrou,** suivie de notes critiques et biographiques. Un volume papier teinté... 3 fr.
   50 exemplaires numérotés sur papier vergé....... 6 fr.

— **Histoire du véritable Saint-Genest de Rotrou.** Un volume papier teinté.......................... 3 fr.
   50 exemplaires numérotés sur papier vergé....... 6 fr.

— **Les papiers de Pierre Rotrou de Saudreville.** Un volume papier teinté à petit nombre............. 3 fr.

— **Une excursion pédagogique aux champs de bataille de Ligny et de Waterloo.** Brochure in-8º. 2 fr.

— **Le Latin de la décadence et la Grammaire latine dans les Ecoles normales primaires.** Prix... 2 fr.

PICHOT (Pierre-Amédée). — La Fauconnerie à l'exposition universelle de 1889. Un beau volume petit in-4º illustré par S. Arcos, Rd Balze Malher, Vallet, etc....... .... 12 fr. 50

PIGEONNEAU (H.), *professeur adjoint à la Faculté des Lettres de Paris, professeur à l'école libre des sciences politiques, vice-président de la Société de Géographie commerciale.* — **Les Grandes Epoques du commerce de la France** (*1re partie*). Un volume cartonné à l'anglaise...... 1 fr. 50
Broché............................... 1 fr. »
Fait partie de la *Nouvelle collection illustrée à 1 fr.*

— **Histoire du commerce de la France.** — Tome Ier depuis les origines jusqu'à la fin du XVe siècle (2e édition). Un volume............................... 7 fr. 50

Tome II : La Renaissance — Henri IV — Richelieu ouvrage honoré d'un prix Gobert par l'Académie française. Un volume in-8°............................... 7 fr. 50

PITON (C.). — **Marly-le-Roi**, joli volume orné de nombreuses illustrations par l'auteur. Broché........... 3 fr.
Relié............................... 4 fr.
M. C. Piton a réuni dans ces pages élégantes le souvenir des événements et des personnages que Marly-le-Roi a vu passer. Il a reproduit ce qui reste des monuments ou des objets d'art qui s'y trouvaient, depuis le château jusqu'aux fameux canons.

POERIER (R.), *ancien officier des Haras, écuyer-professeur à l'école d'équitation et de dressage* LEFEBVRE. — **L'équitation en vingt-cinq leçons**, un joli volume in-18. 2 fr.

PUAUX (Franck), voir *Colonies Françaises.*

QUINET (Ve Edgar), voir Baudot (M.-A.).

REGIS (Marc). — **Le Christianisme et la papauté au moyen âge**, in-18....................... 2 fr.

RICAUDY (L. de), voir *Colonies Françaises.*

RICHARD (Adric), voir *Colonies Françaises.*

RICHARD (Georges), voir *Colonies Françaises.*

— voir **AUGÉ DE LASSUS** (Lucien).

RIQUIEZ (Emile). — **Marie Stuart** (d'après SCHILLER), drame en 5 actes et 7 tableaux en vers. Un volume in-18. Prix............................... 3 fr. 50
Adaptation en vers de la Marie Stuart de Schiller.

— **Souvenons-nous**, épisode dramatique en trois tableaux,

en vers, avec une préface de François COPPÉE (7º édition).
Ouvrage honoré de souscription du Ministère de l'Instruction
publique. In-18 broché 1 fr. Relié à l'anglaise.... 1 fr. 25

RIVIÈRE (**G.**), *professeur départemental d'agriculture, direc-
teur du Laboratoire agronomique de Seine-et-Oise*. — **Résumé
de conférences agricoles. Les engrais chimiques,
leur emploi, leur efficacité, leur contrôle.** Petite
brochure en forme de tract, résumant toute la doctrine des
engrais chimiques. In-16.................... 0 fr. 20

— **I. Les engrais chimiques, leur emploi. leur efficacité, leur contrôle**, publié sous les auspices du Conseil
général de Seine-et-Oise. Un volume in-8º........ 1 fr.

> Pour bien définir quels sont les éléments que vous devrez adjoindre
> au fumier afin de parfaire à son insuffisance et aussi afin de bien
> déterminer à l'avance les principes de la méthode que vous devrez
> suivre pour l'application des engrais industriels destinés à maintenir
> et mieux à élever encore davantage la fertilité des terres que vous
> exploitez. je vais avoir l'honneur de vous exposer en premier lieu les
> fondements sur lesquels repose la doctrine des engrais chimiques ;
> chemin faisant. je vous ferai connaître comment la science est par-
> venue à lever le coin du voile qui nous cachait la vue mystérieuse des
> végétaux. Nous étudierons ensuite l'origine des engrais du commerce,
> leur emploi, leur contrôle, et nous terminerons par leur efficacité.

— **II. Les maladies de la vigne, le mildiou, ses
caractères, moyens en usage pour le combattre
avec succès.** In-8º........................ 0 fr. 30

— **III. Les meilleurs blés à semer en février et
mars et l'emploi des engrais chimiques en cou-
verture sur les blés d'automne.** In-16 (tract). 0 fr. 20

— **IV. Les maladies de la vigne, le phylloxera, son
origine, ses ravages, ses caractères, ses mœurs :
moyens en usage pour le combattre, les vignes
américaines.** In-8º........................ 1 fr.

ROBIQUET (**Paul**), *avocat au Conseil d'État, docteur ès
lettres*. — **Personnel municipal de Paris pendant
la Révolution** (période constitutionnelle). Un volume in-8º
raisin (700 p.)............................ 7 fr. 50

> Cet ouvrage fait partie de la *Collection des Documents relatifs à
> l'histoire de Paris pendant la Révolution française*, publiée sous le
> patronage du Conseil municipal.

ROMBERG (**Edouard**). — **Au Louvre**, Recueil de poésies
avec une reproduction de la *Mélancolie*, de Lagrenée jeune.
— Plaquette (typ, Jouaust) sur papier à la forme, à petit
nombre. Prix............................ 3 fr.

SAINT-FOIX (Comte de), *ministre plénipotentiaire.* — **La République orientale de l'Uruguay.** Un volume in-18 avec carte.............................. 3 fr. 50

D'Uruguay avant la présidence de Rivéira (1507-1840). — De Rosas à Florès (1840-1868). — Les Blancs et les Colorados (1868-1880). — Ethnographie de l'Uruguay : les races disparues et les races survivantes. — La Bande orientale — La faune. — La flore. — Les Mines. — La colonie française, l'émigration basque. — Montevideo. — La vie orientale. — Agriculture, commerce et navigation. — Gouvernement, institutions politiques, administratives et commerciales. — La chasse dans la Pampa.

SALOMON (C.), voir *Colonies Françaises.*

SALOMON (Mlle **Mathilde**), *directrice du collège Sévigné, membre supérieur de l'Instruction publique.* — **A nos jeunes filles — Lectures et leçons familières de Morale d'après le programme des Écoles primaires supérieures de jeunes filles (1893).** In-12 cartonné. Prix................................. 1 fr. 50

« Qu'on s'en réjouisse ou qu'on le déplore, il est un fait indéniable : c'est le sentiment qui mène notre monde. C'est donc l'éducation du sentiment qu'il faut entreprendre, surtout chez les jeunes filles. Cette éducation est-elle possible ? Le sentiment peut-il être réglé, en quelque sorte canalisé, soumis aux lois de l'austère justice ? Peut-on, en lui frayant une large route, changer en une force bienfaisante le torrent bouillonnant qui pouvait être un principe destructeur ? » C'est le but que s'est proposé l'auteur. Chaque leçon se termine par une lecture empruntée aux œuvres les plus rares de l'esprit contemporain.

— **Premières leçons d'Histoire de France.** Un volume in-18 broché 1 fr. 25 ; cartonné.......... 1 fr. 50

« L'auteur s'est efforcé de fixer sur le papier de véritables leçons « parlées, de plier le récit aux exigences de la méthode, de maintenir « sans cesse la pensée et le style au niveau de l'esprit des enfants. — « Ceux qui connaissent l'enfance, ceux qui l'aiment, jugeront si le but « est atteint. L'objet de cet ouvrage n'est pas tant de donner à des « esprits si tendres des notions complètes et définitives sur les « péripéties de notre histoire nationale, que de faire goûter l'histoire « de France, et de faire chérir la patrie ; on s'est proposé seulement « de n'enseigner rien que de juste et de vrai, d'éveiller des sentiments « qui devront plus tard inspirer la conduite et soutenir les cœurs. »

SARRADIN (A.), *docteur ès lettres, professeur au lycée Hoche.* — **Eustache des Champs, sa Vie et ses Œuvres.** Un volume in-8°.............................. 5 fr.

État de la poésie française vers le milieu du xive siècle. — L'éducation littéraire au xive siècle. — Des Champs à la cour de Charles V et de Charles VI. — Satire contre les femmes. — Opinion sur les devoirs et sujets ; sur la guerre ; sur le sentiment patriotique. — Satire contre les gens de cour ; contre les gens de finance ; contre les gens d'église. — Des Champs poète comique. — Originalité propre de Des Champs.

SARRADIN (A.), *docteur ès lettres, professeur au lycée Hoche*.
— **De Josepho Iscano Belli Trojani XIIe post
Christum sæculo poeta.** Un volume in-8°..... 3 fr.

SCHILLER, voir **CHUQUET**.

SÉBILLOT (P.). — **Contes des Provinces de France**
Un volume in-18.......................... 3 fr. 50

66 récits dont 30 aventures merveilleuses, 13 légendes chrétiennes,
11 contes surnaturels, 12 récits comiques.

Fait partie de la collection de *la France merveilleuse et légendaire*,
par H. Gaidoz et Paul Sébillot.

— Voir **GAIDOZ (H.)**.

SÉE (Camille), *Conseiller d'Etat, ancien Député de la Seine*.
— **Lycées et Collèges de Jeunes Filles**, documents,
rapports et discours à la Chambre des Députés et au Sénat ;
décrets, arrêtés, circulaires, etc. ; personnel administratif et
enseignant de l'Ecole de Sèvres, des lycées et collèges de
Jeunes filles ; commissions et bureaux d'administration ;
commissions de l'exposition ; avec une carte figurative, préface et avant-propos, 6e édition. Un fort volume (xxxii-788
pages).. 10 fr.

— **L'Université et Madame de Maintenon.** Un volume
in-18 élégamment imprimé.................... 3 fr. 50

« On n'a pas considéré avec des scrupules suffisants la réflexion que
devait faire naître chez les jeunes filles de nos lycées le rapprochement de cette femme vantée sans mesure, tout occupée, nous disait-on
de ses devoirs d'institutrice, de cette autre femme dont l'histoire,
soucieuse du vrai, nous a dénoncé les intrigues, l'égoisme persévérant et les inspirations néfastes. Enfin s'est-on souvenu de la loi du
21 décembre 1880, ou l'a-t-on oubliée, intentionnellement ou par
mégarde, quand on a donné à Mme de Maintenon entrée dans nos
lycées ? Est-il possible d'offenser cette loi plus cruellement, de la
contredire d'une manière plus formelle dans son esprit que d'offrir
à l'admiration de tous ce génie opiniâtre, étranger et hostile, entre
tous, aux convictions les plus expresses de notre temps ? »

Seine-et-Oise (Annuaire de), publié sous les auspices de
l'administration préfectorale et encouragé par le Conseil
général. Un volume in-8° de près de 600 pages...... 5 fr.

SICRE DE FONTBRUNE, voir *Colonies Françaises*.

Société Nationale d'Acclimatation, *Revue des Sciences
naturelles appliquées*, recueil mensuel. L'année..... 25 fr.

Société des Études coloniales et maritimes. — **Co-**

lonies françaises et pays de protectorat à l'Exposition universelle de 1889, illustré par Pierre Vignal. Un volume in-18......................... 2 fr.

Préface (P. Leroy-Beaulieu). — L'Algérie (R. F. M). — Annam et Tonkin (Etienne Aymonnier). — Cambodge. — Cochinchine française (L. de Ricaudy). — Gabon, Congo, La Guadeloupe et ses dépendances (Louis Farges) — La Guyanne française. — Inde française (Louis Farges). — Madagascar (baron de Cambrurg). — La Martinique (L. de Feissal). — Mayotte et protectorat des Comores (A. de Faymoreau). — Nossi-Bé. — La Nouvelle-Calédonie et les Nouvelles-Hébrides (baron R. Michel). — Obock-Djiboutil (baie de Tadjoura) (Georges Richard). — Etablissements français de l'Océanie (Frank Puaux). — Ile de la Réunion (Sicre de Fontbrune). — Saint-Pierre et Miquelon (C. Salomon). — Le Sénégal et ses dépendances (Alf. Gasconi). — Tunisie (Adric Richard). — L'art à l'Exposition des Colonies françaises (Emile Soldi).

SOLDI (Emile), voir *Colonies Françaises*.

TAPHANEL (Achille). — **Le Théâtre de Saint-Cyr**, d'après des documents inédits. Un volume in-8° sur beau papier vélin, orné du portrait en taille douce de Mme de Maintenon, par Waltner et du plan restitué du théâtre suivi de la liste des demoiselles de Saint-Cyr. Vélin, 7 fr. 50 ; 100 exemplaires numérotés sur papier vergé de Hollande. Prix .... 12 fr. 20 exemplaires numérotés sur papier de Chine.... 20 fr.

I. Saint-Cyr avant le théâtre. — II. Premiers essais de représentations dramatiques. — III. Préparation et répétitions d'*Esther*. — IV. Le théâtre. — V. Les actrices. — VI. Le succès d'*Esther*. — VII. Madame de Sévigné à Saint-Cyr. — VIII. Dangers du théâtre au couvent, interdiction d'*Athalie*. — IX. Reforme de la maison de Saint-Cyr — X. Retour à la tragédie: *Athalie* à la Cour. — XI. Débuts de la duchesse de Bourgogne, demoiselle du ruban rouge. — XII. Le théâtre de Saint-Cyr au xviiime siècle. Marie Leckzinska. — XIII. Divertissements pour le Dauphin, la Dauphine et Madame de Pompadour. — XIV. Reprise d'*Esther* et d'*Athalie*, en 1756. — XV. Horace Walpole Madame de Provence et d'Artois, Marie-Antoinette à Saint-Cyr. — XVI. Les dernières années de la Maison de Saint-Louis et le dernier jour de son théâtre. — XVII. Le répertoire. L'inventaire du théâtre. Prologue d'*Esther* par Racine le fils. — Liste des actrices d'*Esther* et d'*Athalie* en 1756. Listes des demoiselles sorties de Saint-Cyr.

TERRADE (Albert). — **Petit-Trianon. Le théâtre de la Reine**, avant-propos de M. Philippe Gille, dessins de F. Prodhomme. Un volume in-12 illustré........ 2 fr.

C'est la chronique des représentations qui ont eu lieu au théâtre de Trianon depuis sa création jusqu'à la dernière du 1er juin 1791, dont l'auteur et le dessinateur ont fidèlement noté et reproduit les détails piquants.

THÉNARD (Mme), *de la Comédie-Française*. — **Manuel de la parole**. — Petit in-8 .... 2 fr.

THIAUDIÈRE (Edmond), voir **COURTY** (Paul).

TOLLEMONDE (Georges de). — **Les Solitudes.** Un volume in-18, impression Jouaust *à l'ancre*....... 3 fr. 50

Les humoresques. — Sonnets pour viole d'amour. — Tristan et Primerox. — La nature et l'infini.

TRIGANT DE BEAUMONT, *licencié en droit, sous-chef de bureau au Ministère de l'Intérieur, médaille d'or du Ministre de l'Intérieur à l'Exposition universelle de 1878.* — **Dépopulation de la France.** — **De la conservation des enfants par les Crèches et de l'utilité générale de ces institutions, leur fondation, leur fonctionnement, leur mode d'administration avec plans graphiques et annexes.** Un volume in-8° (220 pages). Prix.. 7 fr. 50

VANDEN-BERGHE, voir **GRISARD** (Jules).

VARREUX (Mlle Célestine de). — **Le Connétable de Saint-Paul ou la bataille de Montlhéry,** histoire du XVe siècle. Un volume in-18.................. 3 fr. 50

VAUGELAS. — **Remarques sur la langue françoise,** nouvelle édition par A. CHASSANG, docteur ès lettres, lauréat de l'Académie française, inspecteur général de l'Instruction publique, ouvrage couronné par l'Académie française. Deux forts volumes in-8°................. 15 fr.

Fait partie de la *Bibliothèque historique de la langue française.*

Cette nouvelle édition, collationnée, avec le plus grand soin sur le texte de 1647, contient en outre la *Clef inédite de Conrard*, les observations de Patru, de Th. Corneille et de l'Académie française (1704). Ces *Observations*, pour chacune desquelles l'orthographe spéciale a été respectée, fixent ainsi l'histoire de la langue française pendant un demi-siècle. — Un commentaire suivi, une table analytique des matières et une étude complète sur Vaugelas font de cet ouvrage l'édition définitive de Vaugelas.

Versailles (**Almanach de**), avec liste des habitants par rues et par lettres alphabétiques. Fort volume in-8°.. 1 fr.

Ville de Paris (Collection des documents), voir **AULARD CHALLAMEL, CHARAVAY** (Etienne), **CHASSIN, LACROIX** (Sigismond), **MORIN** (H.), **ROBIQUET** (Paul).

Nous éditons, de concert avec MM. Quantin et Charles Noblet, imprimeurs-éditeurs, la *Collection des Documents relatifs à l'Histoire du Paris pendant la Révolution française.* Cette publication, entreprise en vertu de délibérations du Conseil municipal et d'arrêtés du Préfet de la Seine, sera faite en volume grand in-8° de 500 à 600 pages.

VINSON (Julien), *professeur de l'Enseignement supérieur à*

Paris. — **Les Basques et le pays basque**. Un volume in-8° jésus de 160 pages orné de gravures 1 fr. ; cartonné à l'anglaise.................................... 1 fr. 50

Fait partie de la *Nouvelle collection illustrée à* 1 fr.

Avant-propos. — Le pays basque — Aspect. — Topographie. — Production. — Population. — Émigration. — Histoire. — Fuéros, etc. — La langue basque. — La question ibérienne. — Habitations, mœurs. — Religion, superstition, sorcellerie. — Littérature écrite. — Littérature populaire.

VIVAREZ (Mario), *Ingénieur civil, Conseiller général d'Alger.* — **Le Soudan algérien, Alger-Lac Tchad**. Un volume in-18 avec carte....................... 3 fr. 50

I. Conditions générales d'établissement de voies ferrées dans le Sud algérien. — II. Description du Soudan. — III. Faune et flore du Soudan. — IV. Déductions. — Trace proposé.

VOIZARD (E.), *docteur ès lettres, professeur agrégé au Lycée Rollin.* — **De disputatione inter Marotum et Sagontum**. Un volume in-8°......................... 2 fr.

— **Étude sur la langue de Montaigne**. Un volume grand in-8°............................... 7 fr. 50

I. Orthographe. — II. Formes grammaticales. III. Syntaxe. — IV. Glossaires. — V. Du style.

WARNESSON (E.), *vétérinaire départemental, inspecteur du service des épizooties, membre du Conseil central d'hygiène de Seine-et-Oise.* — **Manuel sur la rage sous forme de lecture spécialement destiné aux enfants des écoles**, ouvrage honoré de la souscription du Ministre de l'Instruction publique et du Ministre de l'Agriculture. Cartonné avec illustrations. Prix................... 50 fr.

WIENER (Charles), *consul général, chargé d'affaires en mission.* — **Chili et Chiliens**, beau volume in-8° jésus, papier teinté. Titre deux couleurs. Orné de 150 illustrations inédites, gravées par les procédés les plus nouveaux, d'après les documents les plus authentiques. Prix 10 fr. ; il a été tiré 30 exemplaires sur Japon. Prix.............. 50 fr.

TABLE. — Avant-propos. — Santiago. — Instruction publique. — Politique. — Littérature et Littérateurs. — Peintres et Sculpteurs. — Agriculture. — Mines, Metallurgie, Salpêtres. — Industrie et Commerce. — Guerre et Marine. — Etrangers. — Corps diplomatique. — Colonie française. — Distractions. Sports. Jeux nationaux. — Voyage à travers le pays. — Mecanisme administratif. — Conclusion.

WYROUBOFF (G.), voir **Caubet.**

Imprimeries Cerf.

www.ingramcontent.com/pod-product-compliance
Lightning Source LLC
Chambersburg PA
CBHW071617270326
41928CB00010B/1659